U0632201

国家重点档案专项资金资助项目

抗日战争档案汇编

虎林伪满档案汇编

2

虎林市档案局 编

中華書局

伪吉林省公署为填报家畜移动状况，饲料名称、数目、价格情况事给伪虎林县公署的训令（一九三三年五月七日）

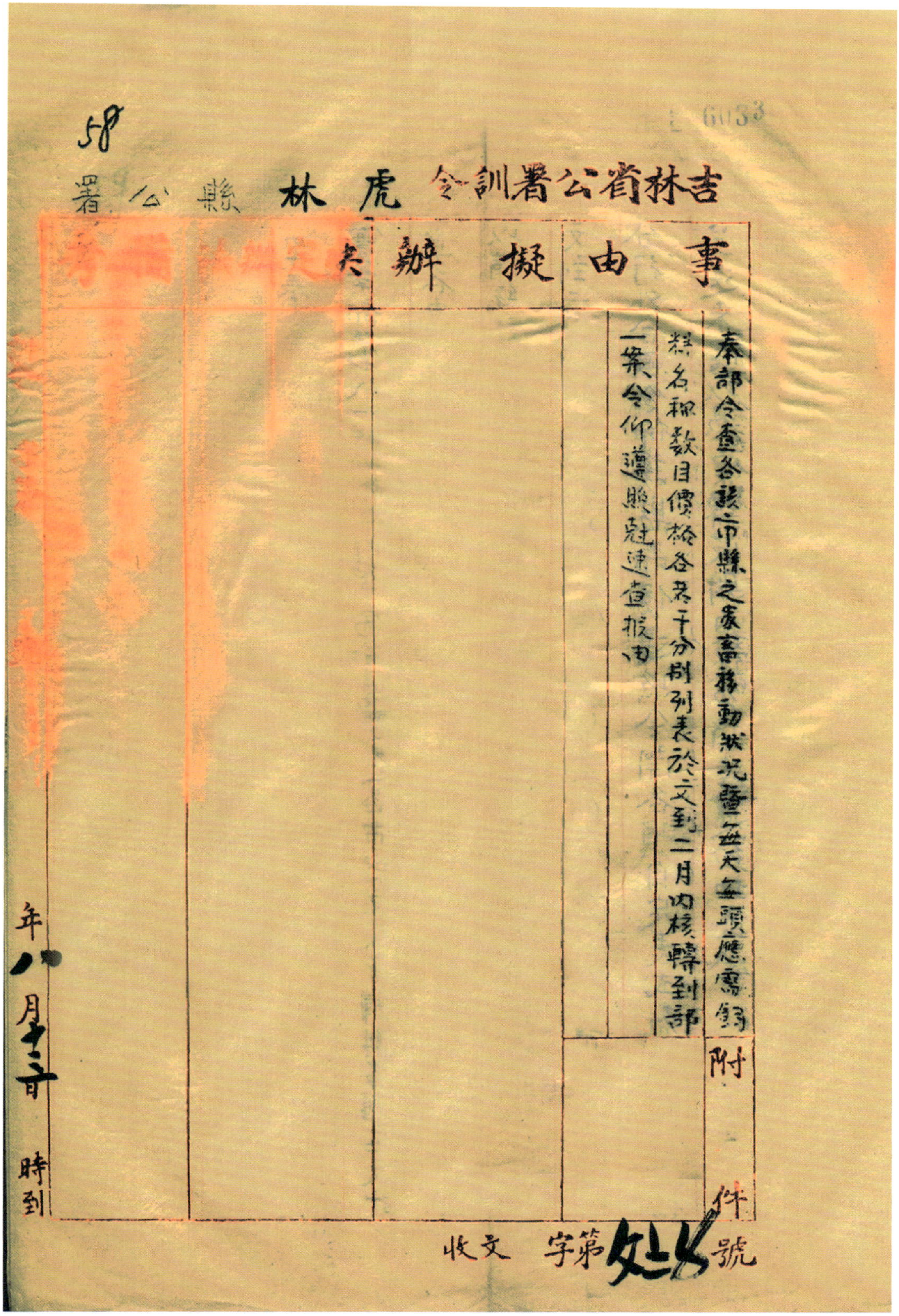

58

吉林省公署訓令　虎林縣公署

事由

奉部令查各該市縣之家畜移動狀况暨每天每頭應需飼料名稱數目價格各若干分別列表於文到二月內核轉到部一案令仰遵照趕速查報由

擬辦

附件

年八月十二日　時到

收文　字第[illegible]號

實字第108號

令虎林縣公署

案奉

實業部第八一號訓令內開為令遵事查各市縣之家畜飼料每頭每天計算各需飼料若干其名稱若何價格若干暨家畜之移動狀況急待調查以備統計資料除分令外合亟令仰該省長轉飭所屬詳細查明列表於文到二月内核轉到部以資應用是為至要仰即遵照此令等因奉此除分行外合亟令仰該縣即便遵照令開各項自定表式尅速查填一份呈送來署以憑彙轉限期迫促勿稍違延切切此令

大滿洲國大同二年五月七日

省長熙洽

校對蔡尚典

總校對趙霖

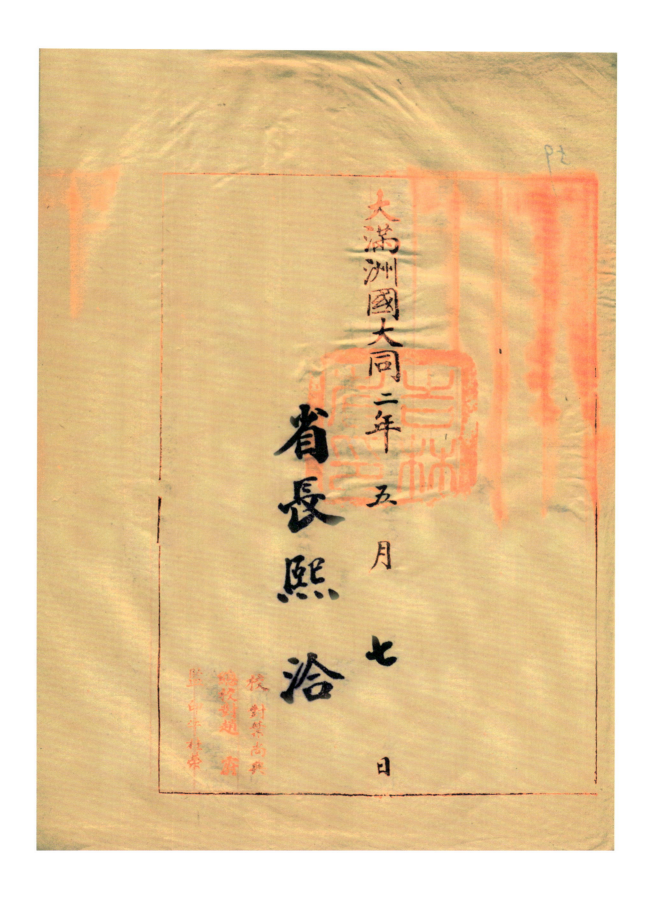

監印李杜榮

伪吉林省公署为填报家畜家禽暨牧场状况调查表事给伪虎林县公署的训令（一九三三年五月七日）

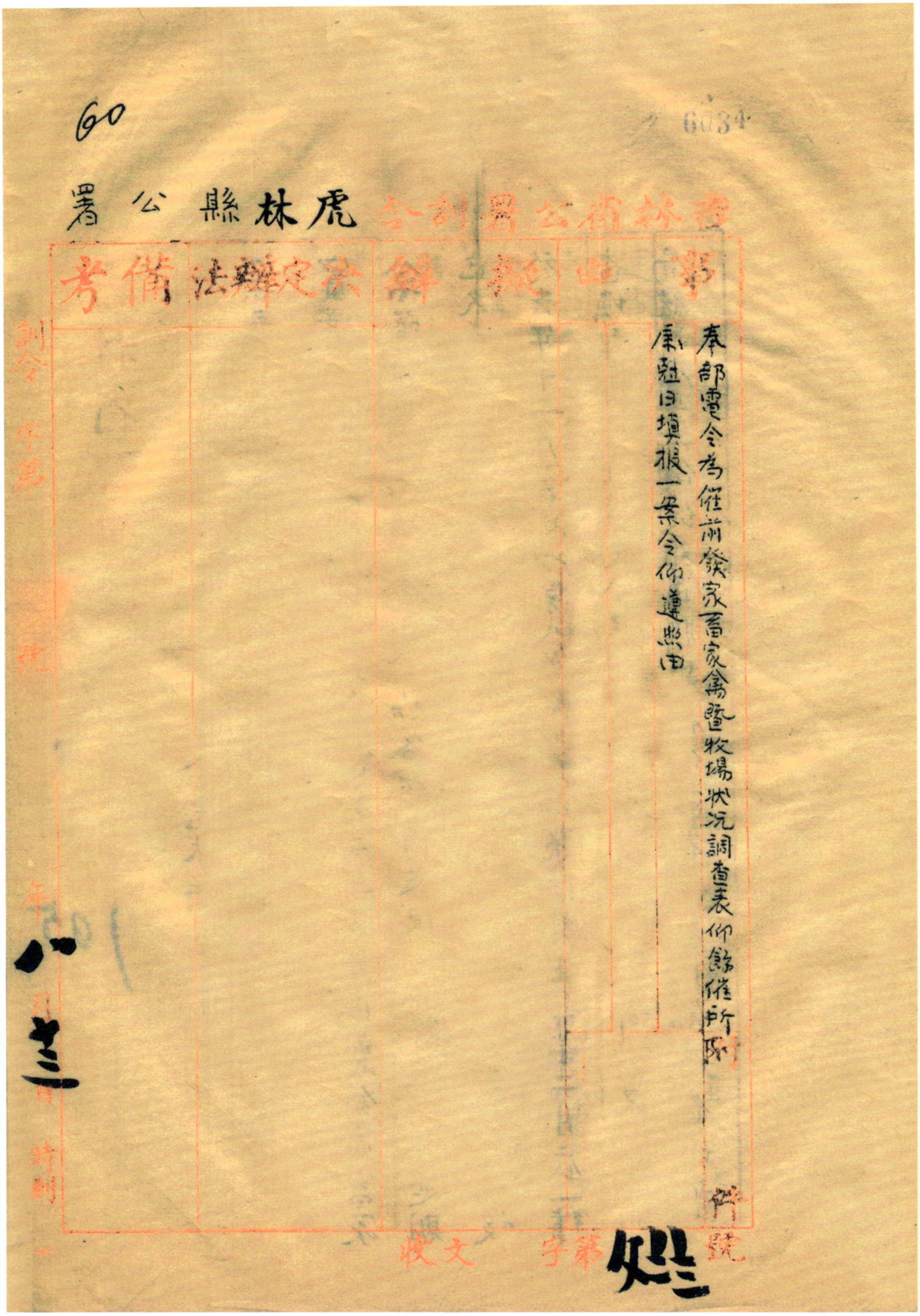
60

6034

吉林省公署訓令

虎林縣公署

事由	擬辦	決定辦法	備考
奉部電令為催前發家畜家禽暨牧場狀況調查表仰飭催所附表剋日填報一案令仰遵照由			

訓令 字第 號

年 八 月 三 日 時到

收文 字第 二 號

吉林省公署訓令

實字第105號

令虎林縣公署

案奉

實業部寒代電內開查本部前於去年五月間製發家畜家禽暨牧場狀況調查表令飭各該省長限期查報嗣以延期已久未據一律查報法制局急需此項統計資料編製本年鑑復於去年十二月五日以第八號代電飭催限於去年十二月底一律查填報部各在案迄今又逾數月仍未據一律報部茲又准法制局統計處一再催促難再稽延務仰該省長尅日飭屬查填報

61

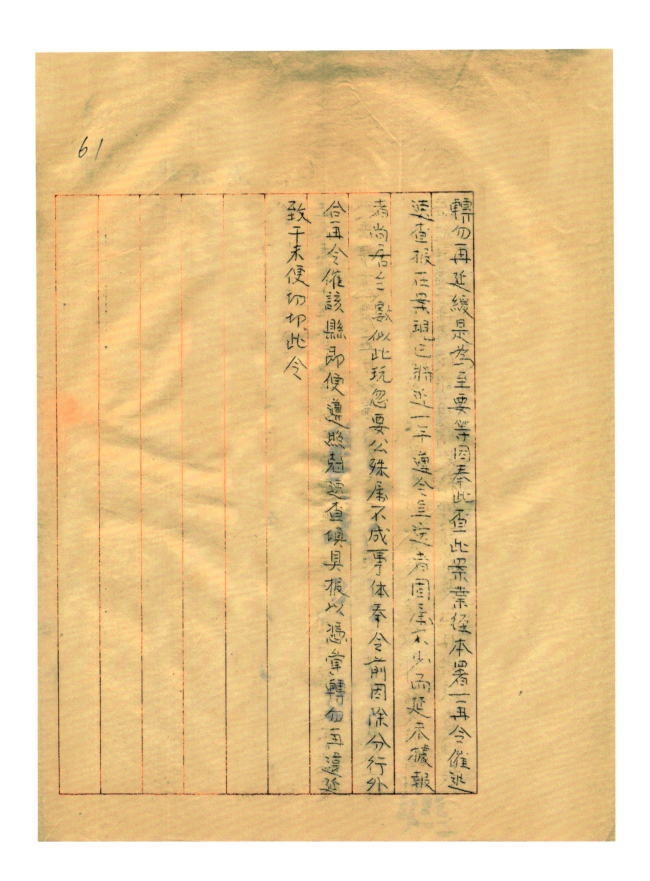

轉飭勿再延緩是為至要等因奉此查此案業經本署一再令催迅
速查報在案現已將近一年遵令呈送者固屬不少而延未據報
者尚居多數似此玩忽要公殊屬不成事体奉令前因除分行外
合再令催該縣即便遵照迅速查填具報以憑彙轉勿再違延
致干未便切切此令

大滿洲國大同二年　五　月　〤　日

省長熙洽

校　對蔡尚典

總校對趙　蔚

監　印朱桂榮

伪吉林省公署为准伪国道局公函修路占用民地一案现正审定章程布告人民先行知照事给伪虎林县公署的训令

（一九三三年六月八日）

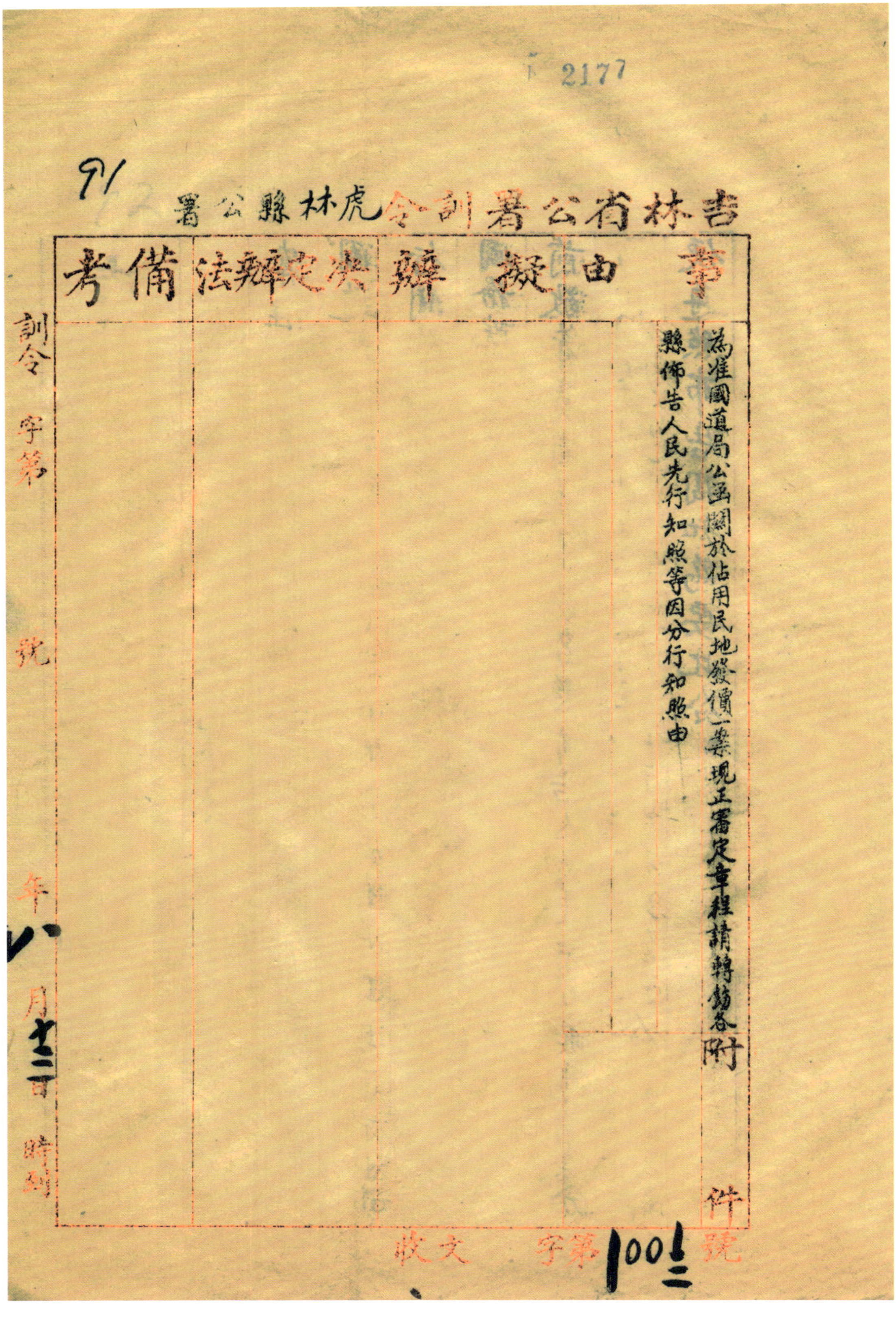
2177

91

吉林省公署訓令 虎林縣公署

事由	擬辦	決定辦法	備考
為准國道局公函關於佔用民地發價一案現正審定章程請轉飭各縣佈告人民先行知照等因分行知照由 附件			

訓令 字第 號 年 六 月 十三日 時刻

收文 字第 1002 號

吉林省公署訓令

民建字第390號

令虎林縣公署

案准

國道局公函第三零四號内開查建修國道現正積極進行關於佔用民地發價一事已由敝局明定章程俟呈國務院核准後再行檢同章程送請查照在章程未頒發前敬希貴省長轉飭各縣佈告人民先行知照為荷除分函外相應函請查照等因准此除分行外合亟令仰該縣即便遵照布告周知為要此令

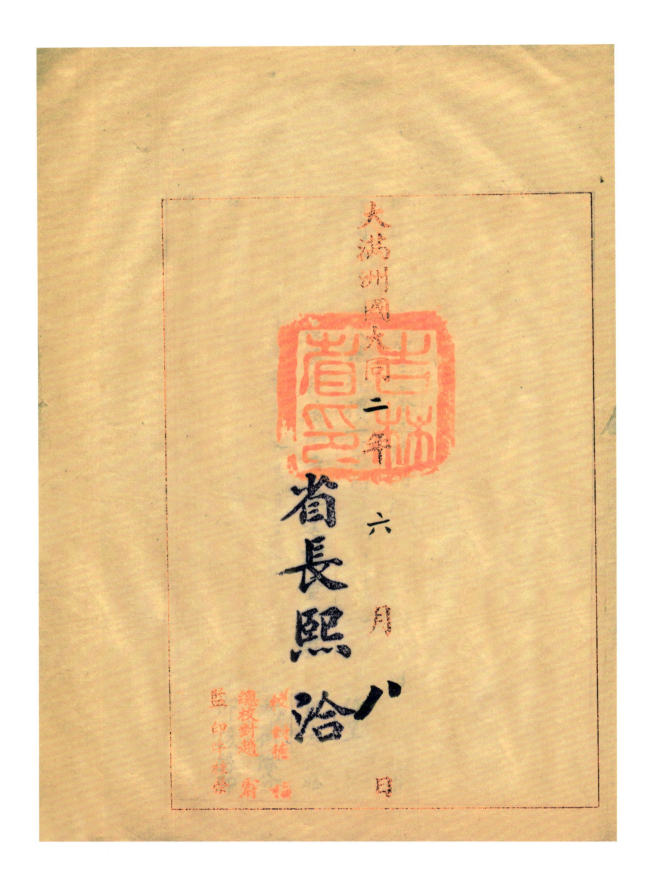

大滿洲國大同二年六月日

省長熙洽

校對樓楨

總校對趙爾

監印許桂榮

伪吉林省公署关于土地收用、丈放事项应直接与伪土地局协议办理事给伪虎林县公署的训令
（一九三三年六月二十九日）

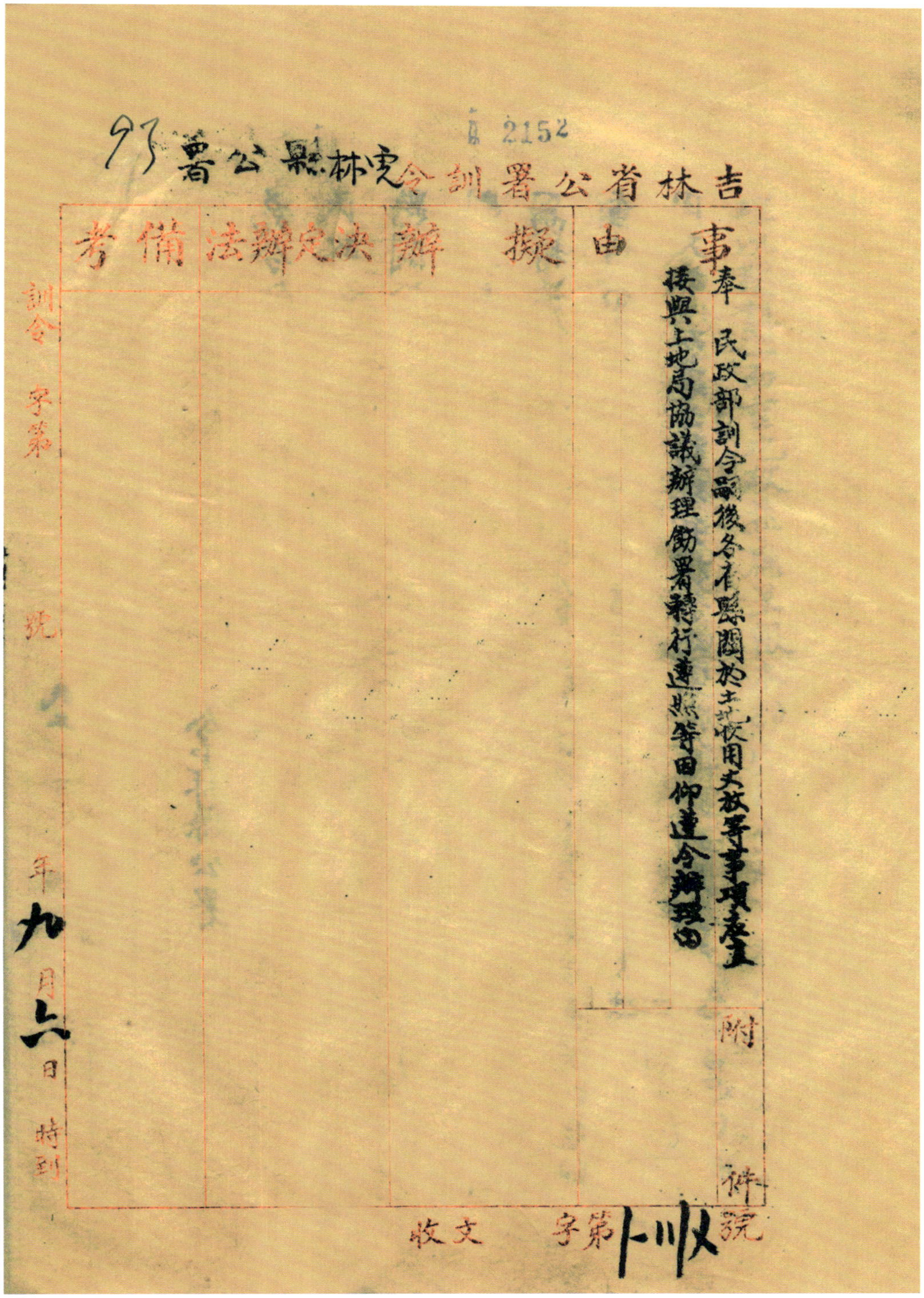

97　2152

虎林縣公署

吉林省公署訓令

事由	擬辦	決定辦法	備考
奉民政部訓令嗣後各省縣關於土地收用丈放等事項應直接與土地局協議辦理飭署轉行遵照等因仰遵令辦理由			

附件

訓令　字第　號

年九月六日　時到

收文　字第

吉林省公署訓令 民土字第425號

令虎林縣公署

為令飭事大同二年六月十七日奉
民政部地字第一五八二號訓令內開案據土地局呈稱竊查各省各
縣關於土地事務各自為政對於處理上既屬不便亦乏統制按之官
制其屬於土地局所管之事項應直接與土地局協議或照會以期劃
一而利進行擬理合備文呈請鈞部令行各省各縣查照辦理等情據此
查該局職司統制全國土地事項嗣後各省區所屬市縣關於土地之收
用丈放以及土地之整理并權利之審定事項均應直接與該局協議辦

理以期劃一而重地政並應呈報本部以憑查核除指令並分行外合
亟令仰該署查照轉飭各屬遵照辦理等因奉此並准土地局函
同前由除分令外合行令仰該縣即使遵照嗣後對於土地行政事項
與中央土地局遇有協議事項應呈由本署核轉以昭愼重此令

大滿洲國大同二年六月廿九日

省長熙洽

校對楊楨

監印牛桂馨

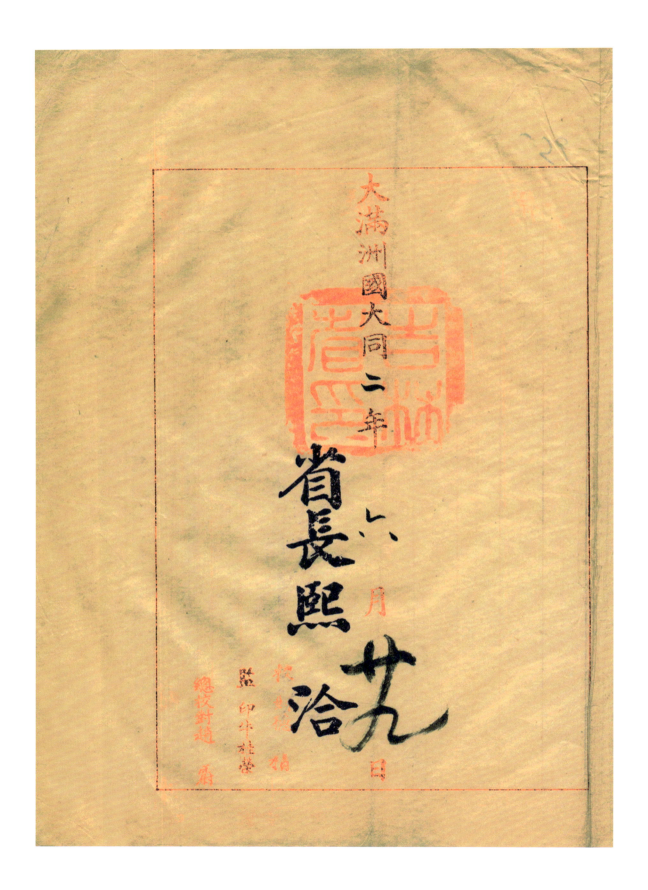

總校對趙尉

伪吉林省公署为饬克日查覆人民请领无主土地发给许可证事给伪虎林县公署的训令

（一九三三年八月十一日）

66

6036

吉林省公署訓令　虎林縣公署

事由	擬辦	決定辦法	備考
為前奉實業部訓令飭查各縣人民請領無主土地耕作暨由縣發給許可證事項依限報部一案迭經飭查迄未據覆仰迅遵先今各令尅日查覆以憑核轉由			

附件

訓令　字第　號

年八月卅日　時刻

收文　字第　號

吉林省公署訓令

民土字第577號

令虎林縣公署

為令催事案查大同元年八月間本署奉到實業部第一三六號訓令一件飭將各縣人民有無請領無主土地耕作暨由縣發給許可證事項詳細查報等因當經錄令通行遵辦在案嗣因各屬對於本案依限呈覆者甚屬寥寥深恐原發令文或因上年匪亂交通梗阻郵遞遺失以致無憑遵辦復經本署於大同二年四月間重錄上項部令通飭各屬務於文到十月內依限查報在案現計閱時

已久除農安樺甸德惠舒蘭依蘭方正樺川寶清濱江扶
餘五常榆樹阿城珠河延吉寧安琿春敦化和龍額穆汪
清磐石乾安賓縣據報有案外其餘長春永吉伊通濛
江長嶺雙陽同江密山虎林撫遠穆稜富錦饒河勃利
雙城延壽葦河東寧等縣迄未據覆業經部飭調查
事項似此任意玩延殊屬不合除分令外合亟令仰該縣
迅速遵照先令文內事理尅日查覆以憑核轉懸案以待
毋再遲延干咎切切此令

大滿洲國康德二年八月十一日

省長熙洽

校對饒[illegible]

總校對趙霖

監印牛桂[illegible]

伪吉林省公署为填覆「逆产」调查表事给伪虎林县公署的训令（一九三三年八月二十二日）

附：「逆产」所有者调查表

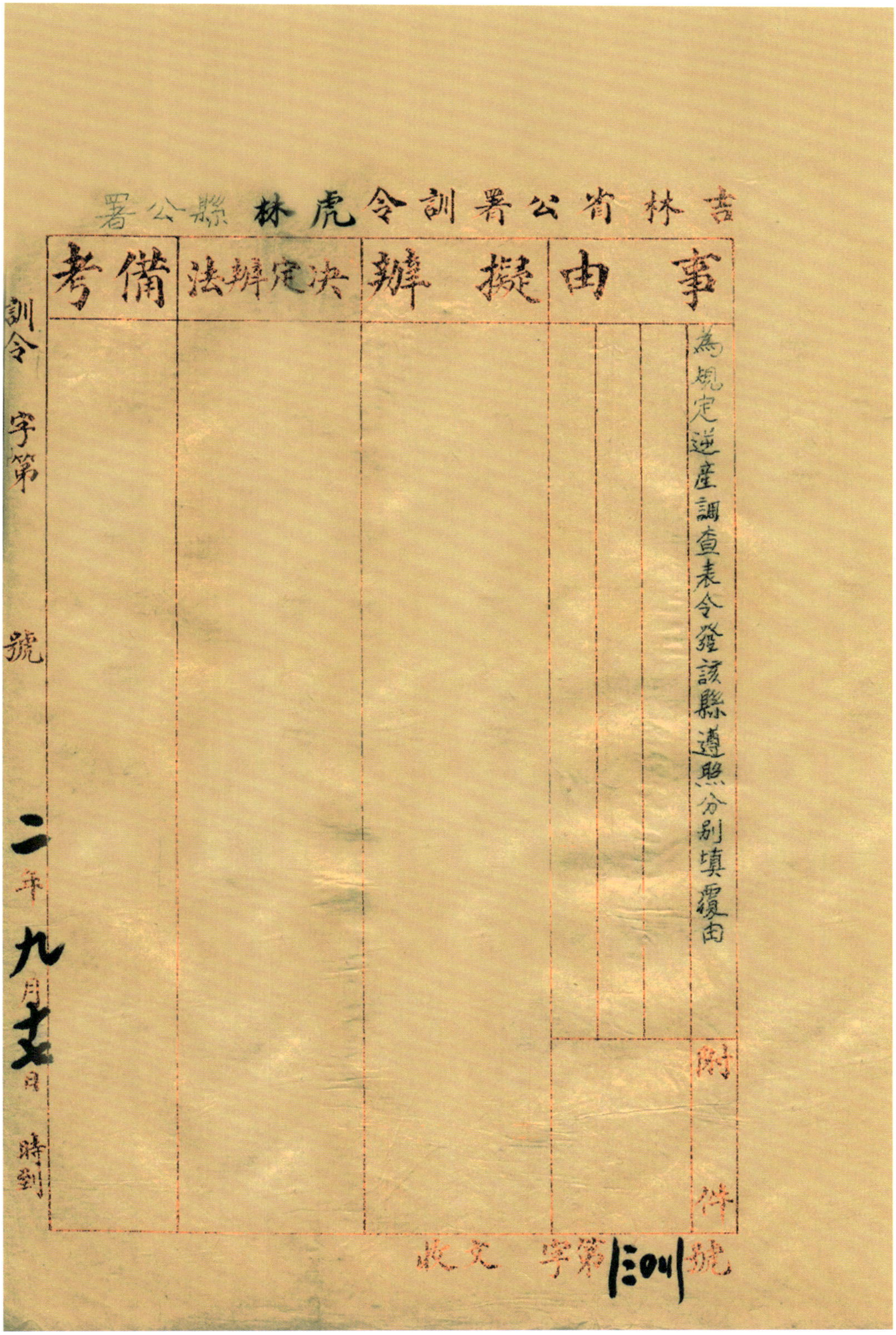

吉林省公署訓令 虎林縣公署

事由	擬辦	決定辦法	備考
為規定逆産調查表令發該縣遵照分别填覆由			
附件			

訓令 字第 號

二年九月十七日 時到

收文 字第三〇四號

吉林省公署訓令

總字第346號

令虎林縣公署

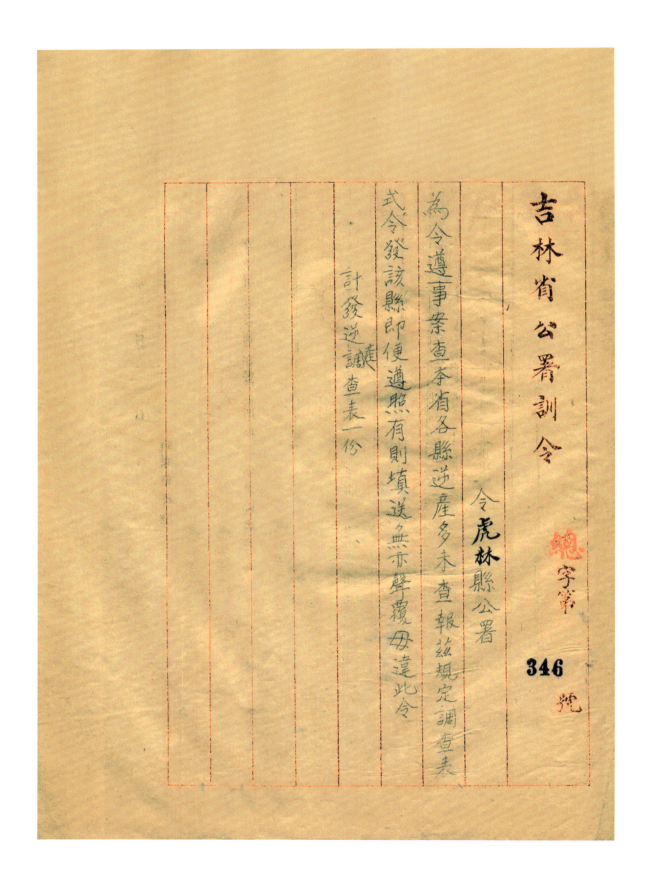

為令遵事案查本省各縣逆産多未查報茲規定調查表式令發該縣即便遵照有則填送無亦聲覆毋違此令

計發逆産調查表一份

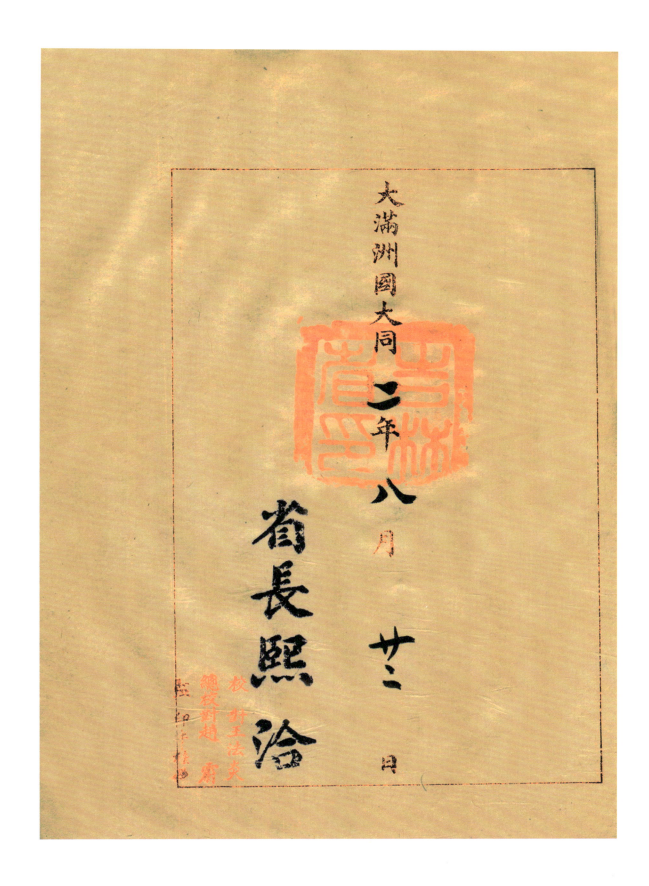

大滿洲國大同二年八月廿二日

省長熙洽

校對王法夫

總校對趙霈

監印[illegible]楊

大同　年　月　日

調查責任者

縣公署參事官

市政公署參事官

逆產所有者調查表（所轄省名及縣名）

所有者名	所在地	財產種別	數量或ハ面積	評價額（國幣）	現在ノ狀況	摘要

伪吉林省公署为派员听讲气象学及领取简易气象观测器事给伪虎林县公署的训令（一九三三年十一月四日）

附：配置县一览表

吉林省公署訓令 虎林縣公署

事由	擬辦	決定辦法	備考
為奉 部令飭屬派員講習並領取簡易氣象觀測器一案仰遵照辦理由			

附件：附抄件

件號

訓令 字第 號

二年十一月廿五日 時到

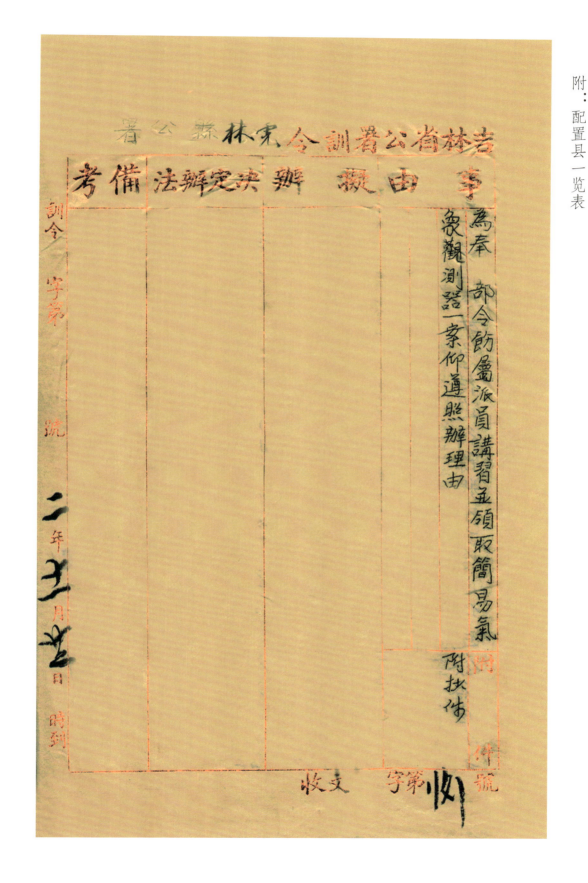

收文 字第 收 號

吉林省公署訓令

實字第284號

令虎林縣公署

為令遵事案奉
實業部第二六一號訓令内開為令行事查氣象觀測事宜非
但於農業開發上關係甚重而於交通軍事其他產業方面亦
屬重要故一國文化之優劣觀其氣象觀測設施之如何即可
明瞭本部有鑒於此茲為觀測國内主要各縣之氣温降水
蒸發等氣象計擬依左開要綱配置觀測器具暨講習
辦理方法因本案急待進行除將本訓令抄件運發各關係縣

外仰各省長即便轉令各該縣務飭擔當省尾時出席聽講爲
要此令等因奉此除分行令亟檢同抄件令仰該縣遵照辦理爲
要此令

附抄件

大满洲国大同二年十一月の 日

省長熙洽

校對蔡尚典

總校對趙 霈

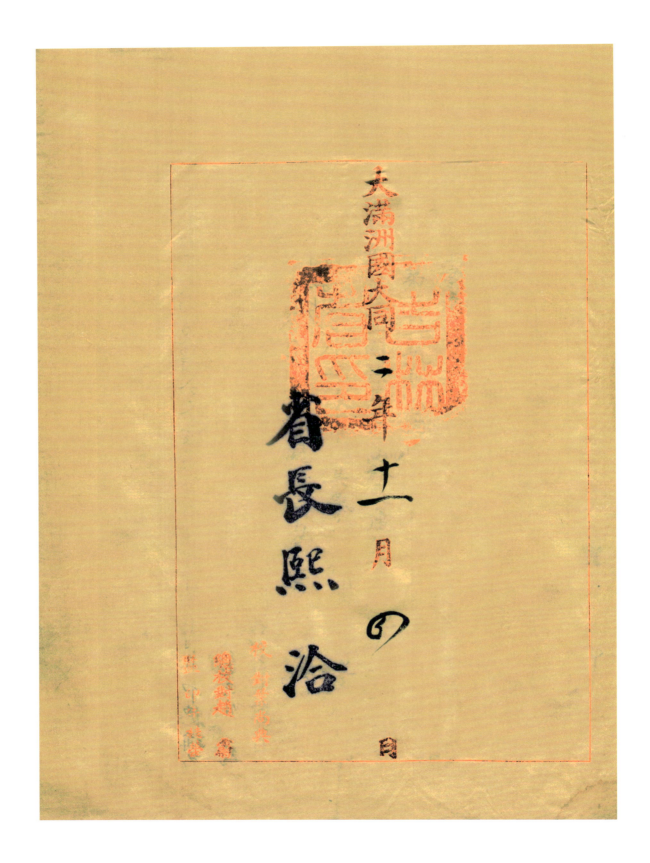

監印叶桂蔭

配置縣一覽表

省別	引渡場所	配布時期	附隨縣名
奉天省	奉天省實業廳	第一期	鎮東 突泉 黒山 莊河 岫巖 興京 安東 寛甸 西豐
		第二期	通化 長白 安圖 撫松
	通遼縣公署	第一期	通遼
		第二期	
	錦縣公署	第一期	興城 山海関
		第二期	
吉林省	新京實業部	第一期	扶餘 長嶺 農安 楡樹 永吉 樺甸 額穆 延吉 琿春
		第二期	
	ハルピン民政部駐哈辦事處	第一期	富錦 依蘭 穆稜 寧安 葦河
		第二期	饒河 寶清 虎林 密山 勃利 東寧
黒龍江省	チチハル黒龍江省實業廳	第一期	訥河 甘南 景星 安達 拜泉 龍鎮
		第二期	漠河 呼瑪 黒河 十站 廟嶺 嫩江 遜河
	ハルピン民政部駐哈辦事處	第一期	通化 望奎 巴彦 湯原
		第二期	佛山
熱河省	通遼縣公署	第一期	開魯 綏東
		第二期	魯北 林西
	錦縣公署	第一期	朝陽 凌源
		第二期	承德 豐寧 圍場

通遼縣公署　十一月七日起三日间自午前九时至午後四时止

黑龍江省實業廳　十月三十日起三日间自午前九时至午後四时止

新京實業部　十一月十八日起三日间自午前九时至午後四时止

對於講習出席者之旅費・宿膳費・器具運搬費及觀測者之津貼由本部發給之

倘因交通不便致不能將器具即时持歸回縣者及第二期設置者均可於前列之六区保存之待交通上有連絡機会时再行設置

伪吉林省公署为将官有、公有及无主土地详报事给伪虎林县公署的训令（一九三三年十一月十四日）

附：调查要项一纸

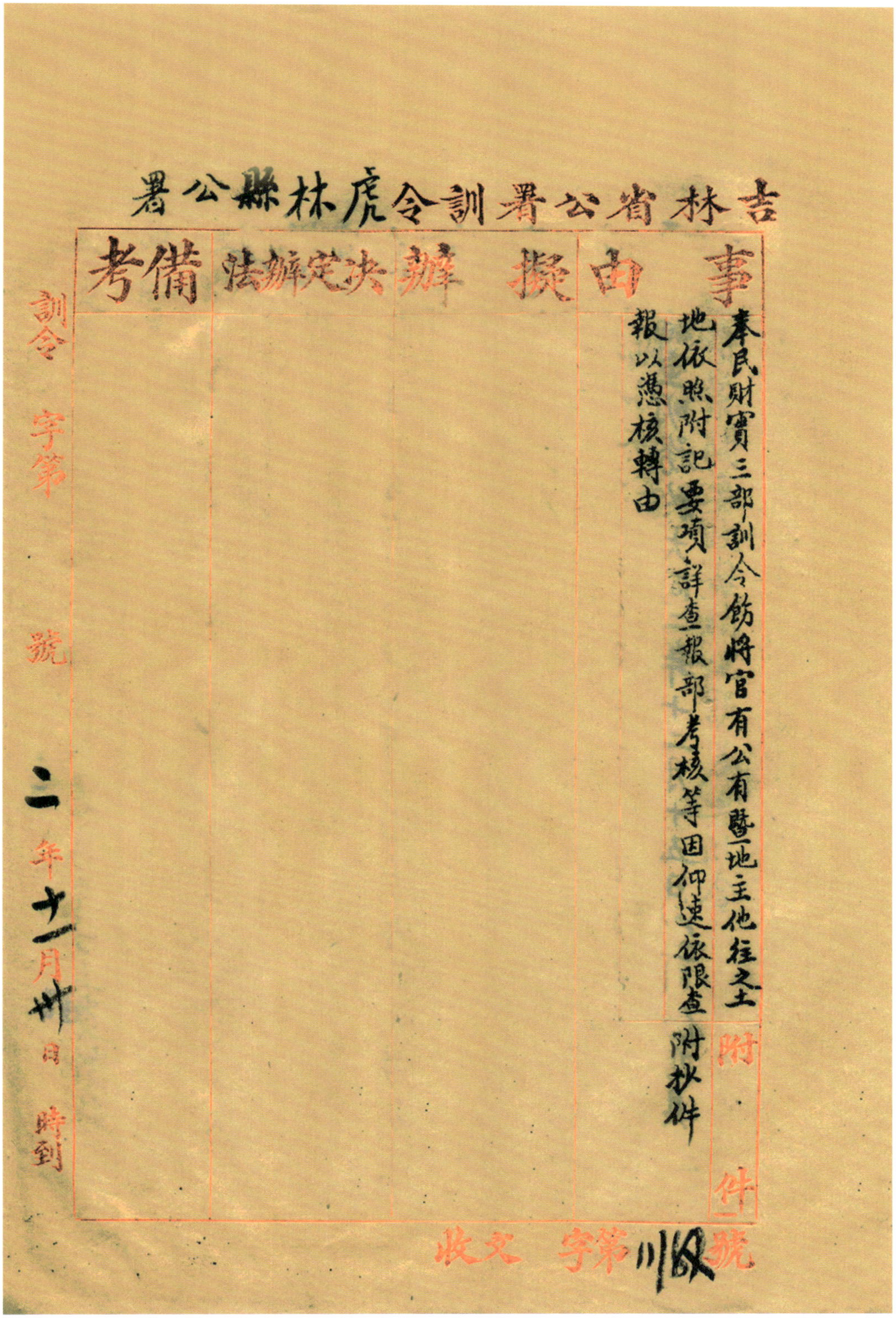

吉林省公署訓令虎林縣公署

事由	奉民財實三部訓令飭將官有公有暨無主他往之土地依照附記要項詳查報部考核等因仰速依限查報以憑核轉由
附件	附抄件
擬辦	
決定辦法	
備考	

訓令　字第　號

二年十一月卅日　時到

收文　字第　號

民土字第787號

吉林省公署訓令

令虎林縣公署

為令飭事案奉

民政財政實業部訓令內開查關於官有土地暨地主他往之土地本部急待詳查除分行外合亟令仰該省長即便轉飭所屬依據左開調查要項迅速調查限於十二月底以前彙轉實業部以資考核事關要政勿延為要此令等因奉此除分令外合亟抄同原附調查要項令仰該縣即便遵照逐項詳細查明務於大同二年十二月十五日以前依限具覆以

憑核轉案關要政毋稍延誤爲要此令

附抄調查要項一紙

計開要項

一、屬於國有或逆産之農耕地及適於農耕未墾地之座落及面積

二、屬於公有之農耕地及適於農耕未墾地之座落面積

三、既經許可開墾而未曾發照之土地之座落及面積

四、地主他往之農耕地之座落及面積

五、從來之未墾地放領價格及墾後第四年之價格

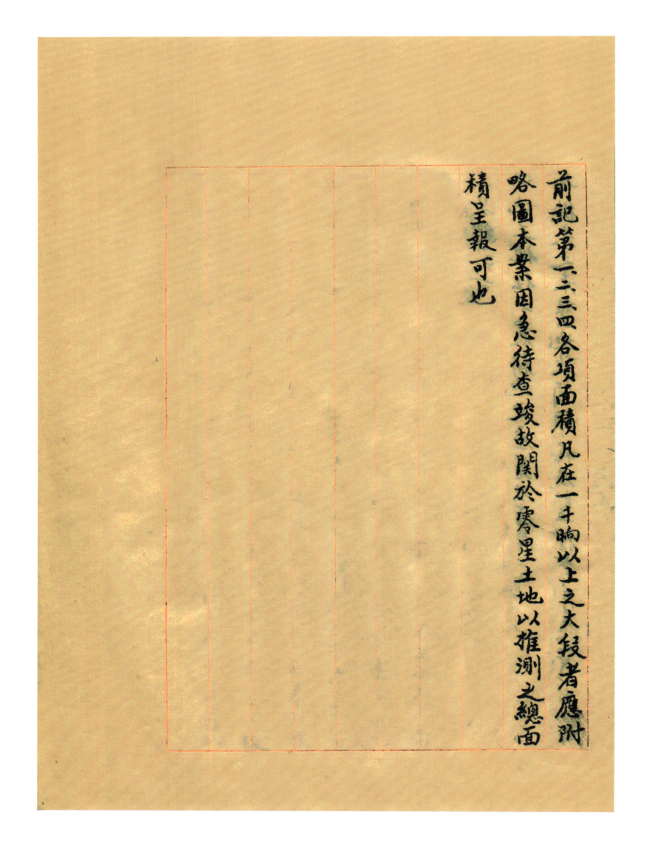

前記第一、二、三、四各項面積凡在一千晌以上之大段者應附
略圖本案因急待查竣故關於零星土地以推測之總面
積呈報可也

大滿洲國大同二年十二月十四日

省長熙洽

校對徐楨

監印牛桂榮

總校對趙甯

伪吉林省公署为调查所放柴山沿革及处理办法事给伪虎林县公署的训令（一九三三年十二月五日）

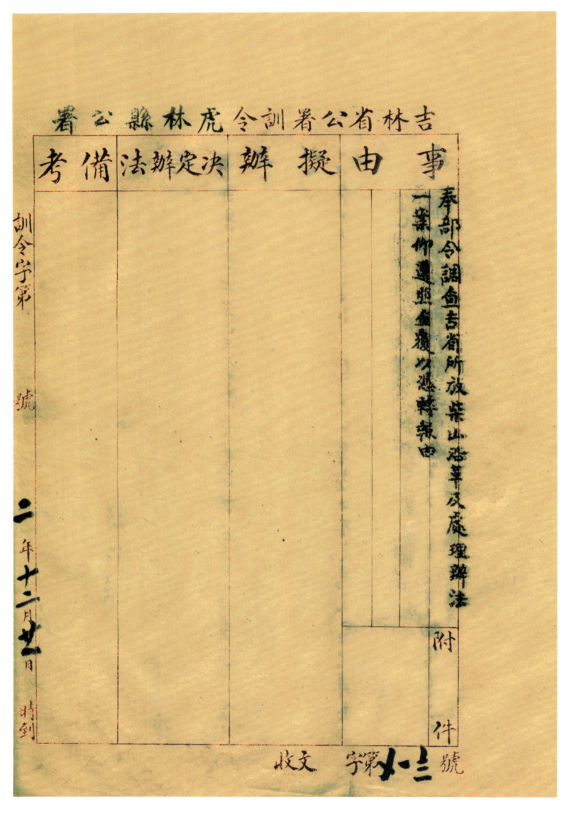

吉林省公署訓令虎林縣公署

事由	擬辦	決定辦法	備考
奉部令調查吉省所放柴山沿革及處理辦法一案仰遵照查覆以憑轉報由			
附件			

訓令字第　號

二年十二月廿一日　時到

收文　字第[illegible]號

吉林省公署訓令

實字第316號

令虎林縣公署

為令飭事案奉

實業部第二五零號訓令內開為令遵事查該省前

放荒時代曾將未經成林之荒山放給民間承領名曰柴

山其已經成林者究竟是否亦有按照柴山發放此項柴山

共放幾處面積若干其沿革情形如何及現在處理辦法均

與林政前途有密切關係本部為明瞭真像起見仰該省長

遵照將上列各節轉飭主管各廳分別查明詳細具覆以憑

考核此令等因奉此經飭民政實業兩廳詳查本省所放國有森林向係遵照國有林之發放章程辦理並無將已成之林按照柴山發放者至從前放荒時代各縣對於未經成林之柴山放給民間者係遵照勘放官荒章程辦理其已經成林者照章亦不准按柴山發放是以該項柴山共放幾處面積若干及其沿革情形與處理辦法如何並未據各縣專案呈報無從稽考奉令前因除先呈覆並分行外合亟令仰該縣迅遵原令指飭各節詳查具覆以憑彙核轉報切切此令

大滿洲國大同二年十二月五日

省長熙洽

校對葉尚興

總校對趙霨

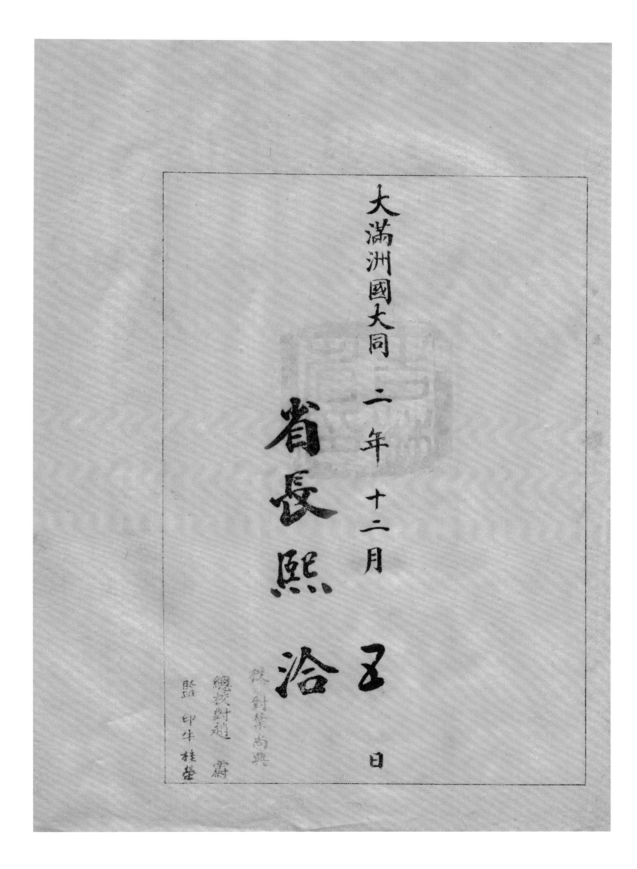

監印牛桂瑩

鸦片制度梗概附鸦片法及其附属法令集（一九三二年十二月二十日）

鴉片制度梗概

附 鴉片法及其附屬法令集

專賣公署

目次

鴉片制度梗概

(日譯) 阿片制度梗概

鴉片制度梗概

一、制度確立之旨趣

查吸食鴉片之弊害、無須喋々煩言、歷代政府、爲企圖其根絕、雖屢經頒發禁令、亟欲從事取締、然暗中所有密栽種、私買賣等、終滔々不息、吸烟弊風、乃亦隨此弊害、逐漸薰染於政治經濟社交等各方面、遂爾招來不能收拾之勢、夫吸烟弊害、蓋不第個人之健康問題、且與公衆衞生經濟政治各問題相關聯、延而左右國家之隆替、至依正義人道上之見地、殆將惹起國際間之議論。

抑鴉片制度之適宜與否、與國家盛衰、所關亦重、我滿洲國在建國當初、鑑此重要性、乃考慮所以救療現在癮者之術、爰依據斷禁主義、採取癮者漸減之方策、厲禁一般之吸食、惟限於已有癮者、爲醫藥救療上、暫容認其吸烟、一則特設救療之機關、努力治療救濟、二則依敎化及其他社會之施設、喚醒國民之自覺、防遏新癮者之發生、遂定爲以漸減主義、而根絕吸煙之弊風、爲其根本方針。

茲於大同元年九月十六日、公布暫行鴉片收買法、以爲鴉片專賣之前提、凡現所有或持有鴉片者、均以迄至大同二年一月十日爲其提呈期限、而由政府分別收買補償、極力收集現存之鴉片、旋於同年十一月三十日、以教令第一百十一號、及第一百十二號、公布鴉片法及同施行令、更於同年十二月二十日、以教令第一百十五號、及第一百十六號、公布鴉片法及查獲私土獎勵規則、用以限制鴉片之出產、買賣、及消費、爲其取締之嚴重規律、前記鴉片法及附屬法令、已自大同二年一月十一日起實施。

二、制度要綱

(1)吸烟者

一般人吸食鴉片、爲所嚴禁、以已有癮、在救療上有吸食之必要、而領有警察官署發給之吸食鴉片證者爲限、准其購買鴉片。

(2)販賣鴉片之系統

鴉片由專賣官署、賣與批發鴉片人、由批發鴉片人、躉賣零賣鴉片人、再由零賣鴉片人、零賣於持有警察官署發給吸食證之有癮者、如此順次發售、定爲系統、所有在此系統以外之販賣、或讓與者、絕對嚴禁之、努力於無復有不正買賣之流弊、及感染吸煙之機會。

(3) 密買賣之取締

關於不正買賣、以由警察厲行取締爲主、然就現在治安情形觀之、不可一任警察辦理、故對專賣官員、付與特別權限、使負取締專責、並與警察稅關等機關、保持連絡協調關係、期於取締上、無稍遺漏、而努力防止所有一切不正買賣。

(甲)警察官及專賣官員、若發現違反鴉片法者、在發現其係犯罪之鴉片及吸食鴉片器具時、應行逮捕或扣押。

(乙)警察官、專賣官員、認爲有違反鴉片法之嫌疑時、得行搜查、有必要時、並得訊問嫌疑者、或參考人。

(丙)鹽務官員、稅關官員、及稅務官員、當其執行職務、發現認爲違反鴉片法者時、得援用專賣官員之行動。

(4) 防止新癮者之發生

一面厲行取締、一面更促國民之自覺、依教化或其他之社會施設、喚起禁煙思想、以講求防止新癮者之發生。

(5)癮者之救治

大企圖救治現在癮者、並防止新癮者之發生者、乃爲鴉片法之主眼、故由民政部、於樞要地點、設置癮者救療所、從事救療癮者。

(6)專賣機關

(甲)專賣公署

辦理鴉片之機關、在中央(新京)設置專賣公署、在地方置專賣支署、(奉天　吉林　濱江　龍江　承德)及其分署、(遼陽　營口　安東　彰武　遼源　敦化　赤峯　平泉　凌源　朝陽)所有鴉片之出產、(罌粟栽種區域及面積之指定、並出產鴉片之收納)及鴉片煙膏、藥用鴉片之製造、販賣等事宜、均由專賣官署主管。

(乙)批發鴉片人

大同元年十二月二十四日、財政部令第十七號、將全國批發鴉片人、販賣區域、分爲十區、每區置批發鴉片人一人、由專賣公署長指定之、管理各該區內之零賣鴉片人。

（丙）零賣鴉片人

鴉片零賣人之指定、其權限委諸所轄省長者、專爲警察取締計也。查所有零賣人、原來以零賣生鴉片、或鴉片煙膏、爲其本體、特在與零賣所同一處所、得爲吸烟設備可將吸煙處所（煙館）貸與前開吸煙者。但不准以同一零賣人、而在數個處所、兼營煙館、所謂一人一館主義是也。

（丁）生鴉片之出產及收納

（甲）栽種罌粟區域及其面積之指定

專賣公署長、統籌全國鴉片之需要、爲生產方面統制之必要、應每年擬定栽種地域、及其面積、公示之。

（乙）栽種罌粟之許可

依前項公示、其經專賣公署長指定之區域、及其面積之範圍內者、省長對於呈請栽種人、在審核其來歷及其他事項、認爲無難碍時、許可栽種罌粟、關於取締密種事宜、因有應由警察方面取締之必要、故將該項許可權、付與有警察權力之省長。

（丙）出產鴉片之收納

關於收納出產鴉片事項、由專賣公署統制、關於集貨辦法、則令由地方官憲、或收買人、收納出產品、將其全部悉數納付專賣官署、專賣官署對於納付之鴉片、交付補償金。

(8)私土查獲獎勵法

所謂私土者、係指違背鴉片法之鴉片、及所有人不詳、或所有人在何處不能明晰之鴉片而言。對於私土而告官者、又探知而查獲者、特設獎勵金支給制度、以爲防止密秘買賣之一助、而努力確保專賣制度焉。

(9)公益專賣與鴉片專賣

鴉片之專賣、實爲防止吸食鴉片者之發生、併救療現有之癮者、以漸減主義、而根絕吸煙之弊風、爲其目的、蓋爲國民保健衛生計、而爲其專賣是也、既非以財政收入爲主旨、是與一般之專賣、自顯然有別。

鴉片法及其附屬法令集

鴉片法及其附屬法令集

（國務院第六號）佈告

爲佈告事照得吸食鴉片之風由來已久日常習慣薰染已深內則傷耗天年與金錢外則蒙列國之輕侮偷久不能脫離此惡習則照建國之本義誠令人不勝遺憾之至蓋鴉片制度之適宜與否與國家之隆替所關綦重值此滿洲國建設完成庶政革新之際若不迅爲樹立根本方針以講求禁絕鴉片之良策則將來流弊日形蔓延將至不可收拾

惟舊時之制度對於現在多數之癮者全然置之度外以此而言實行斷禁是猶不絕其源而遮斷其流其政策之謬可謂已極故雖早行整備禁煙諸法而難奏實效者在此

今欲實行矯正此積年之流弊宜依據嚴禁之主義採取癮者漸減之方策厲禁一般人之吸食惟限於已有癮者爲救療上暫容認其吸煙於是特設救療之機關努力救治世之癮者復依教化及其他社會之施設喚醒國民之自覺防遏新癮者之發生以圖弊風之漸減根絕此徵之世界各國制度之實績確信爲最有效而適切之禁煙方策也故政府根據右列之方針於大同元年十一月三十日以教令第一百十一號公布鴉片法以冀達到所期之目的尚希一般民衆善體立法之至意深自警省速滌陋習群登覺岸是爲至要除新定規章及施行細則另案頒行外合行佈告仰爾各色人等一體知曉此佈

國務總理　鄭孝胥

大同元年十一月三十日

鴉片法（大同元年十一月三十日公布 敎令第一百十一號）

第一條　本法所稱之鴉片係指生鴉片鴉片煙膏及藥用鴉片而言

第二條　鴉片不准吸食但已成年而有癮在救治上有必要者不在此限

第三條　出售鴉片以及製造鴉片煙膏與藥用鴉片均由政府專行之但於第五條第二款及第三款所規定製造鴉片煙膏者不在此限

第四條　鴉片或供吸食鴉片之器具均不得私行輸入或輸出但有左列各款情形之一者不在此限

一　由政府輸入或輸出鴉片者

二　依命令所規定販賣藥用鴉片人輸出藥用鴉片者

三　依命令所規定批發鴉片人輸入供吸食鴉片之器具者

第五條　鴉片或供吸食鴉片之器具除有左列各款情形之一並依命令所規定者外不得私行製造買賣授受所有或持有之

一　批發鴉片人製造供吸食鴉片之器具或買賣授受所有或持有生鴉片以及鴉片煙膏或供吸食鴉片之器具者

二　零賣鴉片人製造鴉片煙膏或買賣授受所有或持有生鴉片以及鴉片煙膏或供吸食鴉片之器具者

三　依第二條但書之規定吸食鴉片人製造鴉片煙膏或受讓所有持有生鴉片以及鴉片煙膏或供吸食鴉片之器具者

四　經栽種罌粟之批准者製造讓與所有或持有生鴉片者

五　收買鴉片人收買授受所有或持有生鴉片者

六　製藥人受讓或所有或持有生鴉片或藥用鴉片者

七　醫師醫士牙醫獸醫藥師藥商或販賣藥用鴉片人買賣授受所有或持有藥用鴉片者

八　以醫師醫士牙醫或獸醫所開藥方受讓或所有持有藥用鴉片者

九　依前各款所規定所有或持有鴉片或供吸食鴉片之器具者致不能所有或持有時或致無人所有或持有時本人繼承人或管理其財產人讓與或持有者

第六條　批發鴉片人或零賣鴉片人不得將專賣公署所售之鴉片煙膏加工或混和他物而販賣或讓與

第七條　不得意圖營利而供與他人吸食鴉片之處所或設備但零賣鴉片人經政府之批准者不在此限

第八條　非經政府之批准不得以製造鴉片或其代用品爲目的而栽種罌粟

第九條　不得以前條之目的買賣或授受罌粟種子但對於經政府批准之栽種罌粟人販賣或讓與者不在此限

第十條　經政府批准之栽種罌粟人所生產之生鴉片應繳納於政府但暫時得賣交由政府指定之收買鴉片人收買鴉片人所收買之生鴉片應繳納於政府

第十一條　民政部總長爲矯正吸食鴉片之習癖起見得對於吸食鴉片者爲必要之處分

前項處分所需費用之負擔依民政部總長所定

第十二條　政府關於認爲有必要之事項得令第五條各款所列之人呈報

第十三條　政府認爲有必要時得隨時令該管官吏入第五條各款所列人之製造廠店舖或其他處所檢查原料製造品器具機器賬簿文件暨其他物件或爲取締上必要之處分

第十四條　有左列各款情形之一者處五年以下之有期徒刑或五千圓以下之罰金但徒刑與罰金不妨併科

一　意圖販賣關於鴉片違背第四條或第五條之規定者

二　違背第七條或第八條之規定者

第十五條　有左列各款情形之一者處一年以下之有期徒刑或一千圓以下之罰金

一　違背第二條之規定者

二　意圖販賣關於供吸食鴉片之器具違背第四條或第五條之規定者

三　違背第六條或第九條之規定者

法院對於未成年犯前項第一款之罪得按情節猶豫其刑之宣告而移交第十一條之處分

第十六條　前二條之未遂罪罰之

第十七條　有左列各款情形之一者處拘役或二百圓以下之罰金

一　依第二條但書之規定吸食鴉片人吸食政府出售以外之鴉片者

二　非意圖販賣而違背第四條或第五條之規定者

第十八條　有左列各款情形之一者處一月以下之拘役或一百圓以下之罰金

一　不遵第十一條規定之處分者

二　無正當之理由而懈怠第十二條規定之呈報或爲虛僞之呈報者

三　無正當之理由而抗拒妨害或忌避第十三條規定之檢查或對於訊問不爲答辯或爲虛僞之陳述以及其他不遵該管官吏

之處分者

第十九條　違背本法之規定者其犯罪物件之鴉片罌粟或供吸食鴉片之器具不問屬於犯人與否均沒收之不能沒收前項之物件者追徵其相當價額

第二十條　依第四條第二款或第三款之規定輸入或輸出藥用鴉片或供吸食鴉片之器具者或第五條第一款第二款或第四款乃至第七款所列人如其代理人或家長家屬雇人以及其他從業人關於其業務違背本法或依據本法所頒布之命令時雖不出於本人之指揮亦不得免除處罰

第廿一條　法人之代表人或其雇人暨其他從業人關於法人之業務違背本法或依據本法所頒布之命令時處罰法人之代表人

第廿二條　施行本法之期日以敎令定之（以大同二年敎令第一號由同年一月十一日施行之）

鴉片法施行令（大同元年十一月三十日公布 敎令第一百十二號）

第一章　吸食鴉片

第一條　依鴉片法第二條但書之規定吸食鴉片人應携帶由該管警察官署長發給之證明書

第二條　吸食鴉片人非提示前條之證明書不得受讓鴉片或供吸食鴉片之器具

第三條　吸食鴉片人不得由零賣鴉片人以外受讓鴉片或供吸食鴉片之器具

第二章　製造及販賣生鴉片鴉片烟膏及供吸食鴉片之器具

第四條　生鴉片鴉片煙膏或供吸食鴉片之器具應由批發鴉片人讓與於零賣鴉片人再由零賣鴉片人讓與於吸食鴉片人

鴉片法及其附屬法令集

批發鴉片人不得由專賣公署以外受讓鴉片

第五條　批發鴉片人由專賣公署長指定之零賣鴉片人由該管省長指定之

第六條　批發鴉片人及零賣鴉片人不得於指定地址以外營業

批發鴉片人開設營業分所時應呈請專賣公署長批准

第七條　批發鴉片人輸入供吸食鴉片之器具時應開具該出貨人之住所姓名輸入數量及輸入路徑詳報專賣公署長聽候核准

第八條　政府所售之鴉片煙膏應以政府所指定之價額販賣之

批發鴉片人不得將鴉片煙膏開鋪讓與

第九條　零賣鴉片人除提示第一條所規定證明書之吸食鴉片或人外不得讓與鴉片或供吸食鴉片之器具

第十條　製藥人因製藥需用生鴉片時應連同民政部總長所發之批准購買鴉片證書呈請專賣公署長或專賣分署長請求出售

第十一條　批發鴉片人及零賣鴉片人應具備賬簿關於收付生鴉片鴉片煙膏及供吸食鴉片之器具每次記載其種類數量價額年月日及收付人之住所姓名

批發鴉片人及零賣鴉片人關於收付生鴉片鴉片煙膏及供吸食鴉片之器具應於每月十日以前將上月分分別彙報該管省長及專賣公署長

第三章　生產及收納生鴉片

第十二條　栽種罌粟區域及其面積每年由專賣公署長定之

第十三條　欲栽種罌粟者應開具左列事項每年呈請該管省長批准其有變更或廢止時亦同

一　住所　姓名　生年月日

二　栽種地址　面　積

第十四條　經前條之批准者應於每栽種地址樹立標木記載其地址面積栽種人之住所姓名

第十五條　栽種罌粟人應於該管省長指定期日以前將其生產鴉片數量分別彙報該管省長及專賣公署長

第十六條　栽種罌粟人應將其生產之生鴉片提出專賣公署長指定之處所或賣與於收買鴉片人

第十七條　收買鴉片人限於必要人員由專賣公署長指定之

第十八條　收買鴉片人應將其收買之生鴉片繳納專賣公署

第十九條　前條繳納鴉片由專賣公署長鑑別之依其品位付給補償金

第二十條　對於收買鴉片人及其從業人照後揭式樣發給收買鴉片人之證或從業人之證

收買鴉片人及其從業人在從業中應携帶前項之證票

第四章　販賣藥用鴉片

第二十一條　藥用鴉片應由販賣藥用鴉片人讓與於醫師醫士牙醫獸醫藥師藥商或製藥人

第二十二條　販賣藥用鴉片人就藥師或藥商中由該管省長指定之

第二十三條　藥用鴉片除有左列各款情形之一者外不得買賣授受

一　藥師或藥商讓與於醫師醫士牙醫獸醫藥師藥商或製藥人者

二　藥師按照醫師醫士牙醫或獸醫所開藥方作爲醫療用供給需要人者

三　醫師醫士牙醫或獸醫作爲醫療用供給需要人者

第二十四條　販賣藥用鴉片人輸出藥用鴉片時應開具其輸出目的地及輸出數量連同該輸出目的地之該管官憲所發批准輸入證書呈請民政部總長批准

第二十五條　販賣藥用鴉片人藥師及藥商應具備賬簿關於收付藥用鴉片應每次記載其數量用途年月日及收付人之住所姓名但藥師因配藥使用者不在此限

前項所列人關於收付藥用鴉片應於每年一月底以前將上年分彙報該管省長

第五章　雜　則

第二十六條　收買鴉片人批發鴉片人及零賣鴉片人受其指定後應即依省長或專賣公署長所定繳納保證金

第二十七條　依本令受指定或批准者或吸食鴉片人戒煙廢業或死亡者自該事實發生之日起三十日以內如係收買鴉片人及批發鴉片人則對於專賣公署長或專賣分署長如係其他之人則對於該管省長由本人繼承人或管理其財產人具報關於現存鴉片器具或供吸食鴉片器具之處分應受指示前項情形欲受保證金之付還者應由本人或繼承人請求省長或專賣公署長付還

第二十八條　零賣鴉片人對於他人欲供與吸食鴉片之處所及設備者應開具左列事項呈請該管省長批准

一　住所　姓名　生年月日

二　處所及設備

第二十九條　依本令呈遞民政部總長或省長之文件應經該管警察官署轉呈專賣公署長之文件應經附近專賣官署轉呈

第六章　罰　則

第三十條　違背第六條及第八條之規定者處拘役或二百圓以下之罰金

第三十一條　違背第十一條第十四條或第二十五條之規定者處一月以下之拘役或一百圓以下之罰金

第三十二條　依本令經辦鴉片或供吸食鴉片之器具者或經栽種罌粟之批准者關於其業務上有不正行爲時得停止其業務或撤銷其指定或批准或没收保證金

附則

第三十三條　本令所稱民政部總長者在興安省則爲興安總署總長其所稱該管省長者在東省特別區除哈爾賓警察廳管轄區域則爲東省特別區長官在新京特別市及長春縣則爲首都警察總監在哈爾賓警察廳管轄區域則爲哈爾賓警察廳長在興安省則爲該管分省長

第三十四條　本令自施行鴉片法之日施行

收買鴉片人之證式樣

第　號

何某　年

收買鴉片人之證

年　月　日發給

專賣公署長　印

收買鴉片人從業人之證式樣

第　號

何某　年

收買鴉片人何某從業人之證

年　月　日發給

專賣公署長　印

鴉片緝私法（大同元年十二月二十日教令第一百十五號）

第一條　專賣官員發見其認爲違背鴉片法者或其犯罪之鴉片及供吸食鴉片之器具時應即依照本法逮捕或扣押之

專賣官員依照前項逮捕人犯及扣押物件應送交就近警察官署

第二條　專賣官員發見所有人不詳或所有人在何處不能明晰之鴉片及供吸食鴉片之器具時應即扣押之前項扣押物件若在專賣官署所在地外有不得已之情形得送交就近警察官署

第三條　前條物件應由專賣官署長或受其送交之警察官署長公示之倘在公示期間內無人主張其所有權者即歸屬於國庫

前項公示應詳細載明其無件之名稱種類數量形狀及發見處所日時等項務令一般人容易明知其物件於就近張貼公示地點十四日間公示之

第四條　警察官署長應將依照前條所歸屬於國庫之鴉片及供吸食鴉片之器具送交就近專賣官署

警察官署長送交前項物件時應分別各案開具清單載明其種類數量及歸屬於國庫年月日一併送交

第五條　專賣官署長或警察官署長在第四條之公示期間內遇有主張權利者應即就事實詳細加以審查並將其物件返還原有權利人

第六條　專賣官員認爲有違背鴉片法之嫌疑者得行搜索有必要時並得訊問嫌疑人或參考人

第七條　專賣官員實行搜索訊問扣押或逮捕時均應携帶可以證明其身分之證明書有要求時即提示之

前項證明書依照另列式樣

第八條　專賣官署長認爲有必要時得令專賣官員携帶槍械

第九條　專賣官員實行搜索扣押或逮捕認爲有必要時得向警察官吏緝私隊或軍隊其援助

第十條　警察官吏執行其職務時發見所有人不詳或所有人在何處不能明晰之鴉片及供吸食鴉片之器具者準用第二條至第五條之規定

第十一條　鹽務官員稅務官員及稅關官員執行其職務時發見其認爲違背鴉片法者或所有人不詳或所有人在何處不能明晰鴉片及供吸食鴉片之器具者準用第一條至第五條之規定

第十二條除本法有特別規定外關於搜索扣押及訊問準用刑事訴訟法之規定關於逮捕準用檢察廳調度司法警察章程之規定

第十三條　本法自施行鴉片法之日施行

專賣官員身分證明書式樣

契印

第　　號

專賣官員之證

專賣官署之印

官職　何某

生年月日

查獲私土奬勵規則（大同元年十二月二十日教令第一百十六號）

第一條　本令所稱私土者係指違背鴉片法之鴉片及所有人不詳或所有人在何處不能明晰之鴉片而言

第二條　發見私土而告官或取締官員查獲私土者依本令給與奬勵金

第三條　私土由專賣官署變價在該款額中扣除保管運搬及其他所需費用外以其所餘款額十分之六充奬勵金

第四條　前條之奬勵金按照左列各款由專賣官署給與之

一　奬勵金將其十分之七給與告官者十分之三給與從事查獲官署之官員但無告官者即將奬勵金全額給與從事查獲官署之官員

二　由二處以上官署協力查獲私土者將其奬勵金十分之七給與告官者其餘款額比例從事查獲人員分給各官署但無告官者其奬勵金全額比例從事查獲人員分給各官署

三　依前二款之規定給與各官署官員之奬勵金由各該官署長官考查其功績酌給之

四　給與告官者之奬勵金送交受告官署長官由該官署長官轉給本人

第五條　本規則自施行鴉片法之日施行

目譯

阿片制度梗概

一、制度確立ノ趣旨

阿片吸食ノ弊害ハ今更喋々ヲ要セサル所ニシテ歴代ノ政府ハ之カ根絶ヲ企圖シ屢々禁令ヲ發シ取締ヲ爲サムトセルモ隱ニ阿片ノ生産取引旺ニ行ハレ吸煙ノ弊習滔々風ヲ爲シ之ニ伴フ弊害ハ政治、經濟、社交等ノ各方面ニ浸蝕シ收拾スヘカラサル形勢ヲ招致シ吸煙ノ弊害ハ獨リ個人ノ健康問題タルニ止ラス公衆ノ衛生、經濟、政治問題ニ關連シ延テハ國家ノ隆替ヲ左右シ正義人道ノ立場ヨリ國際間ニ於テモ論議セラル、處ナリ。

阿片制度ノ適否ハ國家ノ盛衰ニ關スル重要問題ナルニ依リ我滿洲國ハ建國當初茲ニ鑑ミル處アリ現存癮者ノ救療ニ意ヲ用ヒ斷禁主義ニ基ク癮者漸減方策ヲ採リ一般ニハ吸煙ヲ斷禁シ唯既ニ癮ニ陷リタル者ニ限リ醫藥トシテ救療上吸煙ヲ認ムルト共ニ癮者救療ノ機關ヲ特設シ癮者ノ治療救濟ニ努メ他面教化其他社會的施設ニ依リ人民ノ自覺ヲ喚起シテ新癮者ノ發生ヲ防遏シ以テ吸煙ノ弊風ヲ漸減根絶スルコトニ其ノ根本方針ヲ

決定セリ。

茲ニ於テ大同元年九月十六日暫行阿片收買法ヲ公布シ阿片專賣ノ前提トシテ現ニ阿片ヲ所有シ所持スル者ハ大同二年一月十日迄ニ政府ニ提出セシメ之ヲ收買補償シ極力現存阿片ノ蒐集ニ努メ續イテ仝年十一月三十日敎令第一百十一號及一百十二號ヲ以テ阿片法及仝施行令ヲ公布シ更ニ仝年十二月二十日敎令第一百十五號及一百十六號ヲ以テ阿片緝私法及査獲私土獎勵規則ヲ公布シ阿片ノ生產取引消費ヲ制限シ之カ取締ニ關シ嚴重規律シ大同二年一月十一日ヨリ前記阿片法及其ノ附屬法令ヲ實施シタリ。

二、制度要綱

(1)吸煙者

一般ニハ阿片ノ吸食ヲ嚴禁シ既ニ癮ニ陷リ救療上吸食ヲ必要トスル者ニシテ警察官署ヨリ吸煙證明書ヲ受ケタル者ニ限リ吸食ヲ認メ阿片ノ買受ケヲ爲スコトヲ得。

(2)阿片賣下ノ系統

阿片ハ專賣官署ヨリ阿片卸賣人ニ阿片卸賣人ヨリ阿片小賣人ニ阿片小賣人ヨリ警察

官署ノ證明書ヲ有スル癮者ニ順次賣下ヲ行ヒ此ノ系統以外ノ販賣讓與ハ絶對之ヲ嚴禁シ不正取引ノ弊及吸煙感染ノ機會ヲ無カラシムルコトニ努ムルモノナリ。

（3）密取引ノ取締

不正取引ノ取締ニ關シテハ主トシテ警察之ニ當リ取締ヲ勵行ス然乍ラ現下ノ治安狀態ニ於テハ警察ノミニ委スヘキニアラサルニ依リ專賣官員ニ對シ特別ノ權限ヲ附與シ專問的ニ之カ取締ニ從事セシメ警察、稅關等ノ機關ト連絡協調ヲ保チ取締ニ遺漏ナキヲ期シ不正取引ノ防止ニ努メシム。

（イ）警察官及專賣官員ハ阿片法違反者ヲ發見シ若クハ其犯罪ニ係ル阿片及阿片吸食器具ヲ發見シタルトキハ之ヲ逮捕又ハ押收ス。

（ロ）警察官、專賣官員ハ阿片法違反ノ嫌疑アリト認ムル場合ハ搜查ヲナシ必要アルトキハ嫌疑者又ハ參考人ヲ訊問スルコトヲ得。

（ハ）鹽務官員、稅關官員、稅務官員其ノ職務執行ニ當リ阿片法違反者ト認メタル者ヲ發見シタルトキハ警察官又ハ專賣官員ニ準シタル行動ヲ取ルコトヲ得。

（4）新癮者ノ發生防止

取締ノ勵行ト共ニ一面人民ノ自覺ヲ促スヘク教化其他ノ社會施設ニ依リ禁煙思想ヲ喚起シ新癮者ノ發生防止ノ方法ヲ講ス。

(5) 癮者ノ救治

現存癮者ノ救治ヲ圖リ新癮者ノ發生ヲ防止スルハ阿片法ノ主眼ニシテ民政部ニ於テハ樞要ノ地ニ救療所ヲ設置シ癮者ノ救療ヲナス。

(6) 專賣機關

(イ) 專賣公署

中央（新京）ニ專賣公署ヲ地方ニ專賣支署（奉天、吉林、濱江、龍江、承德）及其ノ分署（遼陽、營口、安東、彰武、遼源、敦化、赤峰、平泉、凌源、朝陽）ヲ設置シ阿片ノ生產（罌粟ノ栽培區域及面積ノ指定、生產阿片ノ收納）及阿片煙膏、藥用阿片ノ製造及賣下ヲ專賣官署ノ主管ニ屬セシム。

(ロ) 阿片卸賣人

大同元年十二月二十四日財政部令第十七號ヲ以テ阿片卸賣人ノ販賣區域ヲ全國十區ニ分チ一區ニ一人ノ阿片卸賣人ヲ置キ專賣公署長之ヲ指定シ其ノ區內ノ阿片小

賣人ヲ專屬セシム。

（ハ）阿片小賣人

阿片小賣人ノ指定ハ所轄省長ノ權限ニ委シ專ラ警察取締ト爲シタリ小賣人ハ元來生阿片又ハ阿片煙膏ノ小賣ヲ本體トスルモ小賣所ト同一場所ニ吸煙設備ヲ爲シ吸煙ノ場所（煙館）ヲ前記吸煙者ニ貸與シ吸煙セシムルコトヲ得但シ同一小賣人ニ於テ數個所ノ煙館ヲ營ムコトハ之ヲ認メス一人一館主義ナリ。

（7）生阿片ノ生産及收納

（イ）罌粟栽培ノ區域及其ノ面積ノ指定

專賣公署長ハ全國阿片ノ需要ヲ考慮シ生産方面ノ統制ヲ行フ必要ヨリ毎年罌粟栽培地域及其ノ面積ヲ定メ之ヲ公示ス。

（ロ）罌粟栽培許可

前項公示ニ依ル專賣公署長ノ指定シタル地域及其ノ面積ノ範圍內ニ於テ省長ハ罌粟栽培出願人ニ對シ身元其他ヲ審査シ支障ナシト認メタルトキハ之ヲ許可ス、栽培ノ取締ハ警察取締ヲ必要トスルモノアルニ付警察權ヲ有スル省長ニ栽培ノ許可權ヲ附與ス。

(ハ) 生產阿片ノ收納

生產阿片ノ收納ハ專賣公署之ヲ統制シ地方官憲又ハ收買人ヲシテ生產品ヲ蒐集セシメ之ヲ專賣官署ニ納付ス專賣官署ハ納付阿片ニ對シ補償金ヲ交付スルモノトス。

(8) 私土査獲奬勵法

私土トハ阿片法違反ニ係ル阿片及所有者不明又ハ所有者所在不明ノ阿片ヲ謂ヒ私土アルコトヲ官ニ告ケタル者又ハ之ヲ探知シ査獲シタル者ニハ奬勵金ヲ支給スル制度ヲ設ケ以テ密取引防止ノ一助トシ專賣制度ノ確保ニ努ム。

(9) 公益專賣トシテノ阿片專賣

阿片ノ專賣ハ阿片吸食者ノ發生ヲ防止シ兼ネテ現存癮者ヲ救療シ其ノ漸減根絕ヲ目的トシ國民保健衞生ノ見地ヨリ出テタルモノニシテ財政收入ヲ主トスルモノニ非ス之ヲ一般專賣ト異ナル所ナリ。

阿片法及其ノ附屬法令集（日譯）

阿片法及其ノ附屬法令集

（國務院第六號）佈告

阿片ノ吸食ハ其ノ由來スル所古ク日常習慣ニ侵潤スル所深シ、內自ラ壽財ヲ消耗シ外列國ノ輕侮ヲ蒙ル、永ク此ノ陋習ヲ離脫スルコト能ハサルトキハ建國ノ精神ニ照シテ寔ニ遺憾ニ堪ヘサル次第ナリ、蓋シ阿片制度ノ適否ハ國家ノ隆替ニ關スル重要問題ナリ今ヤ我カ滿洲國ノ建設成リ庶政革新ノ秋ニ際會ス、速カニ根本方針ヲ樹立シ以テ排煙ノ方途ヲ講スルニアラサレハ將來其ノ弊益々瀰漫シ終ニ拔クヘカラサルニ至ルヘシ

然リト雖舊時ノ制度ノ如ク現存スル多數癮者ノ處置ヲ度外視シテ一ニ之ヲ斷禁セントスルハ恰モ水源ヲ治メスシテ其ノ下流ヲ遮斷スルニ等シク其ノ政策ヲ誤リタルモノト謂ハサルヘカラス、之レ夙ニ禁煙ノ法容ヲ備セルニ拘ラス毫モ其ノ實效ヲ奏セサル所以ナリ

此ノ積年ノ宿弊ヲ矯正セムニハ須ラク斷禁主義ニ基ク癮者漸減方策ヲ採リ、一般ニハ吸煙ヲ嚴禁シ唯既ニ癮ニ陷リタル者ニ限リ救療上吸煙ヲ認ムルト共ニ、救療ノ機關ヲ特設シテ癮者ノ救濟ニ努メ、又教化其ノ他ノ社會施設ニ依リ人民ノ自覺ヲ喚起シテ新癮者ノ發生ヲ防遏シ以テ弊風ノ漸減根絕ヲ圖ルヘシ、之レ世界各國ノ制度ノ實績ニ徵シ最モ有効適切ナル禁煙方策ナリト確信ス、依テ政府ハ叙上ノ方針ニ則リ大同元年十一月三十日教令第一百十一號ヲ以テ阿片法ヲ公布シ以テ所期ノ目的ヲ達成セムトス一般民衆克ク立法ノ主旨ヲ體シ深ク自省シテ以テ去陋新生ノ大業ニ違背ナ

カラムコトヲ期スヘシ

大同元年十一月三十日

國務總理 鄭孝胥

阿片法（大同元年十一月三十日公布 教令第一百十一號）

第一條　本法ニ於テ阿片トハ生阿片阿片煙膏及藥用阿片ヲ謂フ

第二條　阿片ハ之ヲ吸食スルコトヲ得ス但シ未成年者ニ非サル阿片飲者ニシテ救療上必要アル場合ハ此ノ限ニ在ラス

第三條　阿片ノ賣下及阿片煙膏藥用阿片ノ製造ハ政府ニ於テ之ヲ行フ但シ第五條第二號及第三號ノ規定ニ依リ阿片煙膏ヲ製造スル場合ハ此ノ限ニ在ラス

第四條　阿片又ハ阿片吸食器具ハ之ヲ輸入シ又ハ輸出スルコトヲ得ス但シ左ノ各號ノ一ニ該當スル場合ハ此ノ限ニ在ラス

一　政府カ阿片ヲ輸入シ又ハ輸出スルトキ

二　命令ノ定ムル所ニ依リ藥用阿片賣捌人カ藥用阿片ヲ輸出スルトキ

三　命令ノ定ムル所ニ依リ阿片卸賣人カ阿片吸食器具ヲ輸入スルトキ

第五條　阿片又ハ阿片吸食器具ハ左ノ各號ノ一ニ該當スル場合ニ於テ命令ノ定ムルトコロニ依ルノ外之ヲ製造シ

賣買シ授受シ所有シ又ハ所持スルコトヲ得ス

一　阿片卸賣人カ阿片吸食器具ヲ製造シ又ハ生阿片阿片煙膏若ハ阿片吸食器具ヲ賣買シ授受シ所有シ又ハ所持スルトキ

二　阿片小賣人カ阿片煙膏ヲ製造シ又ハ生阿片阿片煙膏若ハ阿片吸食器具ヲ賣買シ授受シ所有シ又ハ所持スルトキ

三　第二條但書ノ規定ニ依ル阿片吸食者カ阿片煙膏ヲ製造シ又ハ生阿片阿片煙膏若ハ阿片吸食器具ヲ讓受ケ又ハ之ヲ所有シ若ハ所持スルトキ

四　罌粟栽培ノ許可ヲ受ケタル者カ生阿片ヲ製造シ讓渡シ所有シ又ハ所持スルトキ

五　阿片收買人カ生阿片ヲ收買シ授受シ所有シ又ハ所持スルトキ

六　製藥者カ生阿片又ハ藥用阿片ヲ讓受ケ又ハ之ヲ所有シ若ハ所持スルトキ

七　醫師醫士齒科醫師獸醫師藥劑師藥商又ハ藥用阿片賣捌人カ藥用阿片ヲ賣買シ授受シ所有シ又ハ所持スルトキ

八　醫師醫士齒科醫師又ハ獸醫師ノ處方箋ヲ以テ藥用阿片ヲ讓受ケ又ハ之ヲ所有シ若ハ所持スルトキ

九　前各號ノ規定ニ依リ阿片又ハ阿片吸食器具ヲ所有シ若ハ所持スル場合ニ於テ之ヲ所有シ若ハ所持スルコト能ハサルニ至リタルトキ又ハ之ヲ所有シ若ハ所持スル者ナキニ至リタルトキ本人相續人又ハ其ノ財産ヲ管理スル者ニ於テ之ヲ讓渡シ又ハ所持スルトキ

第六條　阿片卸賣人又ハ阿片小賣人ハ專賣公署ヨリ賣下ケタル阿片煙膏ニ加工シ又ハ他物ヲ混和シテ販賣若ハ讓渡スルコトヲ得ス

第七條　營利ノ目的ヲ以テ他人ニ阿片ヲ吸食スル場所又ハ其ノ設備ヲ供スルコトヲ得ス但シ阿片小賣人ニシテ政府ノ許可ヲ受ケタル場合ハ此ノ限ニ在ラス

第八條　政府ノ許可ヲ受クルニ非ラサレハ阿片又ハ其ノ代用品製造ノ目的ヲ以テ罌粟ヲ栽培スルコトヲ得ス

第九條　前條ノ目的ヲ以テ罌粟ノ種子ヲ賣買シ又ハ授受スルコトヲ得ス但シ政府ノ許可ヲ受ケタル罌粟栽培者ニ販賣シ若ハ讓渡スル場合ハ此ノ限ニ在ラス

第十條　政府ノ許可ヲ受ケタル罌粟栽培者ハ其ノ生產ニ係ル生阿片ヲ政府ニ納付スヘシ但シ當分ノ間政府ノ指定シタル阿片收買人ニ賣渡スルコトヲ得

阿片收買人ハ其ノ收買ニ係ル生阿片ヲ政府ニ納付スヘシ

第十一條　民政部總長ハ阿片吸食ノ習癖ヲ矯正スル爲阿片吸食者ニ對シ必要ナル處分ヲ爲スコトヲ得前項ノ處分ニ要スル費用ノ負擔ハ民政部總長ノ定ムル所ニ依ル

第十二條　政府ハ必要アリト認ムル事項ニ付第五條各號ニ掲クル者ヲシテ報告ヲ爲サシムルコトヲ得

第十三條　政府ハ必要アリト認ムルトキハ當該官吏ヲシテ第五條各號ニ掲クル者ノ製造場店舖其他ノ場所ニ立入リ原料製造品器具機械帳簿書類其ノ他ノ物件ヲ檢査シ又ハ取締上必要ナル處分ヲ爲サシムルコトヲ得

第十四條　左ノ各號ノ一ニ該當スル者ハ五年以下ノ有期徒刑又ハ五千圓以下ノ罰金ニ處ス但シ徒刑ト罰金トノ併科

ヲ妨ケス

一　販賣ノ目的ヲ以テ阿片ニ關シ第四條又ハ第五條ノ規定ニ違反シタル者

二　第七條又ハ第八條ノ規定ニ違反シタル者

第十五條　左ノ各號ノ一ニ該當スル者ハ一年以下ノ有期徒刑又ハ千圓以下ノ罰金ニ處ス

一　第二條ノ規定ニ違反シタル者

二　販賣ノ目的ヲ以テ阿片吸食器具ニ關シ第四條又ハ第五條ノ規定ニ違反シタル者

三　第六條又ハ第九條ノ規定ニ違反シタル者

前項第一號ノ罪ヲ犯シタル未成年者ニ對シテハ法院ハ情狀ニヨリ刑ノ言渡ヲ猶豫シテ第十一條ノ處分ニ移付スルコトヲ得

第十六條　前二條ノ未遂罪ハ之ヲ罰ス

第十七條　左ノ各號ノ一ニ該當スル者ハ拘役又ハ二百圓以下ノ罰金ニ處ス

一　第二條但書ノ規定ニ依ル阿片吸食者ニシテ政府ノ賣下ニ係ル阿片以外ノ阿片ヲ吸食シタル者

二　販賣ノ目的ニ出テスシテ第四條又ハ第五條ニ違反シタル者

第十八條　左ノ各號ノ一ニ該當スル者ハ一月以下ノ拘役又ハ百圓以下ノ罰金ニ處ス

一　第十一條ノ規定ニ依ル處分ニ從ハサル者

二　正當ノ理由ナク第十二條ノ規定ニ依ル報告ヲ怠リ又ハ虛僞ノ報告ヲ爲シタル者

三　正當ノ理由ナクシテ第十三條ノ規定ニ依ル檢査ヲ拒ミ妨ケ若ハ忌避シ又ハ訊問ニ對シ答辯ヲ爲サス若ハ虛僞ノ陳述ヲ爲シ其ノ他當該官吏ノ處分ニ從ハサル者

第十九條　本法ノ規定ニ違反シタル者ノ犯罪物件タル阿片罌粟又ハ阿片吸食器具ハ犯人ニ屬スルト否トヲ問ハス之ヲ沒收ス　前項ノ物件ヲ沒收スルコト能ハサルトキハ其ノ相當價格ヲ追徵ス

第二十條　第四條第二號又ハ第三號ノ規定ニ依リ藥用阿片又ハ阿片吸食器具ヲ輸入シ又ハ輸出スル者又ハ第五條第一號第二號若ハ第四號乃至第七號ニ揭クル者ハ其ノ代理人戶主家族雇人其ノ他ノ從業者カ其ノ業務ニ關シ本法又ハ本法ニ基キテ發スル命令ニ違反シタルトキハ自己ノ指揮ニ出テサルノ故ヲ以テ處罰ヲ免ルルコトヲ得ス

第二十一條　法人ノ代表者又ハ其ノ雇人其ノ他ノ從業者法人ノ業務ニ關シ本法又ハ本法ニ基キテ發スル命令ニ違反シタルトキハ法人ノ代表者ヲ處罰ス

第二十二條　本法施行ノ期日ハ敎令ヲ以テ之ヲ定ム（大同二年敎令第一號ヲ以テ同年一月十一日ヨリ之ヲ施行ス）

阿片法施行令（大同元年十一月三十日敎令第一百十二號）

第一章　阿片ノ吸食

第一條　阿片法第二條但書ノ規定ニ依ル阿片吸食者ハ管轄警察官署長ノ發給シタル證明書ヲ携帶ス可シ

第二條　阿片吸食者ハ前條ノ證明書ヲ提示スルニ非レハ阿片又ハ阿片吸食器具ヲ讓受クルコトヲ得ス

第三條　阿片吸食者ハ阿片小賣人以外ノ者ヨリ阿片又ハ阿片吸食器具ヲ讓受クルコトヲ得ス

第二章　生阿片、阿片煙膏及阿片吸食器具ノ製造及販賣

第四條　生阿片、阿片煙膏又ハ阿片吸食器具ハ阿片卸賣人ニ依リ阿片小賣人ニ阿片小賣人ヨリ阿片吸食者ニ讓渡スヘシ

阿片卸賣人ハ專賣公署以外ヨリ阿片ヲ讓受クルコトヲ得ス

第五條　阿片卸賣人ハ專賣公署長阿片小賣人ハ所轄省長之ヲ指定ス

第六條　阿片卸賣人及阿片小賣人ハ指定セラレタル以外ノ場所ニ於テ營業ヲ爲スコトヲ得ス

阿片卸賣人其ノ營業出張所ヲ設置セムトスルトキハ專賣公署長ノ許可ヲ受クヘシ

第七條　阿片卸賣人阿片吸食器具ヲ輸入セムトスルトキハ其ノ出荷人ノ住所氏名輸入數量及輸入經路ヲ具シ專賣公署長ニ願出テ許可ヲ受クヘシ

第八條　政府ノ賣下ニ係ル阿片煙膏ハ政府ノ指定スル價格ヲ以テ之ヲ販賣スヘシ

阿片卸賣人ハ阿片煙膏ヲ開罐シテ讓渡スルコトヲ得ス

第九條　阿片小賣人ハ第一條ノ證明書ヲ提示シタル阿片吸食者以外ニ阿片又ハ阿片吸食器具ヲ讓渡スコトヲ得ス

第十條　製藥者ニ於テ製藥ノ爲生阿片ヲ要スルトキハ民政部總長ノ阿片購入許可書ヲ添ヘ專賣公署長又ハ同支署長ニ其ノ賣下ヲ請求スヘシ

第十一條　阿片卸賣人及阿片小賣人ハ帳簿ヲ備ヘ生阿片阿片煙膏及阿片吸食器具ノ受拂ニ付其ノ種類數量價格年月

日並ニ受拂先ヲ其ノ都度記載スヘシ

阿片卸賣人及阿片小賣人ハ生阿片阿片煙膏及阿片吸食器具ノ受拂ニ付其ノ前月分ヲ每月十日迄ニ所轄省長及專賣公署長ニ報告スヘシ

第三章　生阿片ノ生產及收納

第十二條　罌粟栽培ノ區域及其ノ面積ハ每年專賣公署長之ヲ定ム

第十三條　罌粟ヲ栽培セムトスル者ハ左記事項ヲ具シ每年所轄省長ニ願出テ許可ヲ受クヘシ之ヲ變更シ又ハ栽培ヲ廢止セムトスルトキ亦同シ

一　住所　氏名　生年月日

二　栽培ノ場所　面積

第十四條　前條ノ許可ヲ受ケタル者ハ栽培地每ニ其ノ場所面積栽培者ノ住所氏名ヲ記載シタル標木ヲ建ツヘシ

第十五條　罌粟栽培者ハ所轄省長ノ指定スル期日迄ニ其ノ生產阿片ノ數量ヲ所轄省長及專賣公署長ニ報告スヘシ

第十六條　罌粟栽培者ハ其ノ生產ニ係ル生阿片ヲ專賣公署長ノ指定シタル場所ニ提出シ又ハ阿片收買人ニ賣渡スヘシ

第十七條　阿片收買人ハ必要人員ヲ限リ專賣公署長之ヲ指定ス

第十八條　阿片收買人ハ其ノ收買ニ係ル生阿片ヲ專賣公署ニ納付スヘシ

第十九條　前條ノ納付阿片ハ專賣公署長ニ於テ之ヲ鑑別シ其ノ品位ニ依リ補償金ヲ交付ス

第二十條　阿片收買人及其ノ從業者ニハ別ニ揭クル樣式ニ依リ阿片收買人之證又ハ從業員之證ヲ交付ス

阿片收買人及其ノ從業者ハ從業中前項ノ證票ヲ携帶スヘシ

第四章　藥用阿片ノ賣下

第二十一條　藥用阿片ハ藥用阿片賣捌人ヨリ醫師醫士齒科醫師獸醫師藥劑師藥商又ハ製藥者ニ讓渡ス可シ

第二十二條　藥用阿片賣捌人ハ藥劑師ノ藥商中ヨリ所轄省長之ヲ指定ス

第二十三條　藥用阿片ハ左ノ各號ノ一ニ該當スル場合ヲ除クノ外之ヲ賣買シ又ハ授受スルコトヲ得ス

一　藥劑師又ハ藥商カ醫師齒科醫師獸醫師藥劑師藥商又ハ製藥者ニ讓渡ストキ

二　藥劑師カ醫師齒科醫師又ハ獸醫師ノ處方箋ニ依リ醫療用トシテ需要者ニ供給スルトキ

三　醫師齒科醫師又ハ獸醫師カ醫療用トシテ需要者ニ供給スルトキ

第二十四條　藥用阿片賣捌人ニ於テ藥用阿片ヲ輸出セムトスルトキハ其ノ輸出先及輸出數量ヲ具シ輸出先當該官憲ノ輸入許可證明書ヲ添ヘ民政部總長ニ願出テ許可ヲ受クヘシ

第二十五條　藥用阿片賣捌人藥劑師及藥商ハ帳簿ヲ備ヘ藥用阿片ノ受拂ニ付其ノ數量用途年月日並ニ受拂先ヲ其ノ都度記載スヘシ但シ藥劑師調劑用ニ使用シタルモノニ付テハ此ノ限ニ在ラス

前項ニ揭クル者ハ藥用阿片ノ受拂ニ付毎年一月末日迄ニ其ノ前年分ヲ所轄省長ニ報告スヘシ

第五章　雜則

第二十六條　阿片收買人阿片卸賣人及阿片小賣人其ノ指定ヲ受ケタルトキハ省長又ハ專賣公署長ノ定ムル所ニ依リ保

證金ヲ納付スヘシ

第二十七條　本令ニ依リ指定又ハ許可ヲ受ケタル者又ハ阿片吸食者カ廢煙シ廢業シ又ハ死亡シタルトキハ當該事實發生ノ日ヨリ三十日以內ニ阿片收買人及阿片卸賣人ニ在リテハ專賣公署長又ハ專賣支署長ニ其ノ他ノ者ニ在リテハ所轄省長ニ本人相續人又ハ其ノ財產ヲ管理スル者ヨリ屆出テ現存阿片罌粟又ハ阿片吸食器具ノ處分ニ付指示ヲ受クヘシ

前項ノ場合ニ於テ保證金ノ還付ヲ受ケムトスル者ハ本人又ハ相續人ヨリ省長又ハ專賣公署長ニ其ノ還付ヲ請求スヘシ

第二十八條　阿片小賣人ニシテ他人ニ阿片吸食ノ場所及設備ヲ供與セムトスル者ハ左記事項ヲ具シ所轄省長ノ許可ヲ受クヘシ

一　住所　氏名　生年月日

二　場所及設備

第二十九條　本令ニ依リ民政部總長又ハ省長ニ提出スル書類ハ所轄警察官署ヲ專賣公署長ニ提出スル書類ハ最寄專賣官署ヲ經由スヘシ

第六章　罰則

第三十條　第六條及第八條ノ規定ニ違反シタル者ハ拘役又ハ貳百圓以下ノ罰金ニ處ス

第三十一條　第十一條第十四條又ハ第二十五條ノ規定ニ違反シタル者ハ壹月以下ノ拘役又ハ百圓以下ノ罰金ニ處ス

第三十二條　本令ニ依リ阿片又ハ阿片吸食器具ヲ取扱フ者若ハ罌粟栽培ノ許可ヲ受ケタル者其ノ業務上ニ關シ不正ノ行爲アリタルトキハ其ノ業務ヲ停止シ指定又ハ許可ヲ取消シ保證金ヲ沒收スルコトアルヘシ

附　則

第三十三條　本令中民政部總長トアルハ興安省ニ在リテハ興安總署總長、所轄省長トアルハ東省特別區（哈爾濱警察廳管轄區域ヲ除ク）ニ在リテハ東省特別區長官、新京特別市及長春縣ニ在リテハ首都警察總監、哈爾賓警察廳管轄區域ニ在リテハ哈爾賓警察廳長、興安省ニ在リテハ所轄分省長トス

第三十四條　本令ハ阿片法施行ノ日ヨリ之ヲ施行ス

阿片收買人之證ノ樣式

第　　號　　何　　某　　年
阿片收買人之證
年　月　日下附
專賣公署長印

阿片收買人從業人之證ノ樣式

第　　號　　何　　某　　年
阿片收買人何某從業員之證
年　月　日下附
專賣公署長印

阿片緝私法（大同元年十二月二十日 教令第一百十五號）

第一條　專賣官員ハ阿片法違反者ト認メタル者若ハ其ノ犯罪ニ係ル阿片及阿片吸食器具ヲ發見シタルトキハ本法ニ依リ之ヲ逮捕又ハ押收スヘシ

專賣官員前項ニ依リ逮捕シタル者及押收セル物件ハ之ヲ最寄警察官署ニ送致スヘシ

第二條　專賣官員ハ所有者不明若ハ所有者所在不明ノ阿片及阿片吸食器具ヲ發見シタルトキハ之ヲ押收スヘシ

前項ノ押收物件ハ專賣公署ノ所在地外ニシテ已ムヲ得サル事情アルトキハ最寄警察官署ニ之ヲ送致スルコトヲ得

第三條　前條ノ物件ハ專賣官署長又ハ送致ヲ受ケタル警察官署長ニ於テ之ヲ公示シ其ノ公示期間內ニ所有權ヲ主張スル者ナキトキハ國庫ニ歸屬ス

前項ノ公示ハ物件ノ名稱種類數量形狀及發見場所日時等成ルヘク其ノ物件ヲ知ルニ容易ナル事項ヲ詳記シ十四日間最寄揭示場ニ揭示スヘシ

第四條　警察官署長ハ前條ニ依リ國庫ニ歸屬シタル阿片及阿片吸食器具ヲ最寄專賣官署ニ引渡スヘシ警察官署長前項ノ引渡ヲ爲ストキハ事件別ニ其ノ種類數量國庫歸屬ノ年月日ヲ記シタル書類ヲ添附スヘシ

第五條　專賣官署長又ハ警察官署長ハ第四條ノ公示期間中ニ權利ノ主張アリタル場合ハ事實ヲ審査シ之ヲ權利者ニ返還スヘシ

第六條　專賣官員ハ阿片法違反ノ嫌疑アリト認ムル場合ハ搜索ヲ爲シ必要アルトキハ嫌疑者又ハ參考人ヲ訊問スルコトヲ得

第七條　專賣官員搜索訊問押收又ハ逮捕ヲ爲ストキハ其ノ身分ヲ證明スヘキ證票ヲ携帶シ要求アルトキハ之ヲ提示スヘシ

前項ノ證票ハ別記樣式ニ依ル

第八條　專賣官署長ハ必要ト認ムルトキハ專賣官員ニ武器ヲ携帶セシムルコトヲ得

第九條　專賣官員搜索押收逮捕ヲ爲スニ當リ必要アリト認ムルトキハ警察官吏緝私隊又ハ軍隊ニ應援ヲ求ムルコトヲ得

第十條　警察官吏其ノ職務執行ニ當リ所有者不明又ハ所有者所在不明ノ阿片及阿片吸食器具ヲ發見シタルトキハ第二條乃至第五條ノ規定ヲ準用ス

第十一條　鹽務官員稅務官員及稅關官員其ノ職務執行ニ當リ阿片法違反者ト認メタル者若ハ所有者不明又ハ所有者所在不明ノ阿片及阿片吸食器具ヲ發見シタルトキハ第一條及第二條ノ規定ヲ準用ス

第十二條　本法ニ別段ノ規定アル場合ノ外搜索押收及訊問ニ付テハ刑事訴訟法ノ規定ヲ準用シ逮捕ニ付テハ檢察廳調度司法警察章程ノ規定ヲ準用ス

第十三條　本法ハ阿片法施行ノ日ヨリ之ヲ施行ス

專賣官員身分證票様式

契印

第　　號

專賣官員之證

專賣官署之印

官職　何某

生年月日

查獲私土獎勵規則（大同元年十二月二十日教令第一百十六號）

第一條　本令ニ於テ私土トハ阿片法違反ニ依ル阿片及所有者不明又ハ所有者所在不明ノ阿片ヲ謂フ

第二條　私土ヲ官ニ告ケタル者又ハ取締官員ニシテ私土ヲ查獲シタル者ニハ本規則ニ依リ獎勵金ヲ支給ス

第三條　私土ハ專賣官署ニ於テ之ヲ換價シ其ノ價額中ヨリ保管運搬其ノ他ニ要シタル費用ヲ控除シ殘餘金額ノ十分ノ六ヲ獎勵金トス

第四條　前條ノ獎勵金ハ左ノ區別ニ從ヒ專賣官署ニ於テ之ヲ支給ス

一　獎勵金ハ其ノ十分ノ七ヲ官ニ告ケタル者ニ十分ノ三ハ查獲ニ從事セル官署ノ官員ニ之ヲ支給ス但シ

官ニ告ケタル者在ラサル場合ハ奬勵金全額ヲ査獲ニ從事セル官署ノ官員ニ支給ス

二　二以上ノ官署ニ於テ協力シテ查獲シタル場合ハ奬勵金額ノ十分ノ七ヲ官ニ告ケタル者ニ支給シ其ノ殘餘額ヲ査獲ニ從事セル人員ニ比例シ各官署ニ分配ス但シ官ニ告ケタル者在ラサル場合ハ其ノ奬勵金全額ヲ査獲ニ從事セル人員ニ比例シ分配ス

三　官署ノ官員ニ支給スル前二號ノ奬勵金ハ其ノ功績ヲ考査シ各官署ノ長官適當ニ之ヲ決定支給ス

四　官ニ告ケタル者ノ奬勵金ハ受告ノ官署長ニ送付シ之ヲ本人ニ支給ス

第五條　本規則ハ阿片法施行ノ日ヨリ之ヲ施行ス

商工公会法、商工公会法施行规则、伪虎林商工公会定款（一九四二年一月）

康德九年一月

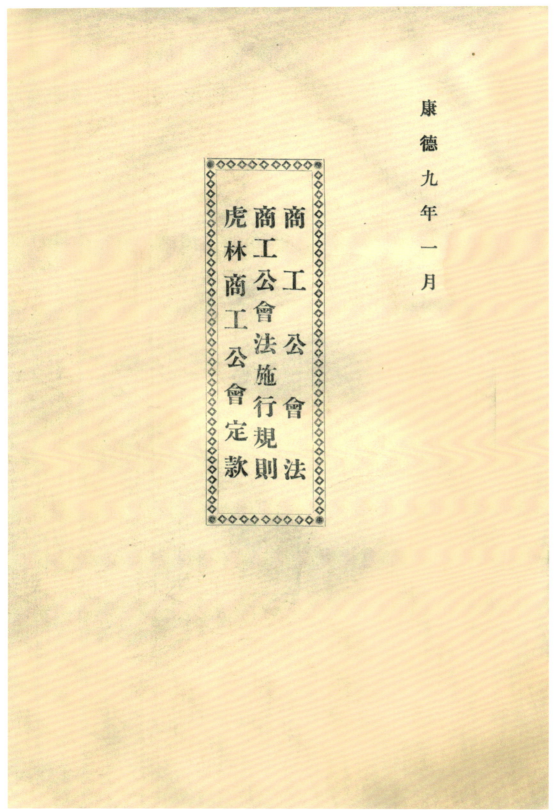

商工公會法
商工公會法施行規則
虎林商工公會定款

商工公會法

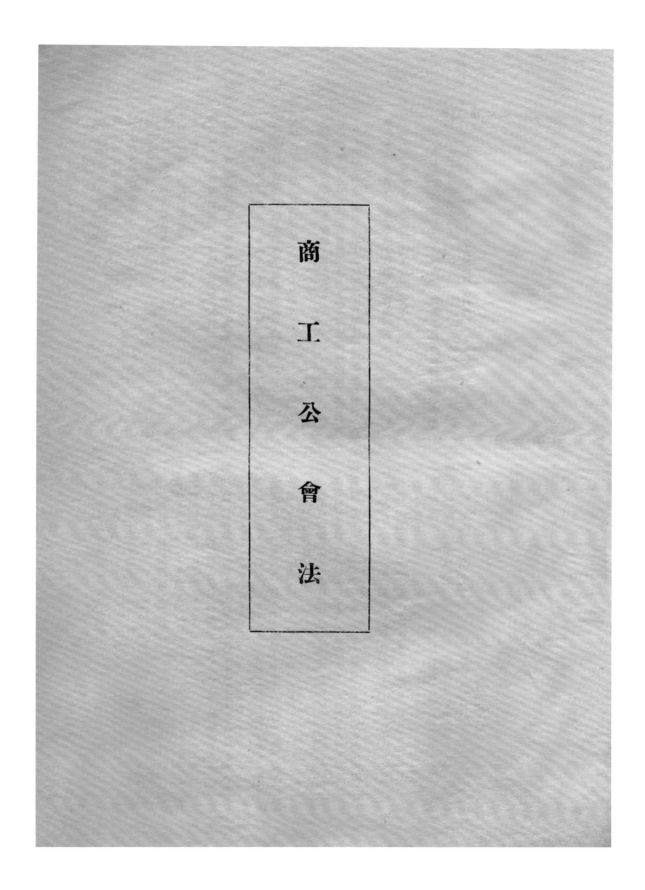

康德四年勅令第三百七十九號

商工公會法

第一條 商工公會以謀商工業之改善發達爲目的

第二條 商工公會爲法人

第三條 商工公會之地區依新京特別市、市及街之區域但有特別情形者不在此限

第四條 商工公會之名稱中應用商工公會之文字

非商工公會不得於其名稱中用示爲商工公會之文字

第五條 擬設立商工公會者依第十二條第一項及第十四條規定應爲會員之人三十人以上爲發起人經應爲會員之人三分之二以上之同意開創立總會訂定定款其他必要事項應受主管部大臣之認可

第六條 商工公會於有前條設立之認可之日成立

商工公會成立後職員任命以前之必要事務由發起人行之

第七條 已有前條設立之認可者具有第十二條之條件之人視爲全部加入者

第八條 主管部大臣爲商業之助長或統制認爲有必要者得對於商工公會地區内之商工業人命應服從商工公會所定之營業條件

第九條 定款應記載左列事項

一 名稱、地區及事務所之所在地

二 參事之定數

三 職員之定數及權限

四 關於會議之規定

五 關於事業及其執行之規定

康德四年勅令第三百七十九號

商工公會法

第一條 商工公會ハ商工業ノ改善發達ヲ圖ルヲ以テ目的トス

第二條 商工公會ハ法人トス

第三條 商工公會ノ地區ハ新京特別市、市及街ノ區域ニ依ル但シ特別ノ事情アル場合ハ此ノ限ニ在ラズ

第四條 商工公會ノ名稱中ニハ商工公會ナル文字ヲ用フベシ

商工公會ニ非ズシテ其ノ名稱中ニ商工公會タルコトヲ示スベキ文字ヲ用フルコトヲ得ズ

第五條 商工公會ヲ設立セントスルトキハ第十二條第一項及第十四條ノ規定ニ依リ會員タルベキ者三十人以上發起人トナリ會員タルベキ者三分ノ二以上ノ同意ヲ得テ創立總會ヲ開キ定款其ノ他必要ナル事項ヲ定メ主管部大臣ノ認可ヲ受クベシ

第六條 商工公會ハ前條ノ設立ノ認可アリタル日ニ成立ス

商工公會成立ノ後職員ノ任命アル迄ノ間必要ナル事務ハ發起人之ヲ行フ

第七條 前條ノ設立ノ認可アリタルトキハ第十二條ノ條件ヲ具フル者ハ總テ之ニ加入シタルモノト看做ス

第八條 主管部大臣商工業ノ助長又ハ統制上必要アリト認ムルトキハ商工公會ノ地區内ノ商工業者ニ對シ商工公會ノ定メタル營業條件ニ從フベキコトヲ命ズルコトヲ得

第九條 定款ニハ左ノ事項ヲ記載スベシ

一 名稱、地區及事務所ノ所在地

二 參事ノ定數

三 職員ノ定數及權限

四 會議ニ關スル規定

五 事業及其ノ執行ニ關スル規定

一

六　關於庶務及會計之規定

第十條　商工公會爲達成其目的執行左列事業

一　關於商工業之連絡調整

二　關於商工業之調停或仲裁

三　關於商工業之通報

四　關於商工業之指導

五　關於商工業之仲介或斡旋

六　關於商工業之證明或鑑定

七　關於商工業之調査

八　關於商工業之營造物之設置或管理

九　其他爲企圖商工業改善發達之必要事業

第十一條　商工公會對於會員依定款所定得命達成商工公會目的之必要事項

第十二條　商工公會之會員須具有左列條件之人

一　帝國人民或依帝國法令設立之會社或經主管部大臣認許之會社者

二　於商工公會地區內有本店、支店及其他營業場者

三　以自己名義爲商行爲營業者於商工公會地區內將營業稅或法人營業稅一年間繳納命令所定之額以上者但對於地區外尙有營業場之人之納稅額算出方法以命令定之

於前項第三款納稅額決定以前以其最近所決定之一年間納稅額視爲其納稅額

會社之資本或以財產爲目的之出資係命令所定金額以上者雖未具有關於第一項第三款之納稅條件仍爲第一項之會員

對於因繼承而繼承被繼承人之身分之人關於第一項第三款納稅之條件被繼承人所具有者視爲該人具有者

六　庶務及會計ニ關スル規定

第十條　商工公會ハ其ノ目的ヲ達スル爲左ノ事業ヲ行フ

一　商工業ニ關スル連絡調整

二　商工業ニ關スル調停又ハ仲裁

三　商工業ニ關スル通報

四　商工業ニ關スル指導

五　商工業ニ關スル仲介又ハ斡旋

六　商工業ニ關スル證明又ハ鑑定

七　商工業ニ關スル調査

八　商工業ニ關スル營造物ノ設置又ハ管理

九　其ノ他商工業ノ改善發達ヲ圖ルニ必要ナル事業

第十一條　商工公會ノ會員ニ對シ定款ノ定ムル所ニ依リ商工公會ノ目的ヲ達成スルニ必要ナル事項ヲ命ズルコトヲ得

第十二條　商工公會ノ會員タルニハ左ノ條件ヲ具フルコトヲ要ス

一　帝國人民又ハ帝國法令ニ依リ設立シタル會社若ハ主管部大臣ノ認許シタル會社ナルコト

二　商工公會ノ地區內ニ於テ本店、支店其ノ他ノ營業場ヲ有スルコト

三　自已ノ名ヲ以テ商行爲ヲ爲スヲ業トスル者ニシテ商工公會ノ地區內ニ於テ營業稅又ハ法人營業稅ヲ一年間ニ命令ノ定ムル額以上納ムルコト　但シ地區外ニモ營業場ヲ有スル者納稅額ノ算出方法ニ付テハ命令ヲ以テ之ヲ定ム

前項第三號ノ納稅額決定以前ニ於テハ其ノ最近ニ決定セラレタル一年間ノ納稅額ヲ以テ其ノ納稅額ト看做ス

會社ノ資本又ハ財產ヲ以テ目的トスル出資ガ命令ノ定ムル金額以上ナル場合ニ於テハ第一項第三號ノ納稅ニ關スル條件ヲ具ヘザルトキト雖モ第一項ノ會員トス

相續ニ因リ被相續人ノ身分ヲ承繼シタル者ニ付テハ第一項第三號ノ納稅ニ關スル條件ニシテ被相續人ノ具備シタルモノハ之ヲ其ノ者ノ具備シタルモノト看做ス

對於合併後存續之會社或因合併而設立之會社準用前項規定

第十三條　商工公會認爲必要者依定款所定雖未具有前條第一項之條件之人得爲會員

第十四條　依帝國法令所設立之關於商工業之團體而在商工公會地區内有主事務所者得爲商工公會之會員

於前項情形團體員得不加入商工公會

第十五條　主管部大臣認爲必要者不拘前三條之規定在商工公會地區内有本店支店及其他之營業場、主事務所、或住所者得指定爲特別會員

第十六條　商工公會置參事總會

第十七條　參事總會以主管部大臣所選任之參事及銓衡委員所選之參事組織之

關於銓衡委員之事項由主管部大臣定之

第十八條　參事爲名譽職

第十九條　參事之任期爲四年

補闕參事之任期爲其前任者之殘任期間

第二十條　左列事項須經參事總會之議

一　定款之變更
二　經費之預算及賦課徵收方法
三　事業報告及收支決算之承認
四　借入金
五　顧問之選任或解任
六　過怠金之賦課
七　商工公會之合併或解散
八　其他重要事項

前項第一款至第五款及第七款所揭事項之議決應受主管部大臣之認可

第二十一條　參事總會由會長招集之

合併後存續スル會社又ハ合併ニ因リテ設立シタル會社ニ付テハ前項ノ規定ヲ準用ス

第十三條　商工公會必要アリト認ムルトキハ定款ノ定ムル所ニ依リ前條第一項ノ條件ヲ具ヘザル者ト雖モ會員ト爲スコトヲ得

第十四條　帝國法令ニ依リ設立シタル商工業ニ關スル團體ニシテ商工公會ノ地區内ニ於テ主タル事務所ヲ有スルモノハ商工公會ノ會員タルコトヲ得

前項ノ場合ニ於テ團體員ハ商工公會ニ加入セザルコトヲ得

第十五條　主管部大臣必要アリト認ムルトキハ前三條ノ規定ニ拘ラズ商工公會ノ地區内ニ於テ本店、支店其ノ他ノ營業場、主タル事務所又ハ住所ヲ有スルモノヲ特別會員ニ指定スルコトヲ得

第十六條　商工公會ニ參事總會ヲ置ク

第十七條　參事總會ハ主管部大臣ノ選任シタル參事及銓衡委員ニ於テ選定シタル參事ヲ以テ之ヲ組織ス

銓衡委員ニ關スル事項ハ主管部大臣之ヲ定ム

第十八條　參事ハ名譽職トス

第十九條　參事ノ任期ハ四年トス

補闕參事ノ任期ハ其ノ前任者ノ殘任期間トス

第二十條　左ノ事項ハ參事總會ノ議ヲ經ルコトヲ要ス

一　定款ノ變更
二　經費ノ豫算及賦課徵收方法
三　事業報告及收支決算ノ承認
四　借入金
五　顧問ノ選任又ハ解任
六　過怠金ノ賦課
七　商工公會ノ合併又ハ解散
八　其ノ他重要ナル事項

前項第一號乃至第五號及第七號ニ揭グル事項ノ議決ハ主管部大臣ノ認可ヲ受クベシ

第二十一條　參事總會ハ會長之ヲ招集ス

參事總會之議長爲會長

關於參事總會議事之事項以定款定之

第二十二條　商工公會置左列職員

會　長　一　人

副　會　長　三人以內

理　事　十人以內

會長代表商工公會綜理會務

副會長輔佐會長、會長遇有事故時代理其職務、副會長二人以上者其代理順序以定款定之

理事輔佐會長及副會長掌理會務

第二十三條　職員爲名譽職

商工公會得以定款規定職員爲有給職

第二十四條　商工公會之職員由主管部大臣任免之但非會員之理事不得超過其總數之二分之一

第二十五條　商工公會依定款所定就重要事項爲諮問計得置顧問

顧問爲名譽職

第二十六條　商工公會爲應必要得置商業部、工業部或其他之部

部之名稱、組織、權限及其他關於部之必要事項以定款定之

第二十七條　商工公會對其會員得賦課經費

關於前項經費賦課之限之及方法以命令定之

第二十八條　商工公會依定款所定得向違反定款者徵收過怠金

第二十九條　如有滯納經費或過怠金之人而有會長之請求時新京特別市、市、縣或旗依地方稅之例處分之於此情形商工公會應交付其徵收金百分之四於新京特別市、市、縣或旗

參事總會ノ議長ハ會長トス

參事總會ノ議事ニ關スル事項ハ定款ヲ以テ之ヲ定ム

第二十二條　商工公會ニ左ノ職員ヲ置ク

會　長　一　人

副　會　長　三人以內

理　事　十人以內

會長ハ商工公會ヲ代表シ會務ヲ綜理ス

副會長ハ會長ヲ輔佐シ會長事故アルトキハ其ノ職務ヲ代理ス副會長二人以上アル場合ニ於ケル代理ノ順序ハ定款ヲ以テ之ヲ定ム

理事ハ會長及副會長ヲ輔佐シ會務ヲ掌理ス

第二十三條　職員ハ名譽職トス

商工公會ハ定款ヲ以テ職員ヲ有給ト爲スコトヲ得

第二十四條　商工公會ノ職員ハ主管部大臣之ヲ任免ス　但シ會員ニ非ザル理事ハ其ノ總數ノ二分ノ一ヲ超ユルコトヲ得ズ

第二十五條　商工公會ハ定款ノ定ムル所ニ依リ重要ナル事項ニ付諮問ヲ爲ス顧問ヲ置クコトヲ得

顧問ハ名譽職トス

第二十六條　商工公會ニ必要ニ應ジ商業部、工業部又ハ其ノ他ノ部ヲ置クコトヲ得

部ノ名稱、組織、權限其ノ他部ニ關スル必要ナル事項ハ定款ヲ以テ之ヲ定ム

第二十七條　商工公會ハ其ノ會員ニ對シ經費ヲ賦課スルコトヲ得

前項ノ經費賦課ニ關スル制限及經費賦課ノ方法ハ命令ヲ以テ之ヲ定ム

第二十八條　商工公會ハ定款ニ違反スル者ヨリ定款ノ定ムル所ニ依リ過怠金ヲ徵收スルコトヲ得

第二十九條　經費又ハ過怠金ヲ滯納スル者アル場合ニ於テ會費ノ請求アルトキハ新京特別市、市、縣又ハ旗ハ地方稅ノ例ニ依リ之ヲ處分ス此ノ場合ニ於テ商工公會ハ其ノ徵收金額ノ百分ノ四ヲ新京特別市、市、縣又ハ旗ニ交付スベシ

前項之徵收金次於新京特別市、市、縣或旗其他準此者之徵收金有優先權
對其時效依地方稅之例關於經費之賦課或過怠金之徵收得爲訴願
第三十條　商工公會依定款所定得徵收使用費及手續費
第三十一條　商工公會雖解散後任清算目的範圍內仍視爲存續
第三十二條　商工公會解散者應由參事總會選任清算人清算人缺員者亦同
清算人之選任應受主管部大臣之認可
第三十三條　如無依前條之規定爲清算人之人者由主管部大臣選任之
第三十四條　清算人代表商工公會有清算必要之一切行爲之權限
第三十五條　清算人定清算及財產處分方法經參事總會之議決後應受主管部大臣之認可
參事總會不爲或能爲前項之議決者清算人應受主管部大臣之認可定清算及財產處分方法
第三十六條　商工公會雖解散後爲還清其債務得賦課徵收必要之金額
關於前項之賦課徵收準用第二十七條及第二十九條之規定
第三十七條　主管部大臣認爲有必要者不論何時得命商工公會報告會務或財產之狀況或使所部官吏檢查金庫賬簿其他諸般之文書物件
第三十八條　主管部大臣關於商工公會之會務得爲公益上或監督上必要之命令
第三十九條　主管部大臣認爲商工公會之決議有違反法令或定款或有害益者得取消其決議
主管部大臣認爲商工公會之參事、職員或清算人之行爲有違反法令或定款

前項ノ徵收金ハ新京特別市、市、縣又ハ旗其ノ他之ニ準ズベキモノノ徵收金ニ次デ優先シ其ノ時効ニ付テハ地方稅ノ例ニ依ル經費ノ賦課又ハ過怠金ノ徵收ニ關シテハ訴願ヲ爲スコトヲ得
第三十條　商工公會ハ定款ノ定ムル所ニ依リ使用料及手數料ヲ徵收スルコトヲ得
第三十一條　商工公會ハ解散ノ後ト雖モ清算ノ目的ノ範圍內ニ於テハ仍存續スルモノト看做ス
第三十二條　商工公會解散シタルトキハ參事總會ニ於テ清算人ヲ選任スベシ清算人缺ケタルトキ亦同ジ
清算人ノ選任ハ主管部大臣ノ認可ヲ受クベシ
第三十三條　前條ノ規定ニ依リ清算人タル者ナキトキハ主管部大臣之ヲ選任ス
第三十四條　清算人ハ商工公會ヲ代表シ清算ヲ爲スニ必要ナル一切ノ行爲ヲ爲ス權限ヲ有ス
第三十五條　清算人ハ清算及財產處分ノ方法ヲ定メ參事總會ノ議決ヲ經テ主管部大臣ノ認可ヲ受クベシ
參事總會前項議決ヲ爲サズ又ハ爲スコト能ハザルトキハ清算人ハ主管部大臣認可ヲ受ケ清算及財產處分ノ方法ヲ定ムベシ
第三十六條　商工公會ハ解散ノ後ト雖モ其ノ債務ヲ完濟スルニ必要ナル金額ヲ賦課徵收スルコトヲ得
前項ノ賦課徵收ニ關シテハ第二十七條及第二十九條ノ規定ヲ準用ス
第三十七條　主管部大臣必要アリト認ムルトキハ何時ニテモ商工公會ヲシテ會務若ハ財產ノ狀況ヲ報告セシメ又ハ所部ノ官吏ヲシテ金庫帳簿其ノ他諸般ノ文書物件ヲ檢查セシムルコトヲ得
第三十八條　主管部大臣ハ商工公會ノ會務ニ關シ公益上又ハ監督上必要ナル命令ヲ爲スコトヲ得
第三十九條　主管部大臣ハ商工公會ノ決議ガ法令若ハ定款ニ違反シ又ハ公益ヲ害スト認メタルトキハ其ノ決議ヲ取消スコトヲ得
主管部大臣ハ商工公會ノ參事、職員若ハ清算人ノ行爲法令若ハ定款ニ違

或有害公益者得解任之

第四十條　商工公會爲共同達成其目的得設立省商工公會

第四十一條　省商工公會爲法人

省商工公會之地區依省之區域

擬設立省商工公會時由五以上商工公會爲發起人經商工公會總數之三分之二以上之同意開創立總會訂定定款其他必要事項應受主管部大臣之認可已有

前項設立之認可者該區域內之商工公會視爲全部加入者

第四十二條　省商工公會置總會

總會以所屬商工公會之代表人組織之

第四十三條　省商工公會依定款所定得向所屬商工公會分賦經費及徵收過怠金

第四十四條　第四條、第六條、第八條至第十一條、第十八條至第二十六條、第二十七條第二項、第二十九條第三項及第三十條至第三十九條之規定於省商工公會準用之

第四十五條　主管部大臣得將本法所規定職權之一部委任省長或新京特別市長

第四十六條　第三條中稱街者在未施行街制之地謂準於街者

第四十七條　違反第四條第二項規定之人處一千圓以下之過料

第四十八條　違反第八條規定之主管部大臣之命令之人處一千圓以下之過料

第四十九條　於本法主管部大臣爲經濟部大臣但關於第八條爲經濟部大臣及產業部大臣

經濟部大臣關於其所管之重要事項應與產業部大臣協議

附　則

六

反シ又ハ公益ヲ害スト認メタルトキハ之ヲ解任スルコトヲ得

第四十條　商工公會ハ共同シテ其ノ目的ヲ達スル爲省商工公會ヲ設立スルコトヲ得

第四十一條　省商工公會ハ法人トス

省商工公會ノ地區ハ省ノ區域ニ依ル

省商工公會ヲ設立セントスルトキハ五以上ノ商工公會發起人ト爲リ商工公會總數三分ノ一以上ノ同意ヲ得テ創立總會ヲ開キ定款其ノ他必要ナル事項ヲ定メ主管部大臣ノ認可ヲ受クベシ

前項ノ設立認可アリタルトキハ地區內ノ商工公會ハ總テ之ニ加入シタルモノト看做ス

第四十二條　省商工公會ニ總會ヲ置ク

總會ハ所屬ノ商工公會ノ代表者ヲ以テ之ヲ組織ス

第四十三條　省商工公會ハ定款ノ定ムル所ニ依リ所屬ノ商工公會ニ對シ經費ヲ分賦シ及過怠金ヲ徵收スルコトヲ得

第四十四條　第四條、第六條、第八條乃至第十一條、第十八條乃至第二十六條、第二十七條第二項、第二十九條第三項及第三十條乃至第三十九條ノ規定ハ省商工公會ニ準用ス

第四十五條　主管部大臣ハ本法ニ規定シタル其ノ職權ノ一部ヲ省長又ハ新京特別市長ニ委任スルコトヲ得

第四十六條　第三條中街トアルハ街制ヲ施行セザル地ニ於テハ之ニ準ズベキモノトス

第四十七條　第四條第二項ノ規定ニ違反シタル者ハ千圓以下ノ過料ニ處ス

第四十八條　第八條ノ規定ニ依ル主管部大臣ノ命令ニ違反シタル者ハ千圓以下ノ過料ニ處ス

第四十九條　本法ニ於テ主管部大臣ハ經濟部大臣トス　但シ第八條ニ付テハ經濟部大臣及產業部大臣トス

經濟部大臣ハ其ノ所管ニ係ル重要ナル事項ニ付テハ產業部大臣ニ協議スベシ

附　則

第五十條　本法自康德四年十二月一日施行

第五十一條　本法施行之際現存商會其他準此之團體視爲與本法施行同時根據本法設立之商工公會

第五十二條　前條之團體本法施行之際在同一地區内存有二以上者於本法施行後六月以内應依合併之手續設立一商工公會

第五十三條　關於前二條之施行必要之事項以命令定之

第五十條　本法ハ康德四年十二月一日ヨリ之ヲ施行ス

第五十一條　本法施行ノ際現ニ存スル商會其ノ他之ニ準ズル團體ハ本法施行ト同時ニ本法ニ基キ設立シタル商工公會ト看做ス

第五十二條　前條ノ團體ニシテ本法施行ノ際同一地區内ニ二以上存スルモノハ本法施行後六月以内ニ合併ノ手續ニ依リ一商工公會ヲ設立スベシ

第五十三條　前二條ノ施行ニ付必要ナル事項ハ命令ヲ以テ之ヲ定ム

七

商工公會法施行規則

勅令第三百七十九號

商公工會法施行規定

第一章 商工公會

第一節 設立

第一條 擬設立商工公會者發起人應以記載左列事項之書面對應爲會員之人徵求設立之同意
一 設立之理由
二 地 區
三 事業計劃之概要
四 一事業年度之經費收支概算
設立之同意應於前項書面記名蓋印爲之

第二條 已有法定之同意者時發起人應速招開創立總會
擬招開創立總會時至少於十四日以前應將會議之目的事項、日時及場所通知應爲會員之人

第三條 於創立總會得以代理人行使議決權但非應爲會員之人不得爲代理人
代理人應提出憑證代理權之書面

第四條 創立總會終結時發起人應具設立認可聲請書連同證明已有法定之設立同意者之書面、定款、創立總會議事綠謄本及記載左列事項之書面速呈繳主管部大臣
一 設立之理由
二 地 區
三 事業計劃之概要
四 應爲會員之人之營業種目別之數
五 一事業年度之經費收支概算
六 新京特別市或市與市街村或街與街村合爲一地區時則商工公會法第三

勅令第三百七十九號

商工公會法施行規則

第一章 商工公會

第一節 設立

第一條 商工公會ヲ設立セントスルトキハ發起人ハ左ノ事項ヲ記載シタル書面ヲ以テ會員タルベキ者ニ對シ設立ノ同意ヲ求ムベシ
一 設立ノ理由
二 地 區
三 事業計劃ノ概要
四 一事業年度ノ經費ノ收支概算
設立ノ同意ハ前項ノ書面ニ記名捺印スルコトニ依リ之ヲ爲スベシ

第二條 法定ノ同意者アリタルトキハ發起人ハ遲滯ナク創立總會ヲ招集スベシ
創立總會ヲ招集セントスルトキハ少クトモ十四日前ニ會議ノ目的タル事項、日時及場所ヲ會員タルベキ者ニ通知スベシ

第三條 創立總會ニ於テハ代理人ヲ以テ議決權ヲ行フコトヲ得但シ會員タルベキ者ニ非ザレバ代理人タルコトヲ得ズ
代理人ハ代理權ヲ要スル書面ヲ差出スベシ

第四條 創立總會終結シタルトキハ發起人ハ法定ノ設立同意者アリタルコトヲ證スル書面、定款、創立總會ノ議事錄ノ謄本及左ニ揭グル事項ヲ記載シタル書面ヲ添附シ設立認可申請書ヲ遲滯ナク主管部大臣ニ差出スベシ
一 設立ノ理由
二 地 區
三 事業計劃ノ概要
四 會員タルベキ者ノ營業種目別ノ數
五 一事業年度ノ經費ノ收支概算
六 新京特別市若ハ市ト市街村又ハ街ト街村トヲ合シテ一地區ト爲スト

一

條但書之事由
第五條　已認可商工公會之設立時主管部大臣任命職員佈告左記事項
一　名稱、地區及事務所之所在地
二　會長、副會長及理事之姓名及住所
第六條　發起人已任命職員時應速交卸一切事務與職員且已選定參事後要氷招開參事總會報告經執行事務要求其承認創立費及其淸償方法
前項參事總會應議決經費之預算及賦課徵收方法
商工公會應將第一項承認之創立費及其淸償方法呈報主管部大臣

第二節　詮衡委員

第七條　詮衡委員每各省及新京特別市設置之
前項之委員以委員長一人常任委員若干人爲之且有必要時得置臨時委員長殖產科長、職業代表者
第八條　委員長以省長或新京特別市長充之
常任委員及臨時委員由地方行政官署之高等官或富有學識經驗者之中省長或新京特別市長任命之
第九條　委員長監督常任委員及臨時委員掌理關於參事詮衡一切之事務
第十條　商工公會經奉設立認可時詮衡委員應速選定參事之任滿死亡或退任時亦同
前項之參事選定終了時委員長應添附其履歷書如或團體者則其代表人履歷書將其姓名名稱報告主管部大臣並通知商工公會
代表人變更時亦同

第三節　管理

第十一條　商工公會法第十二條第一項第三款之納稅額規定如左
在新京特別市及奉天、哈爾濱、吉林、營口市內有事務所者　二十圓
其他　十圓

二

キハ商工公會法第三條但書ノ理由
第五條　商工公會ノ設立ヲ認可シタルトキハ主管部大臣ハ職員ヲ任命シ左記事項ヲ佈告ス
一　名稱、地區及事務所ノ所在地
二　會長、副會長及理事ノ氏名及住所
第六條　發起人ハ職員ノ任命アリタルトキハ遲滯ナク一切ノ事務ヲ職員ニ引繼ギ且參事ノ選定アリタル後參事總會ノ招集ヲ求メ其ノ執行シタル事務ヲ報告シ創立費及其ノ償却方法ノ承認ヲ求ムベシ
前項ノ參事總會ニ於テハ經費ノ豫算及賦課徵收方法ヲ議決スベシ
商工公會ハ第一項ノ承認ヲ經タル創立費及其ノ償却方法ヲ主管部大臣ニ屆出ヅベシ

第二節　詮衡委員

第七條　詮衡委員ハ各省及新京特別市每ニ之ヲ置ク
前項ノ委員ハ委員長一人常任委員若干人ヨリ成ル尙必要アルトキハ臨時委員長、殖產科長、職業代表者ヲ置クコトヲ得
第八條　委員長ハ省長又ハ新京特別市長ヲ以テ之ニ充ツ
常任委員及臨時委員ハ地方行政官署ノ高等官又ハ學識經驗アル者ノ中ヨリ省長又ハ新京特別市長之ヲ任命ス
第九條　委員長ハ常任委員及臨時委員ヲ監督シ參事ノ詮衡ニ關スル一切ノ事務ヲ掌理ス
第十條　商工公會設立ノ認可アリタルトキハ詮衡委員ハ遲滯ナク參事ノ選定ヲ爲スベシ參事ノ任期滿了、死亡又ハ退任ノ場合亦同ジ
前項ノ參事ノ選定ヲ終リタルトキハ委員長ハ其ノ履歷書ヲ、會社又ハ團體ニ在リテハ其ノ代表者ノ履歷書ヲ添附シ其ノ氏名名稱ヲ主管部大臣ニ報告シ商工公會ニ通知スベシ代表者變更ノ場合亦同ジ

第三節　管理

第十一條　商工公會法第十二條第一項第三號ノ納稅額ヲ左ノ通定ム
新京特別市及奉天、哈爾濱、吉林、營口市ニ事務所ヲ有スルモノ　二十圓
其ノ他ノモノ　十圓

第十二條　對於商工公會法第十二條第一項第三款但書所載者在商工公會地區所屬之新京特別市、市、街或村有營業稅或法人營業稅之定率者以依其定率之本稅額視爲在其地區内之納稅額

前項之定率無規定時商工公會應規定應視爲在其地區内之納稅額之金額受主管部大臣之認可

第十三條　商工公會法第十二條第三項所載社會以社會之資本或財産爲目的之出資金額定爲五萬圓

第十四條　會員會社或團體應定其代表人

一人於同一商工公會不得爲二以上會社或團體之代表人

第十五條　主管部大臣於選任職員時未特定任期者其職員之任期自選任日起爲四年

第十六條　商工公會以定款所定爲處理商工公會日常會務得由理事中以若干人爲常務理事

已選定前項之常務理事時商工公會應速將其姓名呈報主管部大臣其變更時亦同

第十七條　擬選任顧問時商工公會應速添附其履歷書如係會社者則其代表人之履歷書將認可聲請書呈繳主管部大臣

擬解任顧問時商工公會應速將記載其姓名或名稱及解任事由之認可聲請書呈繳主管部大臣

第十八條　商工公會之事業年度以每年一月一日爲始以十二月三十一日爲止

第十九條　商工公會應以受設立認可之日及每年一月一日之現在編造會員名簿

會員名簿應記載會員之姓名或名稱、出生年月日、住所、營業種類、納稅種目及在其地區之納稅額

以具有第十三條所定五萬圓以上之資本額或財産爲目的之出資額之會社及

第十二條　商工公會法第十二條第一項第三項但書ニ揭グタル者ニ付テハ商工公會ノ地區ノ屬スル新京特別市、市、街又ハ村ニテ營業稅又ハ法人營業稅ノ步合ノ定メアルトキハ其ノ步合ニ依ル本稅額ヲ以テ其ノ地區内ニ於ケル納稅額ト看做ス

前項ノ步合ノ定メナキトキハ商工公會ハ其ノ地區内ニ於ケル納稅額ト看做スベキ金額ヲ定メ主管部大臣ノ認可ヲ受クベシ

第十三條　商工公會法第十二條第三項ノ會社ノ資本又ハ財産ヲ目的トスル出資ノ金額ハ五萬圓トス

第十四條　會員タル會社又ハ團體ハ其ノ代表者ヲ定ムベシ

一人ニシテ同一商工公會ニ於テ二以上ノ會社又ハ團體ノ代表者ト爲ルコトヲ得ズ

第十五條　主管部大臣職員ヲ選任スル場合ニ於テ特ニ任期ヲ定メザルトキハ其ノ職員ノ任期ハ選任ノ日ヨリ四年トス

第十六條　商工公會ハ定款ノ定ムル所ニ依リ商工公會日常ノ會務ヲ處理スル爲理事ノ中若干人ヲ常務理事ト爲スコトヲ得

前項ノ常務理事ヲ選定シタルトキハ商工公會ハ遲滯ナク其ノ氏名ヲ主管部大臣ニ屆出ヅベシ其ノ變更ノ場合亦同ジ

第十七條　顧問ヲ選任セントスルトキハ商工公會ハ其ノ履歷書ヲ會社ニ在リテハ其ノ代表者ノ履歷書ヲ添附シ認可申請書ヲ遲滯ナク主管部大臣ニ差出スベシ

顧問ヲ解任セントスルトキハ商工公會ハ其ノ氏名名稱及解任ノ事由ヲ記載シタル認可申請書ヲ遲滯ナク主管部大臣ニ差出スベシ

第十八條　商工公會ノ事業年度ハ每年一月一日ニ始リ十二月三十一日ニ終ル

第十九條　商工公會ハ設立ノ認可アリタル日及每年一月一日現在ニ依リ會員名簿ヲ調製スベシ

會員名簿ニハ會員ノ氏名名稱、出生年月日、住所、營業種類、納稅種目及地區ニ於ケル納稅額ヲ記載スベシ

第十三條ニ規定スル五萬圓以上ノ資本額又ハ財産ヲ目的トスル出資額ヲ

三

商工公會法第十三條之會員而未具有關於納稅之條件者替代前項之納稅種目及納稅額應記載以資本或財產爲目的之出資金額

依商工公會法第十四條之規定在會員團體替代第一項之納稅額應記載其所屬各團體員一年間之營業稅或在法人營業稅地區內之納稅額之總額

第二十條　商工公會會員名簿編造完成時在事務所或指定場所供關係人十四日以上之縱覽

商工公會於縱覽之日前三日應公報其縱覽期間及場所並呈報主管部大臣

第二十一條　關係人關於會員名簿有不服者在縱覽期間內對商工公會得聲明異議

商工公會接到前項所聲明之異議自接受聲明之日起十四日以內應決定之並通知異議聲明人或關係人

不服前項決定之異議聲明人或關係人自接到決定通知之日起三十日以內得聲請省長或新京特別市長之裁決

第二十二條　會員名簿縱覽期間滿了後經過二十日確定之

會員名簿在翌年名簿確定之日以前保存之

依前條規定商工公會爲決定或依省長或新京特別市長之裁決須修正名簿者商工公會應即修正之會員有加入或脫退時亦同

已修正會員名簿時商工公會應公告其意旨並呈報主管部大臣

第二十三條　於第二十一條之情形決定之或依省長或新京特別市長以致會員名簿無効時應從新編造之

會員名簿編造後遇有商工公會地區擴大時其新屬地區之會員應追加之於此情形準用第十九條至前條及前項之規定

有スル會社及商工公會法第十三條ノ會員ニシテ納稅ニ關スル條件ヲ具ヘザル場合ニ於テハ前項ノ納稅種目及納稅額ニ代ヘ資本又ハ財產ヲ目的トスル出資ノ金額ヲ記載スベシ

商工公會法第十四條ノ規定ニ依リ會員タル團體ニアリテハ第一項ノ納稅額ニ代ヘ其ノ所屬各團體員ノ一年間ノ營業稅又ハ法人營業稅ノ地區內ニ於ケル納稅額ノ總額ヲ記載スベシ

第二十條　商工公會會員名簿ヲ調製シタルトキハ十四日以上其ノ事務所又ハ其ノ指定シタル場所ニ於テ之ヲ關係者ノ縱覽ニ供スベシ

商工公會ハ縱覽ノ日前三日迄ニ縱覽ノ期間及場所ヲ告示シ主管部大臣ニ屆出ヅベシ

第二十一條　會員名簿ニ關シ關係者ニ於テ不服アルトキハ縱覽期間內ニ商工公會ニ對シ異議ノ申立ヲ爲スコトヲ得

前項ノ異議ノ申立アリタルトキハ商工公會ハ其ノ申立ヲ受ケタル日ヨリ十四日內ニ決定ヲ爲シ異議申立人又ハ關係人ニ之ヲ通知スベシ

前項ノ決定ニ不服アル異議申立人又ハ關係人ハ決定ノ通知ヲ受ケタル日ヨリ三十日以內ニ省長又ハ新京特別市長ニ裁決ヲ申請スルコトヲ得

第二十二條　會員名簿ハ縱覽期間滿了後二十日ヲ經テ確定ス

會員名簿ハ次年ノ名簿確定ノ日迄之ヲ据置クベシ

前條ノ規定ニ依リ商工公會決定ヲ爲シ又ハ省長若ハ新京特別市長ノ裁決アリタルニ依リ名簿ノ修正ヲ要スルトキハ商工公會ハ直ニ之ヲ修正スベシ會員ノ加入又ハ脫退アリタルトキ亦同ジ

會員名簿ヲ修正シタルトキハ商工公會ハ其ノ旨ヲ告示シ主管部大臣ニ之ヲ屆出ヅベシ

第二十三條　第二十一條ノ場合ニ於テ決定確定シ又ハ省長若ハ新京特別市長ノ裁決アリタルニ依リ會員名簿無效トナリタルトキハ更ニ之ヲ調製スベシ

會員名簿調製後商工公會ノ地區ノ擴張アリタル場合ニ於テハ新ニ屬スル地區ノ會員ヲ名簿ニ追加スベシ此ノ場合ニ於テハ第十九條乃至前條及前項ノ規定ヲ準用ス

對於前二項規定之名簿編造、追加、縱覽、確定及聲明異議之關於商工公會決定之期日及期間依省長新京特別市長之所定

第二十四條　加入商工公會團體之團體員具有商工公會法第十二條第一項之條件者不欲加入商工公會時應將其意旨經由所屬團體長報告商工公會

前項之團體員已脫退其團體者其團體長應速將其意旨報告商工公會

第二十五條　商工公會對於會員以一年間之營業稅、或在法人營業稅之地區內之納稅額爲標準依在其百分之十以内所定之賦課率得賦課其經費

商工公會應受主管部大臣之認可時得超過前項之限制賦課其經費

第二十六條　以具有第十三條所定金額以上之資本額或財産爲目的之出資額之會社及商工公會法第十三條之會員未具有關於納税之條件者依以資本或財産爲目的之出資金額之萬分之二以内爲標準得賦課經費

第二十七條　商工公會依商工公會法第十四條規定對會員團體以其所屬各團體員一年間營業税或在法人營業税之地區内之納税額之總額爲標準依其百分之五以内所定之率得賦課其經費

第二十五條第二項之規定於前項之情形準用之

第二十八條　商工公會不得對於會員超過自負擔經費義務發生之月起至其消滅之月止之月額賦課經費但已徵收經費依定款所定得不退還之

第二十九條　商工公會之事業年度未滿一年者第二十五條至第二十七條之賦課率以其年度開始之月至終了之月止之月額計算之

第三十條　接到商工公會之經費賦課或過怠金徵收之通知者有不服其處分時

前二項ノ規定ニ依ル名簿ノ調製、追加、縱覽、確定及異議申立ニ對スル商工公會ノ決定ニ關スル期日及期間ハ省長若ハ新京特別市長ノ定ムル所ニ依ル

第二十四條　商工公會ニ加入セル團體ノ團體員ニシテ商工公會法第十二條第一項ノ條件ヲ具フル者商工公會ニ加入ヲ欲セザルトキハ其ノ旨所屬團體長ヲ經テ商工公會ニ屆出ヅベシ

前項ノ團體員其ノ團體ヲ脱退シタルトキハ其ノ團體長ハ遲滯ナク其ノ旨ヲ商工公會ニ屆出ヅベシ

第二十五條　商工公會ハ會員ニ對シ一年間ノ營業税又ハ法人營業税ノ地區内ニ於ケル納税額ヲ標準トシ其ノ百分ノ十以内ニ於テ定ムル賦課率ニ依リ其ノ經費ヲ賦課スルコトヲ得

商工公會ハ主管部大臣ノ認可ヲ受ケタルトキハ前項ノ制限ヲ超過シテ其ノ經費ヲ賦課スルコトヲ得

第二十六條　第十三條ニ規定スル金額以上ノ資本額又ハ財産ヲ目的トスル出資額ヲ有スル會社及商工公會法第十三條ノ會員ニシテ納税ニ關スル條件ヲ具ヘザル場合ニ於テハ其ノ資本又ハ財産ヲ目的トスル出資ノ金額ノ萬分ノ二以内ニ於テ定ムル標準ニ依リ經費ヲ賦課スルコトヲ得

第二十七條　商工公會ハ商工公會法第十四條ノ規定ニ依リ會員タル團體ニ對シ其ノ所屬各團體員ノ一年間ノ營業税又ハ法人營業税ノ地區内ニ於ケル納税額ノ總額ヲ標準トシ其ノ百分ノ五以内ニ於テ定ムル率ニ依リ其ノ經費ヲ賦課スルコトヲ得

第二十五條第二項ノ規定ハ前項ノ場合之ヲ準用ス

第二十八條　商工公會ハ會員ニ對シ其ノ經費負擔義務ノ發生シタル月ヨリ其ノ消滅シタル月迄ノ月割額ヲ超エテ經費ヲ賦課スルコトヲ得ズ但シ既ニ徵收シタル經費ハ定款ノ定ムル所ニ依リ之ヲ還付セザルコトヲ得

第二十九條　商工公會ノ事業年度一年ニ滿タザル場合ニ於テハ第二十五條乃至第二十七條ノ賦課率ハ其ノ年度ノ開始シタル月ヨリ其ノ終了シタル月迄ノ月割ヲ以テ計算ス

第三十條　商工公會ノ經費ノ賦課又ハ過怠金ノ徵收ノ通知ヲ受ケタル者其、

自其接到通知之日起三十日以內得向商工公會聲明異議

商工公會接到前項聲明異議時應速經參事總會之議決定之通知異議聲明人

第三十一條　接到前條第二項之決定者有不服其決定時自接到通知之日起三十日以內得訴願於省長或新京特別市長

第三十二條　第二十五條至第三十一條之規定爲淸償商工公會法第三十六條規定之債務所必要之金額賦課徵收之際凖用之但其賦課率得不依第二十五條自第二十九條之限制

第三十三條　接到商工公會法第二十九條第一項滯納處分者有不服其處分時自接到處分日起三十日以內關於以市、街或村爲地區之商工公會得向市長、縣長或旗長聲明異議以新京特別市爲地區者得向新京特別市長聲明異議

第三十四條　接到對前條之聲明異議之決定者有不服其決定時自接到通知日起三十日以內關於以市、街或村爲地區之商工公會得訴願於省長以新京特別市爲地區者得訴願於主管部大臣

關於對前條之聲明異議之決定商工公會亦得訴願

第三十五條　對於依商工公會法第十五條之規定特別會員之經費之賦課由主管部大臣定之通知商工公會

第十一條至第十三條及第二十五條至第三十一條之規定對特別會員不適用之

第三十六條　商工公會於每年三月末日前應於上年度之收支決算及事業報告書添附上年度末日之現在財產目錄及貸借對照表呈繳主管部大臣受其認可

第三十七條　擬行借款時商工公會應具其借入金額、利率、期間、有無擔保之

ノ處分ニ不服アルトキハ其ノ通知ヲ受ケタル日ヨリ三十日以內ニ商工公會ニ對シ異議ノ申立ヲ爲スコトヲ得

前項ノ異議ノ申立アリタルトキハ商工公會ハ遲滯ナク參事總會ノ議ヲ經テ決定ヲ爲シ異議申立人ニ之ヲ通知スベシ

第三十一條　前條第二項ノ決定ヲ受ケタル者其ノ決定ニ不服アルトキハ其ノ通知ヲ受ケタル日ヨリ三十日以內ニ省長又ハ新京特別市長ニ訴願スルコトヲ得

第三十二條　第二十五條乃至第三十一條ノ規定ハ商工公會法第三十六條ノ規定ニ依ル債務ヲ完濟スルニ必要ナル金額ヲ賦課徵收スル場合ニ之ヲ準用ス但シ其ノ賦課率ハ第二十五條乃至第二十九條ノ制限ニ依ラザルコトヲ得

第三十三條　商工公會法第二十九條第一項ノ滯納處分ヲ受ケタル者其ノ處分ニ不服アルトキハ其ノ處分ヲ受ケタル日ヨリ三十日以內ニ市、街又ハ村ヲ地區トスル商工公會ニ關スル場合ニ在リテハ市長、縣長又ハ旗長ニ新京特別市ヲ地區トスル場合ニ在リテハ新京特別市長ニ對シ異議ノ申立ヲナスコトヲ得

第三十四條　前條ノ異議申立ニ對シ決定ヲ受ケタル者其ノ決定ニ不服アルトキハ其ノ通知ヲ受ケタル日ヨリ三十日以內ニ市、街又ハ村ヲ地區トスル商工公會ニ關スル場合ニ在リテハ省長ニ、新京特別市ヲ地區トスル場合ニ在リテハ主管部大臣ニ訴願スルコトヲ得

前條ノ異議申立ニ對スル決定ニ付テハ商工公會ヨリモ訴願スルコトヲ得

第三十五條　商工公會法第十五條ノ規定ニ依ル特別會員ニ對スル經費ノ賦課ハ主管部大臣之ヲ定メ商工公會ニ通知ス

第十一條乃至第十三條及第二十五條乃至第三十一條ノ規定ハ特別會員ニ之ヲ適用セズ

第三十六條　商工公會ハ每年三月末日迄ニ前年度ノ收支決算書及事業報告書ニ前年度末日現在ニ依リ調製シタル財產目錄及貸借對照表ヲ添附シ主管部大臣ニ差出シ認可ヲ受クベシ

第三十七條　借入金ヲ爲サントスルトキハ商工公會ハ其ノ金額、利率、期間

種類、貸款人、借款必要之事由並記載償還方法之書面呈繳主管部大臣受其認可

第三十八條　商工公會每年十二月末日以前應將其翌年度經費預算及賦課徵收方法之認可聲請主管部大臣但在商工公會之新設者應自議決之日起於七日以內聲請認可

經費預算及賦課徵收方法變更之認可應自議決之日起於七日以內聲請認可

第三十九條　關於商工公會法第二十條第一項第一款至第五款及第七款之議決認可聲請書應添附會議議事錄之謄本

第四節　清　算

第四十條　商工公會已解散時由主管部大臣佈告其旨

第四十一條　商工公會已選任清算人時應速添附其履歷書如解任時具其事由連同認可聲請書呈繳主管部大臣

第四十二條　認可清算人之選任或解任或送任或解任清算人時由主管部大臣佈告其姓名及住所

第四十三條　清算人自就職之日起六個月以內應規定清算及財產處分方法經參事總會之議

前項之清算及財產處分方法經過參事總會之議時應將認可聲請書添附財產目錄及貸借對照表於七日以內呈繳主管部大臣

參事總會在第一項之期間內不爲議決或不能時清算人應具其事由定清算及財產處分方法於期間經過後七日以內於認可聲請書添附財產目錄及貸借對照表呈繳主管部大臣

第四十四條　清算結了時清算人應添附關於清算之一切書類將其意旨呈報主管部大臣

第二章　省商工公會

第四十五條　省商工公會對於商工公會以最近經費賦課標準所爲之一年間納稅額總額爲標準於其百分之一以內之定率得分賦其經費並以最近其經費賦課

擔保ノ有無及種類、借入先、借入ヲ必要トスル事由並ニ償還方法ヲ記載シタル書面ヲ主管部大臣ニ差出シ認可ヲ受クベシ

第三十八條　商工公會ハ每年十二月末日迄ニ次年度ノ經費ノ豫算及賦課徵收方法ノ認可ヲ主管部大臣ニ申請スベシ但シ商工公會ヲ新ニ設立シタル場合ニ於テハ議決アリタル日ヨリ七日以內ニ認可ヲ申請スベシ

經費ノ豫算及賦課徵收方法ノ變更ノ認可ハ議決アリタル日ヨリ七日以內ニ之ヲ申請スベシ

第三十九條　商工公會法第二十條第一項第一號乃至第五號及第七號ノ議決ニ關スル認可申請書ニハ會議ノ議事錄ノ謄本ヲ添附スベシ

第四節　清　算

第四十條　商工公會解散シタルトキハ主管部大臣ハ其ノ旨ヲ佈告ス

第四十一條　商工公會ニ於テ清算人ヲ選任シタルトキハ其ノ履歷書ヲ添附シ解任シタルトキハ其ノ事由ヲ具シ認可申請書ヲ遲滯ナク主管部大臣ニ提出スベシ

第四十二條　清算人ノ選任若ハ解任ヲ認可シ又ハ清算人ヲ選任若ハ解任シタルトキハ主管部大臣ハ其ノ氏名及住所ヲ佈告ス

第四十三條　清算人ハ就職ノ日ヨリ六月以內ニ清算及財產處分ノ方法ヲ定メ參事總會ノ議ヲ經ベシ

前項ノ清算及財產處分ノ方法ニシテ參事總會ノ議ヲ經タルトキハ財產目錄及貸借對照表ヲ添附シ七日以內ニ認可申請書ヲ主管部大臣ニ差出スベシ

參事總會第一項ノ期間ニ議決ヲ爲サズ又ハ爲スコト能ハザルトキハ清算人ハ其ノ事由ヲ具シ清算及財產處分ノ方法ヲ定メ期間經過後七日以內ニ認可申請書ニ財產目錄及貸借對照表ヲ添附シ主管部大臣ニ差出スベシ

第四十四條　清算結了シタルトキハ清算人ハ清算ニ關スル一切ノ書類ヲ添附シ其ノ旨ヲ主管部大臣ニ屆出ツベシ

第二章　省商工公會

第四十五條　省商工公會ハ商工公會ニ對シ最近其ノ經費賦課ノ標準ト爲シタル一年間ノ納稅額ノ總額ヲ標準トシ其ノ百分之一以內ニ於テ定ムル率並

七

標準所爲之繳納資本及財產爲目的之出資金額爲標準於其二十萬分之一以內之定率得分賦其經費但依定款所定不妨以經費二分之一爲限以商工公會之上年度預算額爲標準分賦之

第四十六條　第二十一條第二十九條及前條之規定依商工公會法第四十四條規定所準用之商工公會法第三十六條規定爲淸償債務分賦徵收必要金額時準用之但其分賦率得不依前條之規定

第四十七條　接到省商工公會經費分賦或過怠金徵收通知者有不服其處分時自接到通知之日起三十日以內得向省商工公會聲明異議

第三十條第二項及第三十一條之規定前項異議之聲明準用之

第四十八條　第一條至第六條、第十五條至第十八條、第十九條一項第二十八條、第二十九條及第三十六條至第四十四條之規定省商工公會準用之但第四條第二款、第四款及第六款不在此限

第三章　雜　則

第四十九條　依商工公會法或根據同法所發之命令向主管部大臣應提出之書類應經由省長或新京特別市長

第五十條　商工公會應以定款規定本則所定告示之方法

附　則

第五十一條　本則自商工公會法施行日施行

第五十二條　商工公會法第五十一條之商工公會依商工公會法第五十二條規定不爲合併者於本則施行後二箇月以內應作成商工公會法第九條規定之定款添附記載左列事項之書面受主管部大臣之認可

一　沿革概要

二　會員營業種目別之數

三　事業計劃概要

ニ最近其ノ經費賦課ノ標準ト爲シタル拂込資本及財產ヲ目的トスル出資ノ金額ヲ標準トシ其ノ二十萬分ノ一以內ニ於テ定ムル率ニ依リ其ノ經費ヲ分賦スルコトヲ得但シ定款ノ定ムル所ニ依リ經費ノ二分ノ一ヲ限リ商工公會ノ前年度ノ豫算額ヲ標準トシ之ヲ分賦スルコトヲ妨ゲス

第四十六條　第二十一條、第二十九條及前條ノ規定ハ商工公會法第四十四條ノ規定ニ依リ準用シタル商工公會法第三十六條ノ規定ニ依リ債務ヲ完濟スルニ必要ナル金額ヲ分賦徵收スル場合ニ之ヲ準用ス但シ其ノ分賦スル率ハ前條ノ規定ニ依ラザルコトヲ得

第四十七條　省商工公會ノ經費ノ分賦又ハ過怠金ノ徵收ノ通知ヲ受ケタル者其ノ處分ニ不服アルトキハ其ノ通知ヲ受ケタル日ヨリ三十日以內ニ省商工公會ニ對シ異議ノ申立ヲ爲スコトヲ得

第三十條第二項及第三十一條ノ規定ハ前項ノ異議ノ申立ニ之ヲ準用ス

第四十八條　第一條乃至第六條、第十五條乃至第十八條、第十九條第一項、第二十八條、第二十九條及第三十六條乃至至第四十四條ノ規定ハ省商工公會ニ之ヲ準用ス但シ第四條第二號、第四號及第六號ハ此ノ限リニ在ラズ

第三章　雜　則

第四十九條　商工公會法又ハ同法ニ基キテ發スル命令ニ依リ主管部大臣ニ差出スベキ書類ハ省長又ハ新京特別市長ヲ經由スベシ

第五十條　商工公會ハ定款ヲ以テ本則ノ規定ニ依ル告示ノ方法ヲ定ムベシ

附　則

第五十一條　本則ハ商工公會法施行ノ日ヨリ之ヲ施行ス

第五十二條　商工公會法第五十一條ノ商工公會ニシテ商工公會法第五十二條ノ規定ニ依リ合併ヲ爲サザルモノハ本則施行後二月以內ニ商工公會法第九條ノ規定ニ依ル定款ヲ作成シ左ニ揭グル事項ヲ記載シタル書面ヲ添附シ主管部大臣ノ認可ヲ受クベシ

一　沿革ノ概要

二　會員ノ營業種目別ノ數

三　事業計畫ノ概要

四 一事業年度之收支概算

第五十三條 主管部大臣已爲前條認可時任命職員佈告左列事項

一 定款變更之年月日

二 名稱、地區及事務所所在地

三 會長、副會長及理事之姓名及住所

第五十四條 職員已任命後應速接辦一切之事務且參事選定後招集參事總會附議經費預算及賦課徵收方法

第五十五條 經奉第五十二條之認可時詮衡委員應速爲參事之選定

第十條第二項規定於前項情形準用之

第五十六條 商工公會法第五十一條之商工公會依商工公會法第五十二條之規定擬行合併者在本則施行後四箇月以內應作成合併契約書受主管部大臣之認可

前項契約書中應記載依合併方法及預定期日、合併應行接辦之財產及其他必要事項擬合併之各團體代表人記名蓋印後並添附經會董或準此之議決證據書面

第一項之認可聲請書須添附記載擬合併各團體之沿革概要之書面

合併契約書依主管部大臣之認可發生其効力

第五十七條 合併契約書經認可時擬合併之各團體之代表人應速依商工公會法第九條之規定作成定款添附記載第四條第二款至第五款所載事項之書面受主管部大臣之認可

第五十八條 第五十三條至第五十五條之規定已有前條之認可者準用之

第五十九條 依前條之規定依準用第五十四條之規定職員接辦事務時須速爲合併契約書所記載之重要書類及財產之移轉

四 一事業年度ノ收支概算

第五十三條 主管部大臣ハ前條ノ認可ヲ爲シタルトキハ職員ヲ任命シ左ノ事項ヲ佈告ス

一 定款變更認可ノ年月日

二 名稱、地區及事務所ノ所在地

三 會長、副會長及理事ノ氏名及住所

第五十四條 職員ハ任命アリタル後遲滯ナク一切ノ事務ヲ引繼ギ且參事ノ選定アリタル後參事總會ヲ招集シ經費ノ豫算及賦課徵收方法ヲ附議スベシ

第五十五條 第五十二條ノ認可アリタルトキハ詮衡委員ハ遲滯ナク參事ノ選定ヲ爲スベシ

第十條第二項ノ規定ハ前項ノ場合ニ之ヲ準用ス

第五十六條 商工公會法第五十一條ノ商工公會ニシテ商工公會法第五十二條ノ規定ニ依リ合併ヲ爲サントスルモノハ本則施行後四月以內ニ合併契約書ヲ作成シ主管部大臣ノ認可ヲ受クベシ

前項ノ契約書ニハ合併ノ方法及豫定期日、合併ニ依リ引繼クベキ財產其ノ他必要ナル事項ヲ記載シ合併ヲ爲サントスル各團體ノ代表者記名捺印シ且會董又ハ之ニ準ズルモノノ議決ヲ經タルコトヲ證スル書面ヲ添附スベシ

第一項ノ認可申請書ニハ合併ヲ爲サントスル各團體ノ沿革ノ概要ヲ記載シタル書面ヲ添附スルコトヲ要ス

合併契約書ハ主管部大臣ノ認可ニ依リ其ノ効力ヲ生ズ

第五十七條 合併契約書ノ認可アリタルトキハ合併ヲ爲サントスル各團體ノ代表者ハ遲滯ナク商工公會法第九條ノ規定ニ依ル定款ヲ作成シ第四條第二號乃至第五號ニ揭グル事項ヲ記載シタル書面ヲ添附シ主管部大臣ノ認可ヲ受クベシ

第五十八條 第五十三條乃至第五十五條ノ規定ハ前條ノ認可アリタル場合ニ之ヲ準用ス

第五十九條 前條ノ規定ニ依リ準用セラルル第五十四條ノ規定ニ依リ職員ガ事務ヲ引繼ギタルトキハ遲滯ナク合併契約書ニ記載セラレタル重要書類

第六十條　商工公會法第五十一條之商工公會自本則施行日起至依本則之規定經費之預算及賦課徵收方法之決定不拘第十一條至第十八條及第二十五條至第三十二條之規定得仍如從前執行會務但重要財産之處分其他恐有重大影響於商工公會事項事先非受主管部大臣之認可不得爲之

及財産ノ移轉ヲ行フコトヲ要ス

第六十條　商工公會法第五十一條ノ商工公會ハ本則施行ノ日ヨリ本則ノ規定ニ依ル經費ノ豫算及賦課徵收方法ヲ決定スル迄ハ第十一條乃至第十八條及第二十五條乃至第三十二條ノ規定ニ拘ラズ尙從前ノ通リ會務ヲ執行スルコトヲ得但シ重要財産ノ處分其ノ他商工公會ニ重大ナル影響ヲ及ボスベキ處アル事項ハ豫メ主管部大臣ノ認可ヲ受クルニ非ザレバ之ヲ爲スコトヲ得ズ

虎林商工公會定款

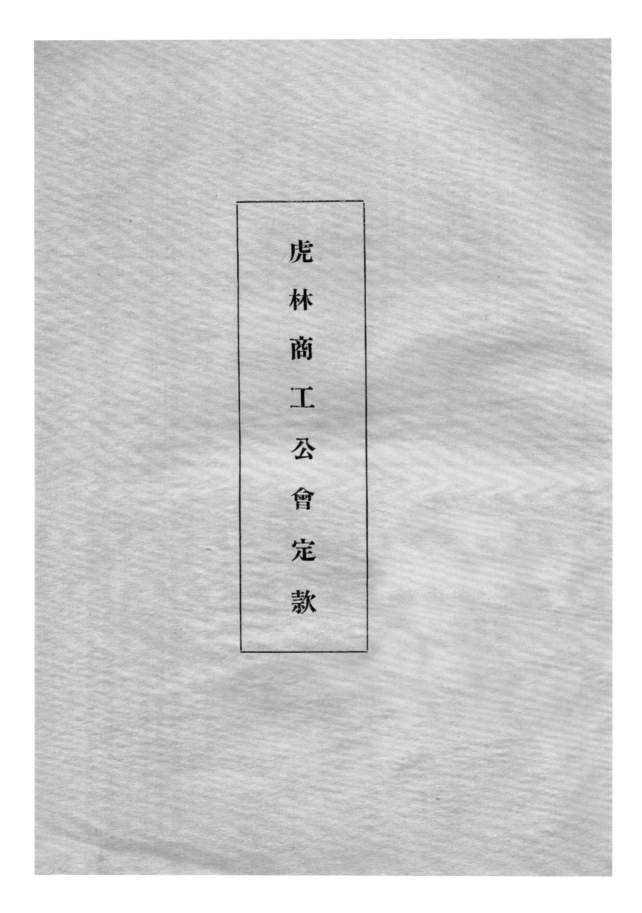

虎林商工公會定款

第一章 總則

第一條 本商工公會稱爲虎林商工公會

第二條 本商工公會以謀商工業之改善發達爲目的

第三條 本商工公會之地區依東安省虎林縣虎頭之區域

第四條 本商工公會置事務所於東安省虎林縣虎頭街、置分事務所虎頭村與街隆

第五條 本商工公會之告示於本商工公會之揭示場揭示之

第二章 會員及特別會員

第六條 本商工公會以其有左列條件之人爲會員

一、帝國人民或依帝國法令設立之會社或經濟部大臣認許之會社者

二、於本商工公會之地區內有本店、支店、及其他營業場者

三、以自己之名義爲商行爲營業之人於本商工公會之地區內一年間繳納營業税或法人營業税拾圓以上者

以會社之資本或財産爲目的之出資如係五萬圓以上者雖未具有前項第三款之關於納税條件依爲本商工公會之會員

本商工公會由在地區內有住所而未合有前二項之人所聲請時經參事總會之議得爲會員

第七條 依帝國法令設立之關於商工業團體而於本商工公會之地區內有主事務所者爲本商工公會之會員

第八條 於本商工公會之地區內有本店、支店及其他營業場、主事務所或住所之人而有經濟部大臣之指定者爲本商工公會之特別會員

第三章 參事及參事總會

第九條 本商工公會置參事總會以經濟部大臣選任之參事及詮衡委員選定之參事組織之參事之定數爲十五人

虎林商工公會定款

第一章 總則

第一條 本商工公會ハ虎林商工公會ト稱ス

第二條 本商工公會ハ商工業ノ改善發達ヲ圖ルヲ以テ目的トス

第三條 本商工公會ハ東安省虎林縣虎頭區域ニ依ル

第四條 本商工公會ハ事務所ヲ東安省虎林縣虎林街ニ分事務所ヲ虎頭村ニ置ク

第五條 本商工公會ノ告示ハ本商工公會ノ掲示場ニ掲示シテ之ヲ爲ス

第二章 會員及特別會員

第六條 本商工公會ハ左ノ條件ヲ具フル者ヲ會員トス

一、帝國人民又ハ帝國法令ニ依リ設立シタ會社若ハ經濟部大臣ノ認可シタル會社タルコト

二、本商工公會ノ區域内ニ於テ本店、支店其ノ他ノ營業場ヲ有スルコト

三、自己ノ名ヲ以テ商行爲ヲ爲スヲ業トスル者ニシテ本商工公會ノ地區内ニ於テ營業税又ハ法人營業税ヲ一年間ニ拾圓以上納ムルコト

會社ノ資本又ハ財産ヲ以テ目的トスル出資ガ五萬圓以上ナル場合ニ於テハ前項第三款ノ納税ニ關スル條件ヲ具ヘザルトキト雖モ本商工公會ノ會員トス

本商工公會ハ地區内ニ住所ヲ有スル者ニシテ前二項ニ該當セザル者ト雖モ參事總會ノ議ヲ經テ之ヲ會員ト爲スコトヲ得

第七條 帝國法令ニ依リ設立シタル商工業ニ關スル團體ニシテ本商工公會ノ地區内ニ於テ主タル事務所ヲ有スルモノハ本商工公會ノ會員トス

第八條 本商工公會ノ地區内ニ於テ本店、支店其他ノ營業場主タル事務所又ハ住所ヲ有スル者ニシテ經濟部大臣ノ指定アリタルモノハ本商工公會ノ特別會員トス

第三章 參事及參事總會

第九條 商工公會ニ參事總會ヲ置キ經濟部大臣ノ選任シタル參事及詮衡委員ニ於テ選定シタル參事ヲ以テ之ヲ組織ス參事ノ定數ハ十五人1トス

第十條　參事爲名譽職

第十一條　參事之任期爲四年、補缺參事之任期爲其前任者之殘存期間

第十二條　左列事項須經參事總會之議

一、定款之變更

二、經費之預算及賦課徵收方法

三、事業報告及收支決算之承認

四、借　入　金

五、顧問之選任或解任

六、過怠金之賦課

七、合併或解散

八、其他重要事項

前項第一款乃至第五款及第七款揭載事項之議決應受經濟部大臣之認可

第十三條　參事總會爲定期及臨時之二種

定期總會每年二月及九月之二回招集之、臨時總會會長認爲必要時或經總參事三分之一以上之同意提出記載會議目的之事項及其招集理由之書面爲參事總會之請求時招集之

第十四條　參事總會非有參事三分之一以上之出席不得開之

就同一議會經招集二回尚不足定員時得以當日出席參事開始會議但於此情形須將其旨意附記於通知書

第十五條　參事總會之議決依出席參事之過半數、可否同數時議長決之

第十六條　參事總會未得議決時得受省長之認可另開之

前項之情形視爲以出席參事三分之一同意所議決者

第十條　參事ハ名譽職トス

第十一條　參事ノ任期ハ四年トシ補闕參事ノ任期ハ其ノ前任者ノ殘任期間トス

第十二條　參事總會ニ於テ附議スベキ事項左ノ如シ

一、定款ノ變更

二　經費ノ豫算及賦課徵收方法

三、事業報告及收支決算ノ承認

四、借　入　金

五、顧問ノ選任及解任

六、過怠金ノ賦課

七、合併又ハ解散

八、其ノ他重要事項

前項第一款乃至第五款及第七款ニ揭クル事項ノ議決ハ經濟部大臣ノ認可ヲ受クルモノトス

第十三條　參事總會ハ定時及臨時ノ二種トス

定時總會ハ每年二月及九月ノ二回之ヲ招集シ臨時總會ハ會長必要ト認メタルトキ或ハ總參事ノ三分ノ一以上ノ同意ヲ得テ會議ノ目的タル事項及其ノ招集ノ事由ヲ記載シタル書面ヲ提出シ參事總會ノ請求ヲ爲シタルトキ之ヲ招集ス

第十四條　參事總會ハ參事三分ノ一以上出席スルニ非ザレバ之ヲ開クコトヲ得ズ

同一議事ニ付召集二回ニ及ブモ尙定員ニ滿タザルトキハ當日ノ出席參事ニテ會議ヲ開クコトヲ得但シ此ノ場合ハ通知狀ニ其ノ旨ヲ附記スルコトヲ要ス

第十五條　參事總會ノ決議ハ過半數ニ依ル可否同數ナルトキハ議長之ヲ決ス

第十六條　參事總會議決ヲ得ザリシトキハ省長ノ認可ヲ受ケ更ニ之ヲ開クコトヲ得

前項ノ場合ハ出席參事ノ三分ノ一ノ同意ヲ以テ決議アリタルモノト看做ス

第十七條　參事總會由會長招集之
參事總會之議長爲會長會長遇有事故時爲副會長
會長副會長皆遇有事故時依出席參事之互選定之
第十八條　參事總會之招集除緊急之情形外至少應於開會五日前發出通知書
前項通知書内應記載開會之日時、場所及議案
第十九條　參事總會之會議公開之但議長認爲必要時或依出席參事三分之一以上之發議而表決禁止傍聽時不在此限
第二十條　議長應作議事錄並同出席之參事二名署名
前項之議事錄於本商工公會保存之

第四章　職員、職員會及顧問

第二十一條　本商工公會置左列職員
會長　一人
副會長　二人以内
理事　七人以内
第二十二條　職員依經濟部大臣之免任
第二十三條　會長代表商工公會綜理會務
副會長輔佐會長會長遇有事故時代理其職務其職務代理之順序依會長之所定
理事輔佐會長及副會長掌理會務
第二十四條　本商工公會爲處理日常會務計得由理事中以若干人爲常務理事
常務理事經監督官廳之承認由會長定之
第二十五條　職員得出席參事總會陳述意見
第二十六條　職員爲名譽職但常務理事爲有給職
常務理事之報酬、津貼及旅費等之支給經參事總會之議另行定之
第二十七條　職員會以會長、副會長及理事組織之

第十七條　參事總會ハ會長之ヲ招集ス
參事總會ノ議長ハ會長トス會長事故アルトキハ副會長トス
會長、副會長共ニ事故アルトキハ出席參事ノ互選ニ依リ之ヲ定ム
第十八條　參事總會ノ招集ハ緊急ノ場合ヲ除クノ外少クトモ開會五日前ニ通知狀ヲ發スベシ
前項ノ通知書ニハ開會ノ日時、場所及議案ヲ記載スベシ
第十九條　參事總會ノ會議ハ之ヲ公開ス但シ議長必要ト認メタル時又ハ出席參事ノ三分ノ一以上ノ發議ニ依リ傍聽禁止ヲ可決シタル時ハ此ノ限ニ在ラズ
第二十條　議長ハ議事錄ヲ作リ出席シタル參事二名ト共ニ之ヲ署名スベシ
前項ノ議事錄ハ商工公會ニ於テ之ヲ保存ス

第四章　職員、職員會及顧問

第二十一條　本商工公會ニ左ノ職員ヲ置ク
會長　一人
副會長　二人以内
理事　七人以内
第二十二條　職員ハ經濟部大臣ノ任免ニ依ル
第二十三條　會長ハ本商工公會ヲ代表シ會務ヲ綜理ス
副會長ハ會長ヲ輔佐シ會長事故アルトキハ其ノ職務ヲ代理ス代理ノ順序ハ會長ノ定ムル所ニ依ル
理事ハ會長及副會長ヲ輔佐シ會務ヲ掌理ス
第二十四條　本商工公會ハ日常ノ會務ヲ處理スル爲メ理事ノ内若干名ヲ常務理事トナスコトヲ得
常務理事ハ監督官廳ノ承認ヲ經テ會長之ヲ定ム
第二十五條　職員ハ參事總會ニ出席シテ其ノ意見ヲ述ブルコトヲ得
第二十六條　職員ハ名譽職トス但シ常務理事ハ之ヲ有給トス
常務理事ノ俸給、津貼等ノ支給ニ付キテハ職員會ノ議ヲ經テ別ニ之ヲ定ム
第二十七條　職員會ハ會長、副會長及理事ヲ以テ組織ス

第二十八條　職員會審議左列事項
一、會長向參事總會提出之議案
二、對本商工公會之意見或希望較重要者
三、參事總會之議決較重要者之執行方法
四、其他必要事項

第二十九條　職員會有會長認爲必要者及職員三人以上之請求者由會長招集之

第三十條　第十四條第一項、第十五條、第十七條及第二十條之規定職員會準用之

第三十一條　本商工公會置顧問若干名

第三十二條　顧問由監督官廳之高等官、關於商工業有學職經驗之人或八年以上爲本商工公會之職員或參事而功勞顯著之人中經參事總會之議選任之

第三十三條　顧問得應就關於商工業重要之事項之諮詢或出席參事總會陳述其意見

第三十四條　顧問爲名譽職

第五章　事業及其執行

第一節　通則

第三十五條　本商工公會爲達成其目的執行左列事業
一、關於商工業之連絡調整
二、關於商工業之調停或仲裁
三、關於商工業之通報
四、關於商工業之指導
五、關於商工業之仲裁或斡旋
六、關於商工業之證明或鑑定
七、關於商工業之調査
八、關於商工業之營造物之設置或管理
九、其他爲企圖商工業改善發達之必要事業

第三十六條　本商工公會爲執行其事業置左列之部

第二十八條　職員會ハ左ノ事項ヲ審議ス
一、參事總會ニ提出スル議案
二、本商工公會ニ對スル意見又ハ要望ニシテ重要ナルモノ
三、參事總會ノ議決ニシテ重要ナルモノノ執行方法
四、其ノ他必要ナル事項

第二十九條　職員會ハ會長必要ト認メタルトキ及職員三人以上ノ請求アリタルトキ會長之ヲ招集ス

第三十條　第十四條第一項、第十五條、第十七條及第二十條ノ規定ハ之ヲ職員會ニ準用ス

第三十一條　本商工公會ハ顧問若干名ヲ置ク

第三十二條　顧問ハ監督官廳ノ高等官、商工業ニ關スル學識經驗アル者又ハ八年以上本商工公會ノ職員又ハ參事トシテ功勞顯著ナル者ノ中ヨリ參事總會ノ議ヲ經テ之ヲ選任ス

第三十三條　顧問ハ商工業ニ關スル重要ナル事項ニ付諮問ニ應シ又ハ參事總會ニ出席シテ其ノ意見ヲ陳述スルコトヲ得

第三十四條　顧問ハ名譽職トス

第五章　事業及其ノ執行

第一節　通則

第三十五條　本商工公會ハ其ノ目的ヲ達スル爲メ左ノ事業ヲ行フ
一、商工業ニ關スル連絡調整
二、商工業ニ關スル調停又ハ仲裁
三、商工業ニ關スル通報
四、商工業ニ關スル指導
五、商工業ニ關スル仲介又ハ斡旋
六、商工業ニ關スル證明又ハ鑑定
七、商工業ニ關スル調査
八、商工業ニ關スル營造物ノ設置又ハ管理
九、其ノ他商工業ノ改善發達ヲ圖ルニ必要ナル事業

第三十六條　本商工公會ハ其ノ事業ヲ執行スル爲メ左記ノ部ヲ置ク

一、統　制　部
二、調停仲裁部
第三十七條　前條各部置部會
部會以部長及部員組織之
部長由職員中經參事總會之議會長選任之
部員由參事會員中會長選任之
第三十八條　部長總理部之事務爲部會之議長
部長遇有事故時以出席部員之互選定議長
第三十九條　部會經會長之承認由部長招集之或有部員三名以上之請求時亦同
對於部會之開會及議決準用第十四條及第十五條之規定
第四十條　除本章所定者外關於部及部會之必要事項經參事總會之議另定之
第四十一條　本商工公會認爲其事業遂行上之必要者得向政府及其他關係各機關陳述意見

第二節　統　制

第四十二條　本商工公會爲企圖地區內商工業之連絡調整計應於必要時參事總會之議得定販賣、購入及其他必要之營業條件
前項營業條件非經監督官廳之承認不生効力
第四十三條　違反前條營業條件時徵收過怠金

第三節　調　停

第四十四條　關於商工業紛議之調停有請求本商工公會者以部會決定其受否
第四十五條　本商工公會受理調停時以部長及部員組織調停委員會於
前項之情形有必要時部長經會長之承認得由部員以外之參事、職員或顧問中選定委員
第四十六條　調停委員會之委員長爲部長

一、統　制　部
二、調停仲裁部
第三十七條　前條各部ニ部會ヲ置ク
部會ハ部長及部員ヲ以テ組織ス
部長ハ職員中ヨリ參事總會ノ議ヲ經テ會長之ヲ選任ス
部員ハ參事及會員中ヨリ會長之ヲ選任ス
第三十八條　部長ハ部ノ事務ヲ總理シ部會ノ議長トス
部長事故アルトキハ出席部員ヨリ議長ヲ選定スルコトヲ得
第三十九條　部會ハ會長ノ承認ヲ經テ部長之ヲ招集ス或ハ部員三名以上ノ請求アリタルトキハ亦同ジ
部會ノ開催及議決ニ對シテ第十四條及第十五條ノ規定ヲ準用ス
第四十條　本章規定ヲ除クノ外部及部會ニ關スル必要ナル事項ハ參事總會ノ議決ヲ經テ別ニ之ヲ定ム
第四十一條　本商工公會ノ事業遂行上ニ必要アルト認ムルトキハ政府及其他關係各機關ニ意見ヲ述ブルコトヲ得

第二節　統　制

第四十二條　本商工公會ハ其ノ地區內ニ於ケル商工業ノ連絡調整ヲ圖ル爲メ必要ニ應ジ參事總會ノ議ヲ經テ販賣仕入其他必要ナル營業條件ヲ定ムルコトヲ得
前項ノ營業條件ハ監督官廳ノ承認ヲ得ルニ非ザレバ其ノ効力ヲ生ゼズ
第四十三條　前條ノ營業條件ニ違反セル場合ハ過怠金ヲ徵收ス

第三節　調　停

第四十四條　商工業ニ關スル紛議ノ調停ヲ本商工公會ニ請求シタルモノアルトキハ部會ヲ以テ其ノ受否ヲ決ス
第四十五條　本商工公會調停ヲ受理シタルトキハ部長及部員ヲ以テ調停委員會ヲ組織ス
前項ノ場合必要アルトキハ會長ノ承認ヲ經テ部員以外ノ參事、職員又ハ顧問中ヨリ委員ヲ選定スルコトヲ得
四十六條　調停委員會ノ議長ハ部長トス

五

部長遇有事故時由委員中互選之
調停以委員之過半數決之
於前項之情形未得過半數時就所得多數之兩個意見再行採決以過數決之
於第三項及前項之情形同數時委員長決之
第四十七條　調停委員依文書或口頭審理當事人之供述於必要時得要求證人或鑑定人出席爲證據調査
第四十八條　調停需用之實費依委員會之所定使當事人之雙方或一方負擔
第四十九條　調停委員於調停成立後應作成明記調停事項之調停始末書調停始末書內調停委員署名蓋章印會長副署之

第四節　仲裁

第五十條　仲裁之判斷依判斷書宣告之
判斷書內揭載左列事項仲裁委員署名蓋印會長副署之
一、當事人及其代理人參加之姓名、住所及營業名
二、事實及爭點之要領
三、判斷之主文
四、判斷之理由
五、作成判斷書之場所及年月日
第五十一條　第四十四條至第四十八條之規定於仲裁時準用之
第五十二條　關於調停或仲裁本章未規定者經參事總會之議以細則另定之

第六章　庶務及會計

第五十三條　本商工公會爲處理庶務、會計及其他事務設總務股置主事書記之其他必要之
事務員之任免由會長爲之
第五十四條　事務員承常務理事之命分掌事務
第五十五條　對於事務員可要求其具本商工公會々員二名以上之保證人

六

部長事アルトキハ委員中ヨリ之ヲ互選ス故
調停ハ委員ノ過半數ヲ以テ之ヲ決ス
前項ノ場合ニ於テ過半數ヲ得ザリシトキハ多數ヲ得タル二個ノ意見ニ付更ニ採決シ過半數ヲ以テ之ヲ決ス
第三項及前項ノ場合ニ於テ同數ナルトキハ委員長之ヲ決ス
第四十七條　調停委員ハ文書又ハ口頭ニ依リ當事者ノ供述ヲ審理ス必要ノ場合ニハ證人又ハ鑑定人ノ出席ヲ求メ證據調ヲナスコトヲ得
第四十八條　調停ニ要スル實費ハ委員會ノ定ムル所ニ依リ當事者ノ雙方又ハ一方ヲシテ負擔セシム
第四十九條　調停委員ハ調停成立後調停事項ヲ明記シタル調停始末書ヲ作成スベシ
調停始末書ニハ調停委員之ニ署名捺印シ會長之ニ副署スルモノトス

第四節　仲裁

第五十條　仲裁ノ判斷ハ裁決書ニ依リ之ヲ宣告ス
裁決書內ニハ左ノ事項ヲ揭ゲ仲裁委員之ニ署名捺印シ會長之ニ副署スルモノトス
一、當事者及其ノ代理人ノ參加人氏名、住所及營業名
二、事實及爭點ノ要領
三、判斷ノ主文
四、判斷ノ理由
五、裁決書ヲ作リタル場所及年月日
第五十一條　第四十四條乃至第四十八條ノ規定ハ仲裁ノ場合ニ準用ス
第五十二條　調停又ハ仲裁ニ關シ本章ニ規定ナキモノハ參事總會ノ議ヲ經テ別ニ細則ヲ以テ之ヲ定ム

第六章　庶務及會計

第五十三條　本商工公會ハ庶務會計及其ノ他ノ事務ヲ處理スル爲メ總務股ヲ設ケ主事、書記及其ノ他必要ナル事務員若干名ヲ置ク
事務員ノ任免ハ會長之ヲ爲ス
第五十四條　事務員ハ常務理事ノ命ヲ承ケ事務ヲ分掌ス
第五十五條　事務員ニ對シ本商工公會々員二名以上ノ保證人ヲ要求ス

第五十六條　本商工公會之會計年度自一月一日至十二月三十一日止
第五十七條　本商工公會之經費旣徵收者槪不返還
第五十八條　本商工公會之經費分每年二月及八月之二期賦課徵收
第五十九條　經費以會長名義發出徵收告知書使其尅期向本商工公會指定之場所繳納
第六十條　本商工公會々員違反定款者經參事總會之議徵收貳百圓以上過怠金
第六十一條　經費或過怠金至期未納時得爲督促仍有未完納者時得依地方稅之手續處分之
第六十二條　豫算依收入、支出之種類分款項編成之爲處理臨時特別之經費得編成特別豫算爲處理豫算決定後所發生之經費得編造追加豫算
第六十三條　爲充豫算之不足或豫算外所發生之費用設豫備費、預備費之金額不得超過歲出經常費豫算總額之五分之一
第六十四條　豫算之各款除豫備費之外不得彼此流用
但同一款內各項目經職員會之議得流用之
第六十五條　本商工公會於每年三月末日前於前年度之收支決算書及事業報告書添附依前年度末日現在所調整之財產目錄及貸借對照表呈繳經濟部大臣受其認可
第六十六條　本商工公會於每年十月末日前訂定次年度經費之豫算及經費之賦課徵收方法呈請經濟部大臣之認可
追加豫算及特別豫算之時準用前項規定
第六十七條　本商工公會擬借款時將記載其金額、利率、期間、擔保之有無及種類、貸主、借入必要事由並償還方法之書面呈繳經濟部大臣受其認可
第六十八條　本商工公會之徵收使用料訂定如左但認爲有特別事由時可減免之
一、會場使用料一回五圓以內

第五十六條　本商工公會ノ會計年度ハ一月一日ニ始リ十二月三十一日ニ終ル
第五十七條　本商工公會ノ經費ニシテ旣ニ徵收シタルモノハ之ヲ還付セス
第五十八條　本商工公會ノ經費ハ每年二月及八月ノ二期ニ之ヲ徵收ス
第五十九條　經費ハ會長ノ名ヲ以テ徵收告知書ヲ發シ期日ヲ定メテ本商工公會指定ノ場所ニ納付セシム
第六十條　本商工公會會員ニシテ定款ニ違反シタル場合ハ參事總會ノ決議ヲ經テ貳百圓以上ノ過怠金ヲ徵收ス
第六十一條　經費又ハ過怠金ヲ納期ニ納メザルトキハ督促ヲ爲シ尙完納セザルモノアルトキハ地方稅ノ手續ニ依リ之ヲ處分ス
第六十二條　豫算ハ收入、支出ノ種類ニ依リ款項ヲ分チテ之ヲ編成ス臨時特別ナル經費ヲ處理スル爲メ特別豫算ヲ編成スルコトヲ得豫算決定後ニ於テ生シタル經費ヲ處理スル爲メ追加豫算ヲ編成スルコトヲ得
第六十三條　豫算ノ不足又ハ豫算外ニ生ジタル費用ニ充ツル爲メ豫備費ヲ置ク豫備費ノ金額ハ歲出經常費豫算總額ノ五分ノ一ヲ超ユルコトヲ得ズ
第六十四條　豫算ノ各款ハ豫備費ヲ除クノ外彼是流用スルコトヲ得ズ但シ同一款內各項目ハ職員會ノ決議ヲ經テ之ヲ流用スルコトヲ得
第六十五條　本商工公會ハ每年三月末日迄ニ前年度ノ收支決算書及事業報告書ニ前年度末日現在ニ依リ調製シタル財產目錄及貸借對照表ヲ添附シ經濟部大臣ニ差出シ之レガ認可ヲ受クルモノトス
第六十六條　本商工公會ハ每年十月末日迄ニ次年度ノ經費ノ豫算及經費ノ賦課徵收方法ヲ定メ之レガ認可ヲ經濟部大臣ニ申請スルモノトス追加豫算及特別豫算ノ場合ハ前項ノ規定ヲ準用ス
第六十七條　本商工公會借入金ヲ爲サントスルトキハ其ノ金額、利率、期限擔保ノ有無及種類、借入先、借入ヲ必要トスル事由並償還方法ヲ記載シタル書面ヲ經濟部大臣ニ差出シ之レガ認可ヲ受クルモノトス
第六十八條　本商工公會ノ使用料徵收ハ左ノ如シ但特別ノ事由アルトキハ減免スルコトヲ得
一、會場使用料一回五圓以內

第六十九條　本商工公會之徵收手數料經參事總會之議另行定之

第七十條　本商工公會之印章爲左之四種

方一寸

虎林商工公會之印

方六分

虎林商工公會會長之印

方六分

虎林商工公會副會長之印

方六分

虎林商工公會理事之印

第六十九條　本商工公會ノ手數料徵收ハ參事總會ヲ經テ定ム

第七十條　本商工公會ノ印章ハ左ノ四種トス

方一寸

虎林商工公會之印

方六分

虎林商工公會會長之印

方六分

虎林商工公會副會長之印

方六分

虎林商工公會理事之印

四、伪满洲国的文化统治

伪吉林省公署为抄发宣传办法饬遵办理事给伪虎林县公署的训令（一九三二年四月二十三日）

附：《宣传办法十项》

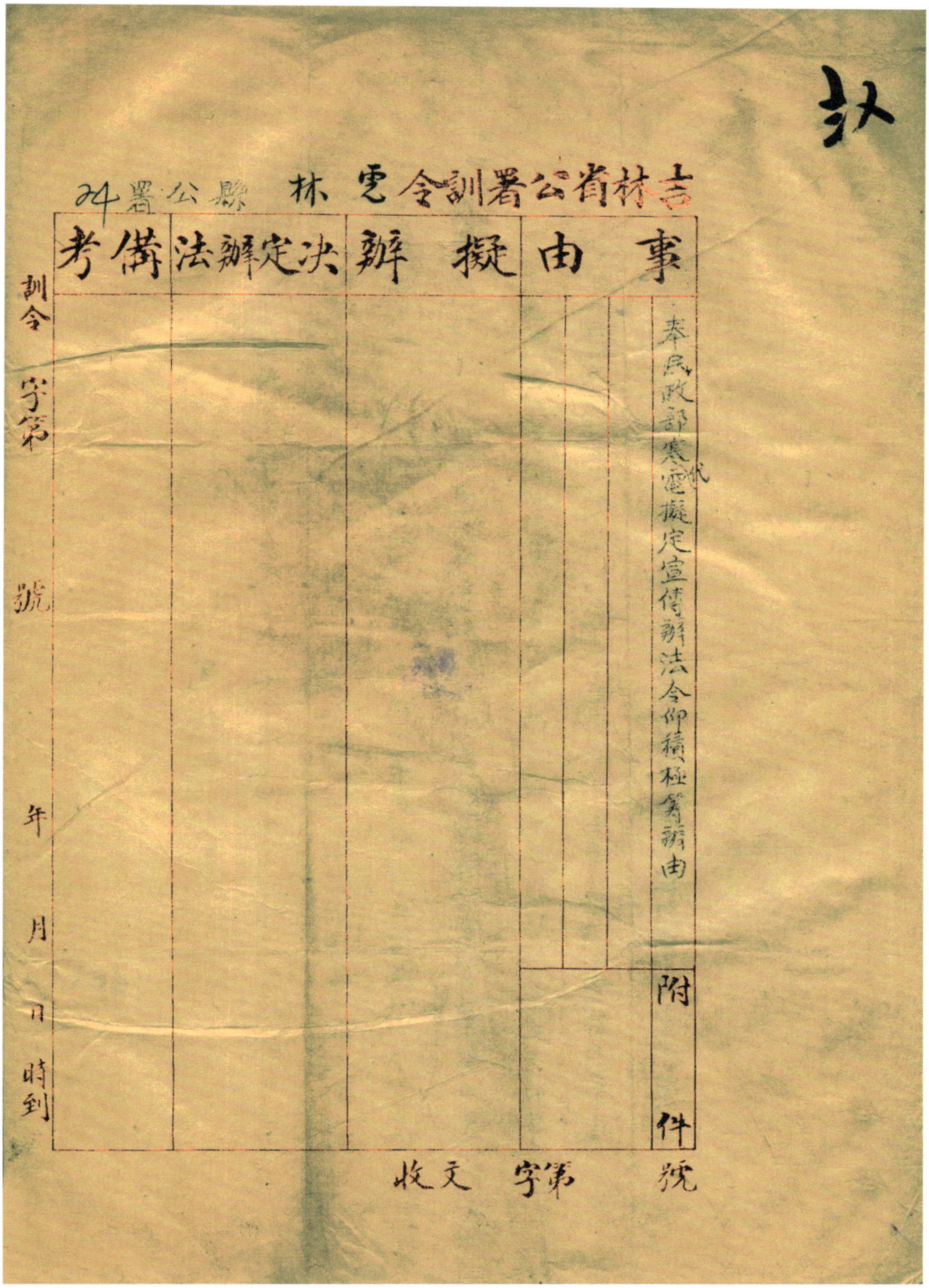

吉林省公署訓令虎林縣公署 24

事由	擬辦	決定辦法	備考
奉民政部寒代電擬定宣傳辦法令仰積極籌辦由			
附件			

訓令 字第 號 年 月 日 時到

收文 字第 號

吉林省公署訓令

民字第461號

令虎林縣公署

案奉民政部寒代電開查現值新國家建設伊始百政維新其對於各事進行之指導務課徹底了解俾期滿洲國民之運動漸次統一茲經擬定宣傳辦法十項以作實行之標準并請由軍司令部宣傳課派員分往各處接洽一切從事進行除分令外特電查照務須切實籌畫努力進行并轉飭所屬一体積極辦理事関宣傳要政萬勿稍涉延忽至関於舉行之日程一項俟決定後再行另令通知附列宣傳辦法十項等因奉此查单列宣傳各項既関各事進行之指導自應飭速切實籌畫努力工

25

作除分行外合極抄粘辦法令仰該縣即便遵照辦理籌辦情形仍速

報核此令

計抄粘宣傳辦法十項

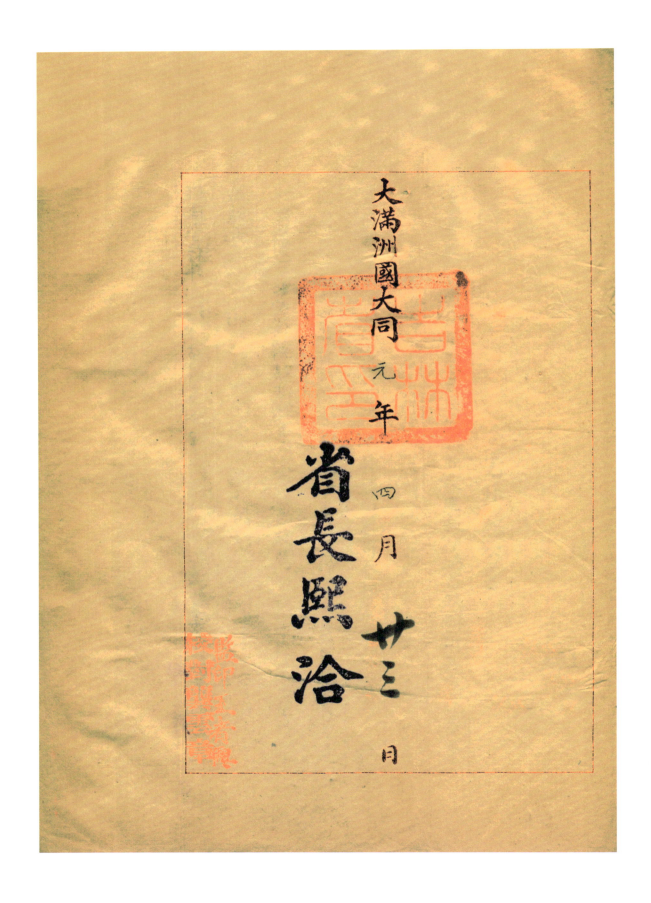

大滿洲國大同元年四月廿三日

省長熙洽

監印
校對

宣傳辦法十項

計開

一 對於學校教員之宣傳

二 表演劇曲

三 演映電影

四 施醫

五 設置宣傳板

六 壁畫及圖書

七 街頭張貼報紙

八 列車内散佈傳單

九 施粥

十 放送無線電

伪吉林省公署为查收转发伪民政部第一期第四号、第五号周刊给伪虎林县公署的训令（一九三二年五月二十八日）

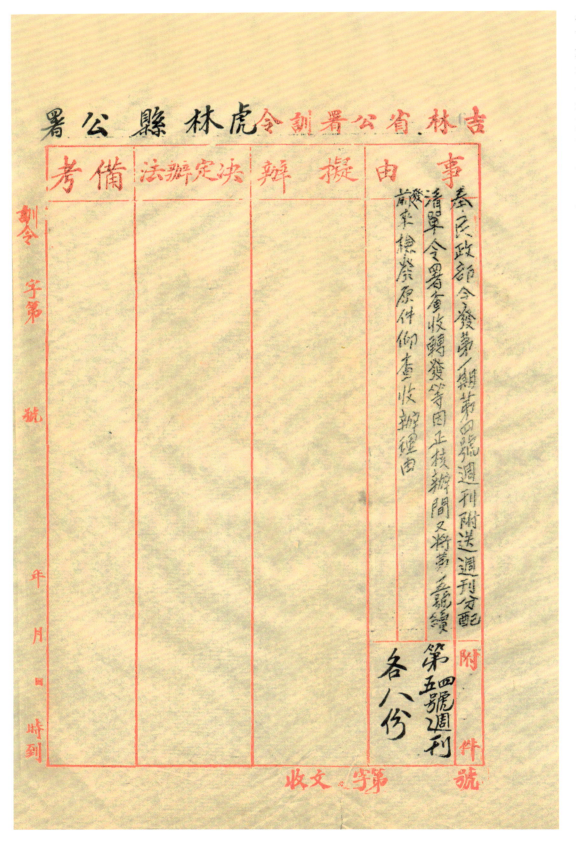

吉林省公署训令 虎林县公署

事由	擬辦	決定辦法	備考
奉民政部令發第一期第四號週刊附送週刊分配清單令署查收轉發等因正核辦間又將第五號續發前來録案原件仰查收辦理由			
附件：第四五號週刊各八份			

訓令　字第　號　年　月　日　時到

收文　字第　號

吉林省公署訓令

總字第18號

令虎林縣公署

為令飭事案奉

民政部總字第二三四號訓令內開查本部發行之週刊業經陸續出版前已分別寄閱茲將第一期第四號週刊印就當經本部按照各省區所屬各機關數目酌量分配繕列清單一紙付郵彙寄仰即查收轉發以資閱覽再此項週刊因工料所關不得不酌收費款藉資彌補其前寄送第一期一二三各號之週刊即為贈閱此後由第一期第四號起按月每份繳納工本費

規洋三角并飭該公署迅即催收務於每月十日以前掃數彙
解本部以憑歸墊除分行外合行檢發週刊清單令仰
查照辦理此令計發第一期第四號週刊五百三十五本
等因奉此查此項週刊業經寄到計第一期第四五兩號
各五百二十五本又查本省一等縣六縣而來文則謂一等縣
十六縣想係筆誤已由本署代為更正另將數目妥為分
配除各中小學校週刊係屬教育範圍應由教育廳分
發其農場苗圃商會各機關應由實業廳分發外合
行檢發原刊令仰該縣查收分別轉發并將每份每月
應繳工本費迅速措齊繳送來署以憑彙報勿延

此令

附發第一期第四五號週刊各八份

大滿洲國大同元年

五月　日

省長熙洽

監印李桂榮

校對趙　霨

3063

吉林省公署訓令虎林縣 10

事由	擬辦	決定辦法	備考
准監察院總務處函請蒐集各縣縣誌二部以資參攷等因令仰遵辦彙轉由			

附件

號 年 月 日 時到

收文 字第 號

吉林省公署訓令

總字第156號

令虎林縣

為訓令事案准

監察院總務處第九八號函以本院為供執務参攷起

見希將貴省各縣縣誌（史）蒐集三部附函寄下等因

准此合亟令仰該縣如有此項誌書速呈本署以憑彙轉

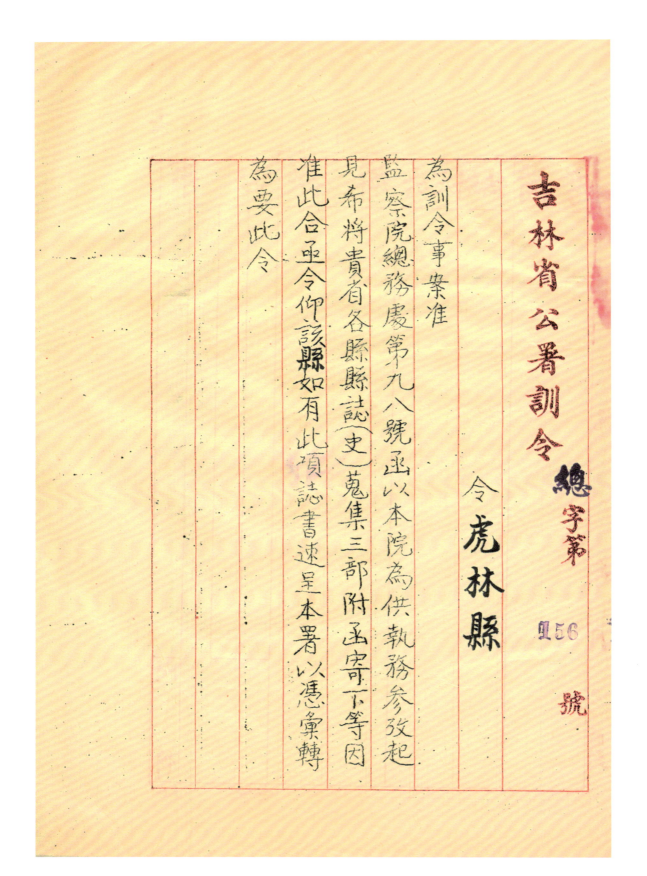

為要此令

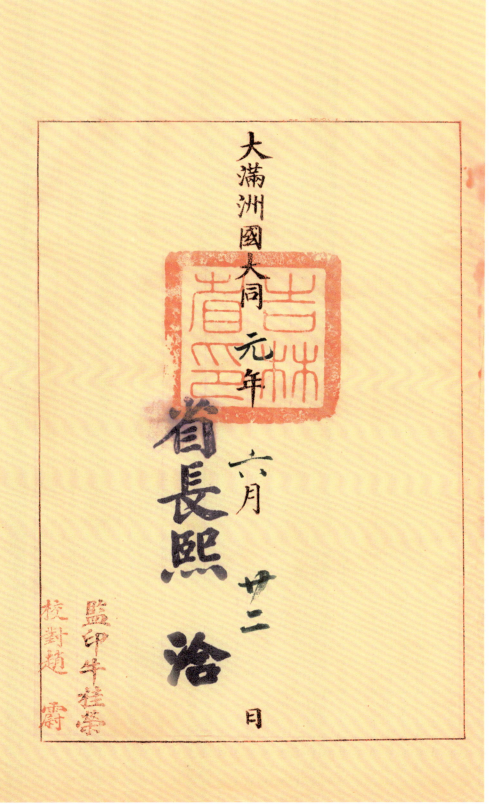

大滿洲國大同元年六月廿二日

省長熙洽

監印牛桂榮

校對趙霨

伪吉林省公署教育厅为抄发苏联齐浦达洛夫报告书严防范共产党事给伪虎林县公署的训令（一九三三年六月三十日）

吉林省公署教育廳訓令

虎林縣公署

事由	擬辦	決定辦法	備考
奉省公署令抄發蘇聯齊浦達洛夫共產報告書仰即嚴防免滋禍患			

附件

收文 字第 號

訓令 字第 號

年 月 日 時到

吉林省公署教育廳訓令　　字第84號

令
兜林縣縣長

為令飭事案奉
吉林省公署訓令總字第二百七十四號內開案據警務廳呈称案准民
政部警務司函送蘇聯設齊蒲達洛夫所述(現在青年共產黨之國
際情勢及任務)之報告書一份請煩查照等因准此查該報告書
內所載旨趣意在蠱惑勞動引誘青年復以文學藝術宗教新
聞各方麻醉意識薄弱者之心理自應事先嚴防免遺後患除
通報警備司令部并抄錄原件飭令各局認真防範外理合具

文呈請鑒核施行附抄呈蘇埃齊浦達洛夫報告書一份等情據此
當茲時局不靖關於此項共党誘惑陰謀亟宜澈底嚴防以杜亂萌
而維治安除指令及分令外合亟抄件令仰該廳即便轉飭所屬一
體防範免滋禍患是爲切要此令等因奉此合行抄發該項報
告書令仰該縣長即便轉飭所屬各校遵照嚴防免滋禍患
是爲至要此令
附抄件一份

大滿洲國大同元年六月　　日

吉林省公署教育廳廳長榮孟枚

胡玉書

30

伪吉林省公署为抄发许可设立私立学校暂行办法给伪虎林县公署的训令（一九三二年八月十七日）

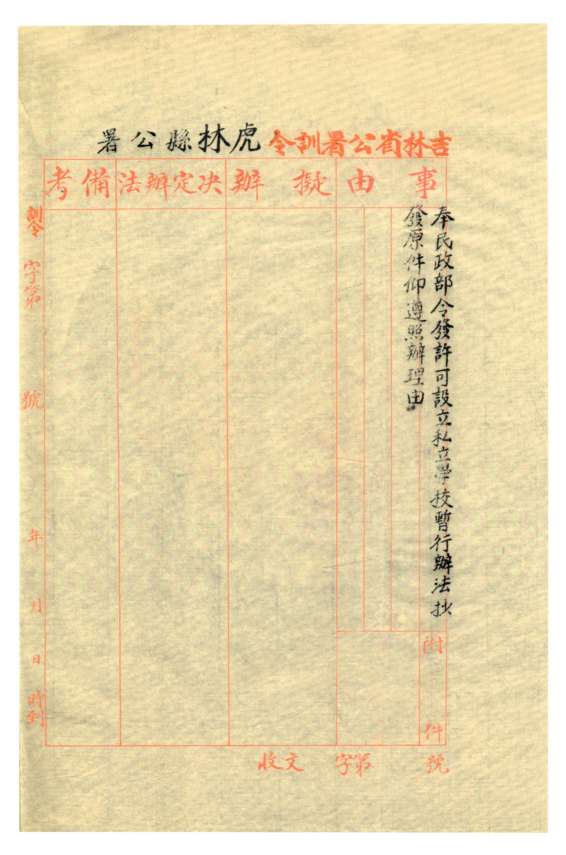

吉林省公署訓令　虎林縣公署

事由	擬辦	決定辦法	備考
奉民政部令發許可設立私立學校暫行辦法抄發原件仰遵照辦理由			
附件			

訓令　字第　號　年　月　日　時到

收文　字第　號

吉林省公署訓令

教字第154號

令虎林縣縣長

案奉

民政部文字第四三一號訓令内開查私立學校之設立宜經

官廳之許可曾經本部訂定許可設立私立學校暫行辦法以

資適用在私立學校令未頒布以前應即依照此項辦法辦理

除分行外合行檢同辦法令仰遵照等因奉此合抄原件令

仰該縣遵照辦理此令

附抄發許可設立私立學校暫行辦法一份

大滿洲國大同元年八月十九日

省長熙洽

校對 胡玉書

總校對 趙霈

監印 仲桂榮

伪吉林省公署为抄发体育振兴方策暨体育协会简章等给伪虎林县公署的训令（一九三二年八月二十五日）

吉林省公署訓令　虎林縣公署

事由	擬辦	決定辦法	備考
奉令抄發體育振興方策暨體育協會簡章及支部規程準則仰遵照由			

附件

收文　第　字　號

訓令　字第　號

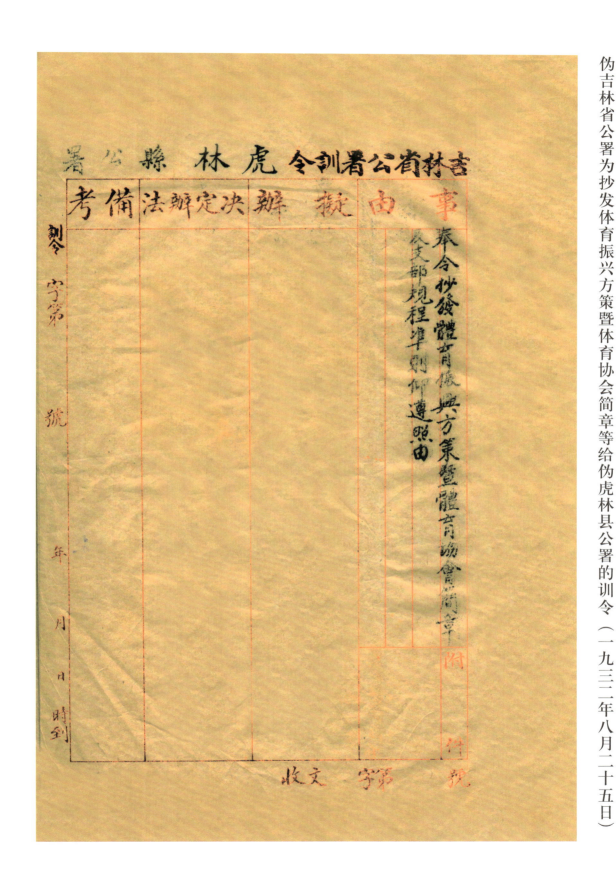

年　月　日　時到

吉林省公署訓令

教字第175號

令虎林縣縣長

案奉

文教部訓令第十號(禮字第八號)内開為令遵事查立國要素首自人民而人民身體之强弱尤關國運之隆替是以東西各國莫不積極於國民體育運動之發達與普及誠以體育運動既可振興國民之精神又能保持其健康我國家有鑒及此爰由本部擬定體育振興方策隨令頒發仰省長轉飭所屬一體遵照協力進行以期發展為要除分行外合令遵照此令計

發體育振興方策等因除分行外合行抄同原件令仰該縣長即便遵照並轉飭所屬遵照此令

計抄發體育振興方策
體育協會簡章
支部規程準則 各一份

大滿洲國大同元年八月廿日

省長熙洽

校對胡玉書

總校對趙蔚

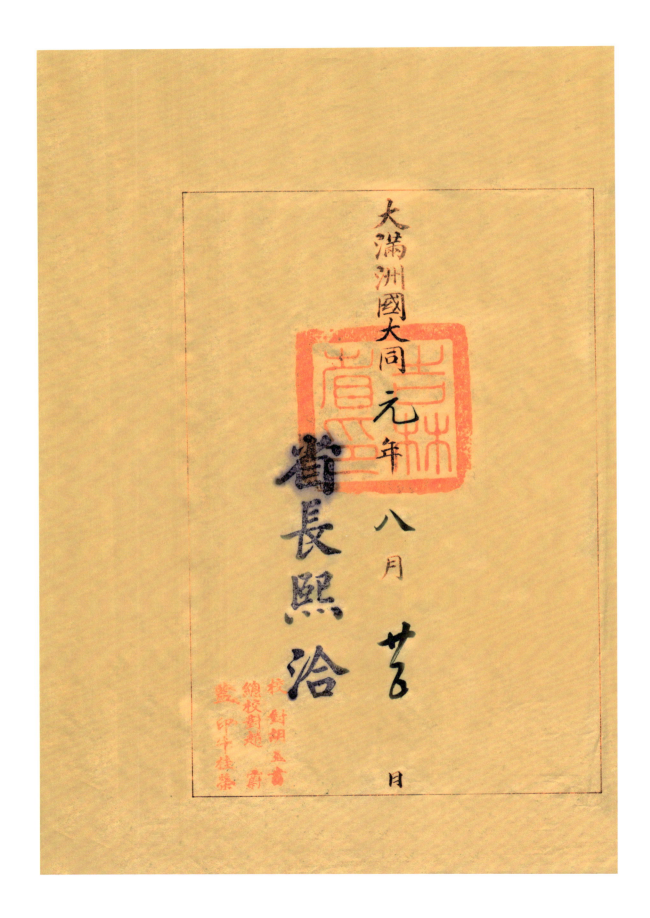

監印牛桂榮

伪吉林省公署为知照成立孔教会事给伪虎林县公署的训令（一九三二年十二月二十五日）

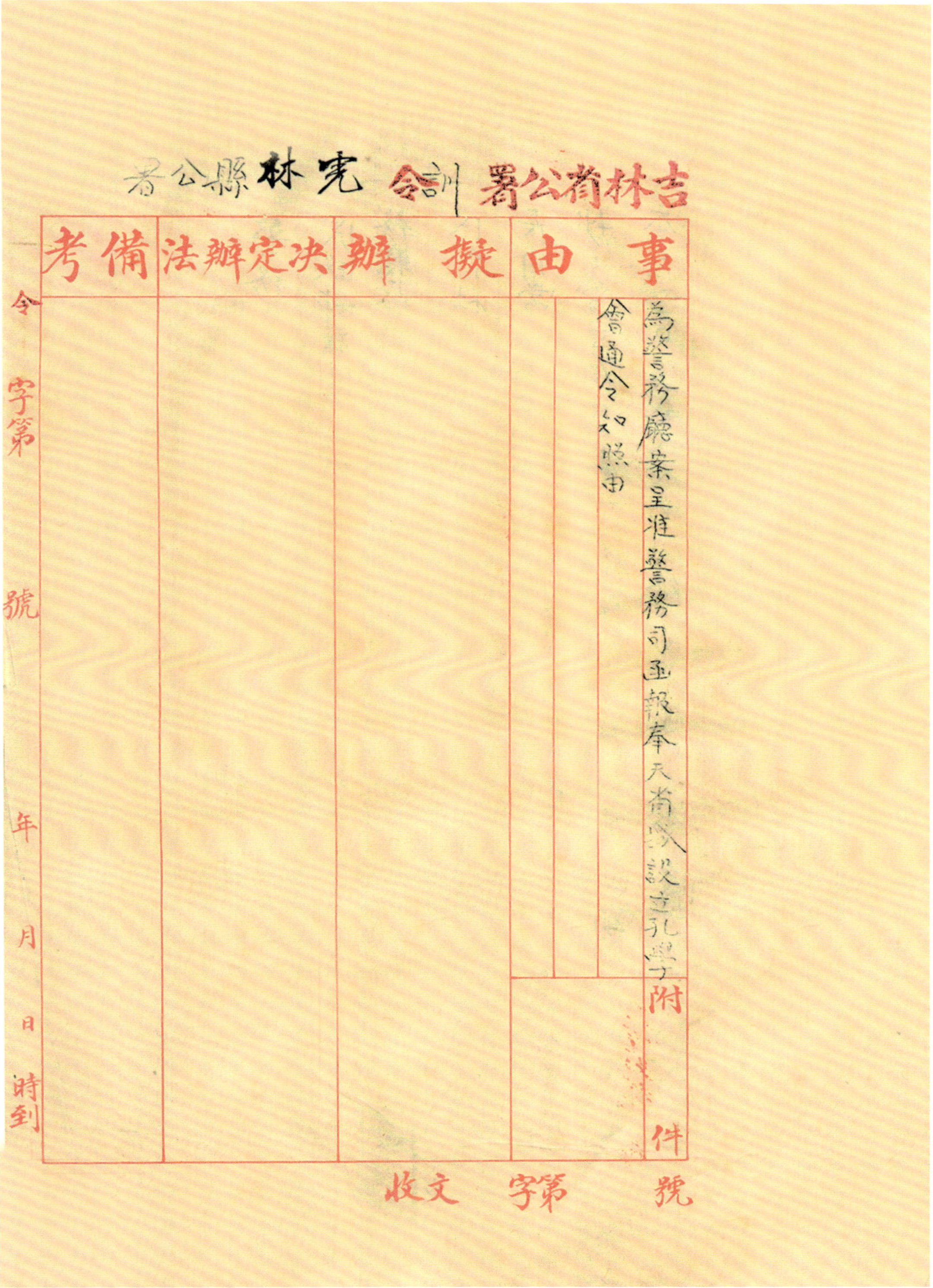

吉林省公署訓令 虎林縣公署

事由	擬辦	決定辦法	備考
為警務廳案呈准警務司函報奉天省以設立孔學會通令知照由			
附件			

令 字第 號 年 月 日 時到

收文 第 字 號

吉林省公署训令

警字第582号

令虎林县公署

警务厅案呈准

民政部警务司特秘第二八六七号之二函开准奉天省公署警

务厅长通报内开立法院长赵欣伯道德研究会长周永谟与奉天

民报社员等为提倡崇拜孔子计划设立孔教会立法院赵院

长自当指导之任周及民报社员等均为设立准备委员分布附

抄之会章及门为创立孔教会征求发起同志书现正征募会员

本月二十日假奉天大南门外旧道德研究会遗址设立该会办公

處舉行開會式出席會員約八十名選舉結果趙欣伯當選
會長周永漢副會長並決定擬推戴鄭孝胥為名譽顧問繼續
徵集會員以期將來之發展旋即散會對於該會之行動現正繼續
視察中先此通報等因准此除分行外相應函報查照附抄件二
紙等情到署除分行外合抄附件令仰該縣長即便轉飭所屬一體
知照此令

附抄件二紙

大滿洲國大同元年十二月　日

吉林省印

省長熙洽

校對劉啟疆

總校對趙爵

監印牛桂榮

五、伪满洲国的军事警务统治

伪吉林省长官公署为协助五常县通缉投顺天步兵第一队二分队陈升等人给伪虎林县政府的训令

（一九三二年三月二十日）

吉林省長官公署訓令 虎林縣

事由	擬辦	決定辦法	備考
據五常縣呈報保衛步兵第一隊二分隊兵陳升等拐逃槍彈投入匪幫中為匪及隊附王香九率隊往追被匪包圍迫令為匪各情形請通緝訓令協緝			
附件：面貌書一紙			

收文 第 字 號

訓令 第 字 號

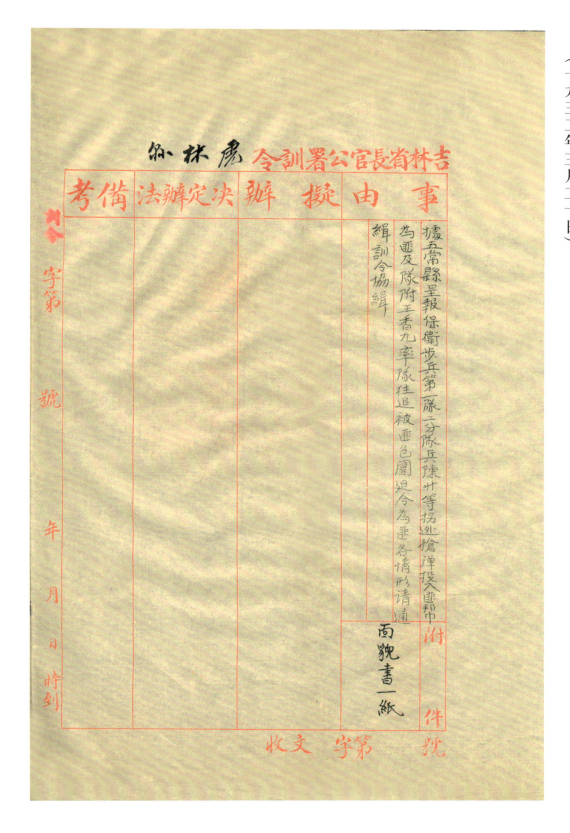

年 月 日 時到

吉林省長官公署訓令

民字第83號

令虎林縣政府

案照民國二十一年二月二十九日據五常縣縣長譙金聲轉據保衛總隊長張時中呈稱本年一月十二日步兵第一隊二分隊隊兵陳廿蔡德廿閻寶山等三名携帶武裝投入匪帮時經隊附王香九聞報往追亦被該匪首順天等脅迫為匪除飭屬追緝外理合叠開具面貌書呈請通緝等情由縣轉呈到署除指令並分行外合亟抄粘面貌書令仰該縣即便遵照協緝此令

附抄粘面貌書一紙

大同元年三月廿日

長官臣洽

監印王者興

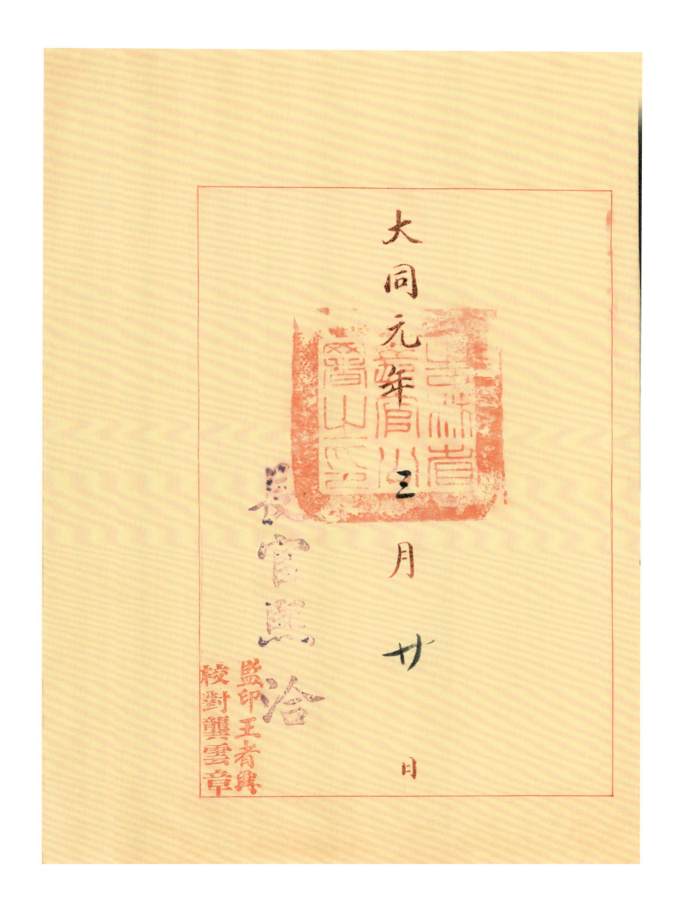

校對龔雲章

伪吉林省公署为协缉榆树县三区住民叶有祥等十三名事给伪虎林县政府的训令（一九三二年三月三十一日）

吉林省公署訓令 虎林縣

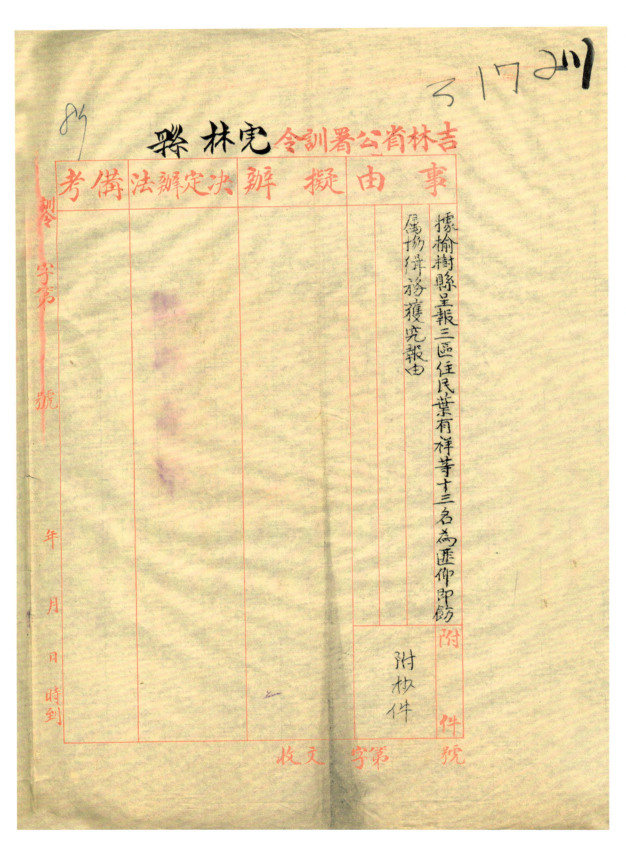

事由	擬辦	決定辦法	備考
據榆樹縣呈報三區住民葉有祥等十三名為匪仰即飭屬協緝務獲究報由			
附件：附抄件			

訓令　字第　號　年　月　日　時到

收文　字第　號

吉林省公署訓令

民字第191號

令虎林縣

案據榆樹縣政府轉據公安局長温開業報稱三區十二馬架屯葉有祥二道街屯周洛六吳起發三道街屯王景春王連才馬殿臣鴨子圈屯孫恩福化樹川屯閻鳳魁蔣希橋宋相臣左恩祿左恩富金家溝屯范國居等十三名先後為匪由各家屬及百戶長據實檢舉經該管分局繕具年籍面貌書呈局報縣轉請通緝等情到署除指令並分行外合亟抄同年籍面貌書仰該 縣 即便遵照轉飭所屬一体協緝葉有祥等務獲解究此令

88

附抄年籍面貌书一纸

大滿洲國大同元年 三 月 廿一 日

吉林省長官公署之印

借用舊印

者長熙 洽

監印王[illegible]

校對龔[illegible]章

89

附一

榆樹縣公安局第三分局通緝匪人姓名年籍表

姓名	匪號	年歲	住址	身長	為匪日期	備攷
葉有祥	天下好	三十二	十二馬架屯	五尺寸	二月二十七日	
周洛六	未詳	二十八	二道街屯	五尺	二月二十八日	
吳起發	未詳	三十七	二道街屯	四尺八寸	二月二十七日	
王景春	未詳	三十六	三道街屯	五尺	三月一日	
王連財	未詳	三十四	三道街屯	五尺	三月一日	
張恩福	未詳	三十七	鴨子圈屯	四尺八寸	三月一日	
闞鳳魁	未詳	三十二	化樹川屯	五尺	二月二十七日	
蔣希橋	未詳	三十五	化樹川屯	五尺	二月二十八日	
宋相臣	未詳	二十八	化樹川屯	五尺	二月二十八日	
左恩祿	未詳	三十一	化樹川屯	五尺	二月二十七日	
馬殿臣	未詳	二十五	三道街屯	四尺八寸	二月二十九日	
左恩富	未詳	三十六	化樹川屯	五尺	二月二十八日	
苑國君	未詳	三十九	十二馬架屯	五尺	二月二十七日	

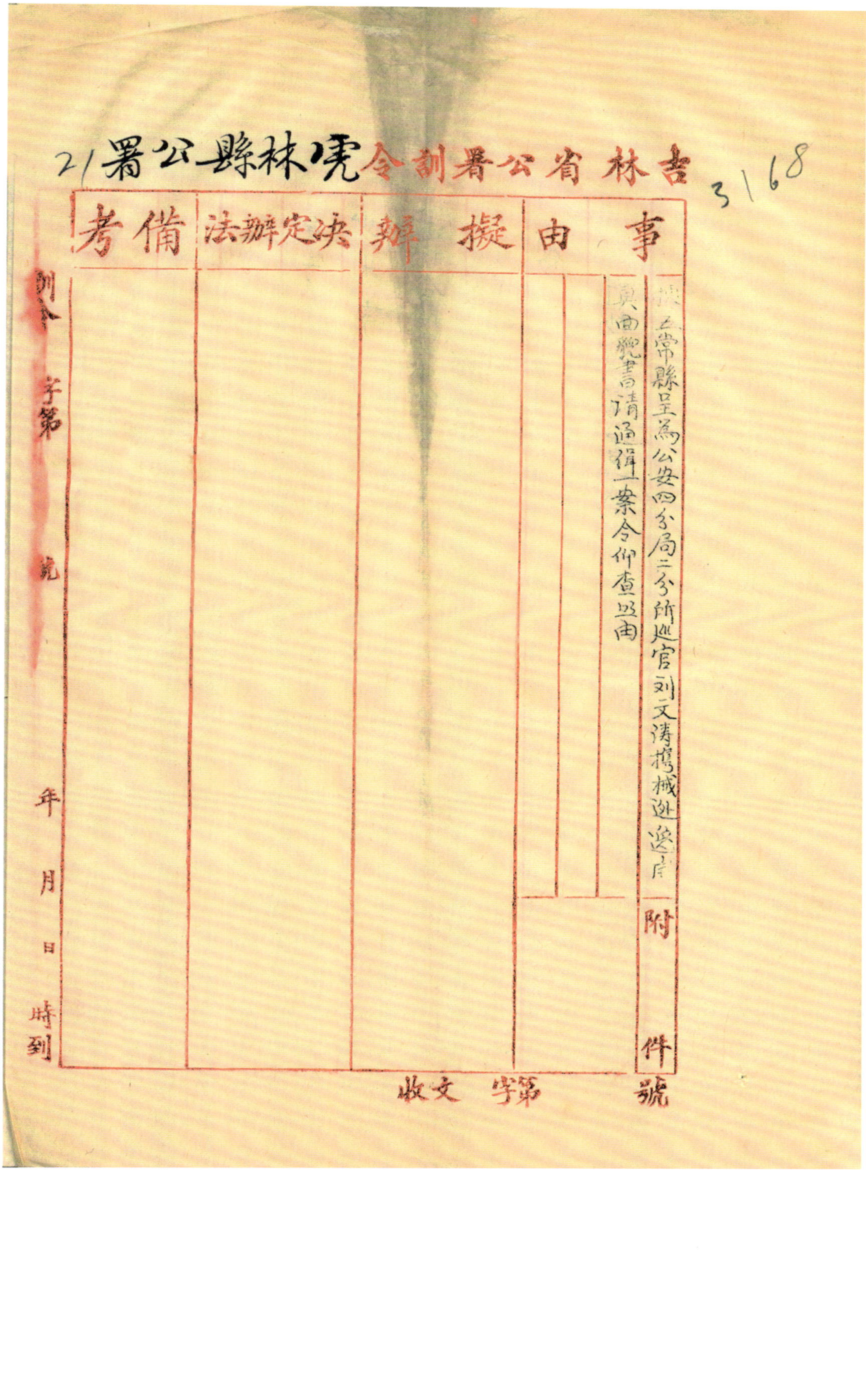
3168

吉林省公署訓令 虎林縣公署 21

事由	擬辦	決定辦法	備考
據五常縣呈為公安四分局二分所巡官劉文濤攜械逃逸具由懇請通緝一案令仰查照由			

附件

訓令　字第　號

年　月　日　時到

收文　字第　號

伪吉林省公署为协缉携械外逸的伪五常县巡官刘文涛事给伪虎林县公署的训令（一九三二年四月六日）

吉林省公署訓令

民字第273號

令虎林縣公署

案據五常縣縣長姜渭琦轉據公安局局長張文啟呈稱職局第四分局第二分所巡官劉文濤於本年二月十五日因事外出未回查點該分局短少八米里子彈四十粒青棉軍衣三套想俱拐帶逃逸偵緝多日杳無踪迹理合開具面貌書呈請通緝等情由局拟縣呈轉到署除指令該縣仍隨時查拿務獲並分行外合亟抄粘面貌書令仰該縣即便遵照轉飭所屬一体協緝此令

計抄粘面貌書一紙

大滿洲國大同元年　四　月　六　日

借用舊銜

長熙洽

監印王者興

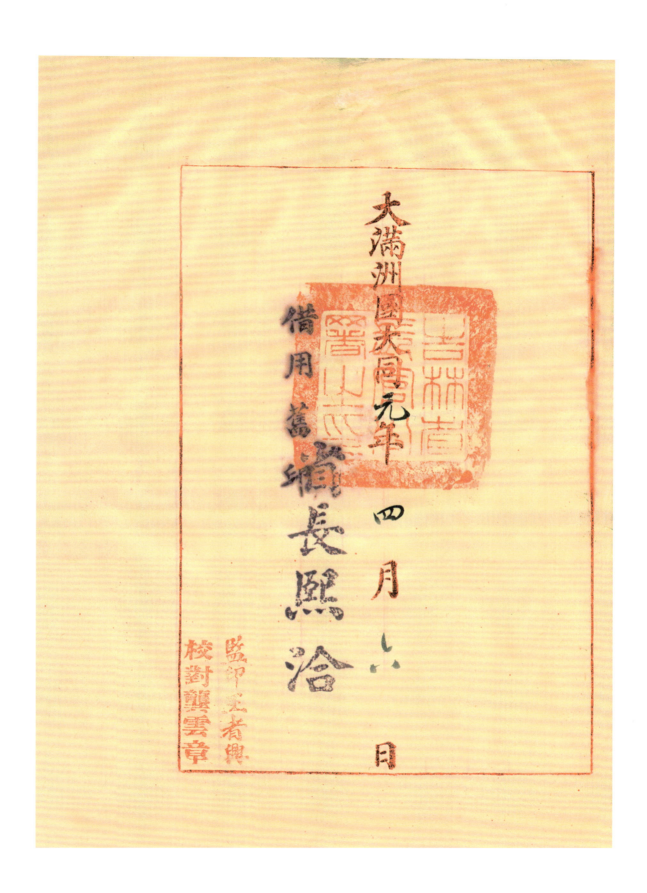

校對龔雲章

伪吉林省公署为规定警察管辖权限给伪虎林县政府的训令（一九三三年四月八日）

吉林省公署訓令　虎林縣

事由	擬辦	決定辦法	備考
奉國務院令須規定警察管轄权限令行知照由			

附件

訓令　字第　號

年　月　日　時到

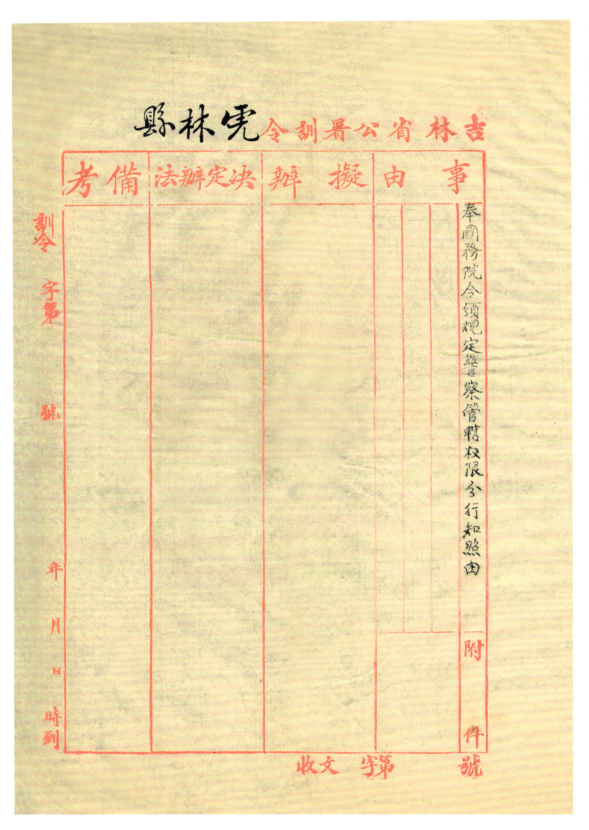

收文第　字　號

吉林省公署訓令

民字第300號

令虎林縣

案奉

國務院第六號訓令開案照新國家成立以後所有警察管轄權限亟應明令區劃俾資遵守茲經規定管轄權限如下(一)滿洲國警察權嗣後歸中央管轄之(二)東省特別區警察管理處由東省特別區長官指揮監督之(三)首都警察由民政部總長直轄之(四)奉天營口錦州齊齊哈爾安東吉林等處警察從前由市管轄者一律改由省長直接指揮監督之(五)各縣之警察承縣長之指揮監督辦理警察事務但關於討伐土匪

時應承警備司令官之命令(六)各鐵路局之路警處暫照舊章辦理以上各

項辦法仰該省長通行所屬一体遵照等因奉此除分行外合亟令仰該縣

知照並轉飭所屬一体知照此令

大滿洲國大同元年四月八日

省長熙洽

備用舊印

監印王耆興

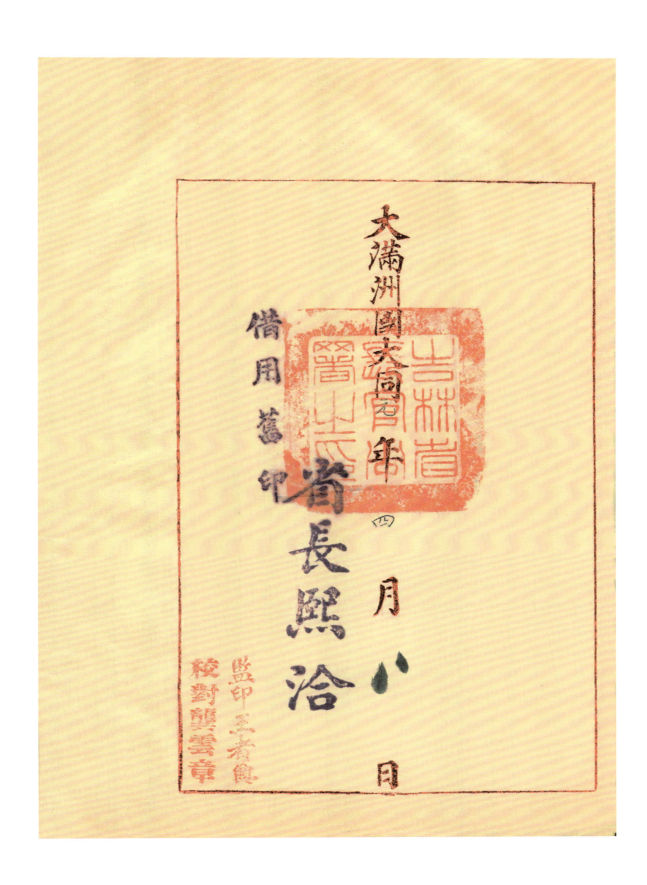

校對龔雲章

伪吉林省公署为协缉宾县公安七分局已革所警刘振久等人事给伪虎林县公署的训令（一九三二年四月二十日）

附：面貌书

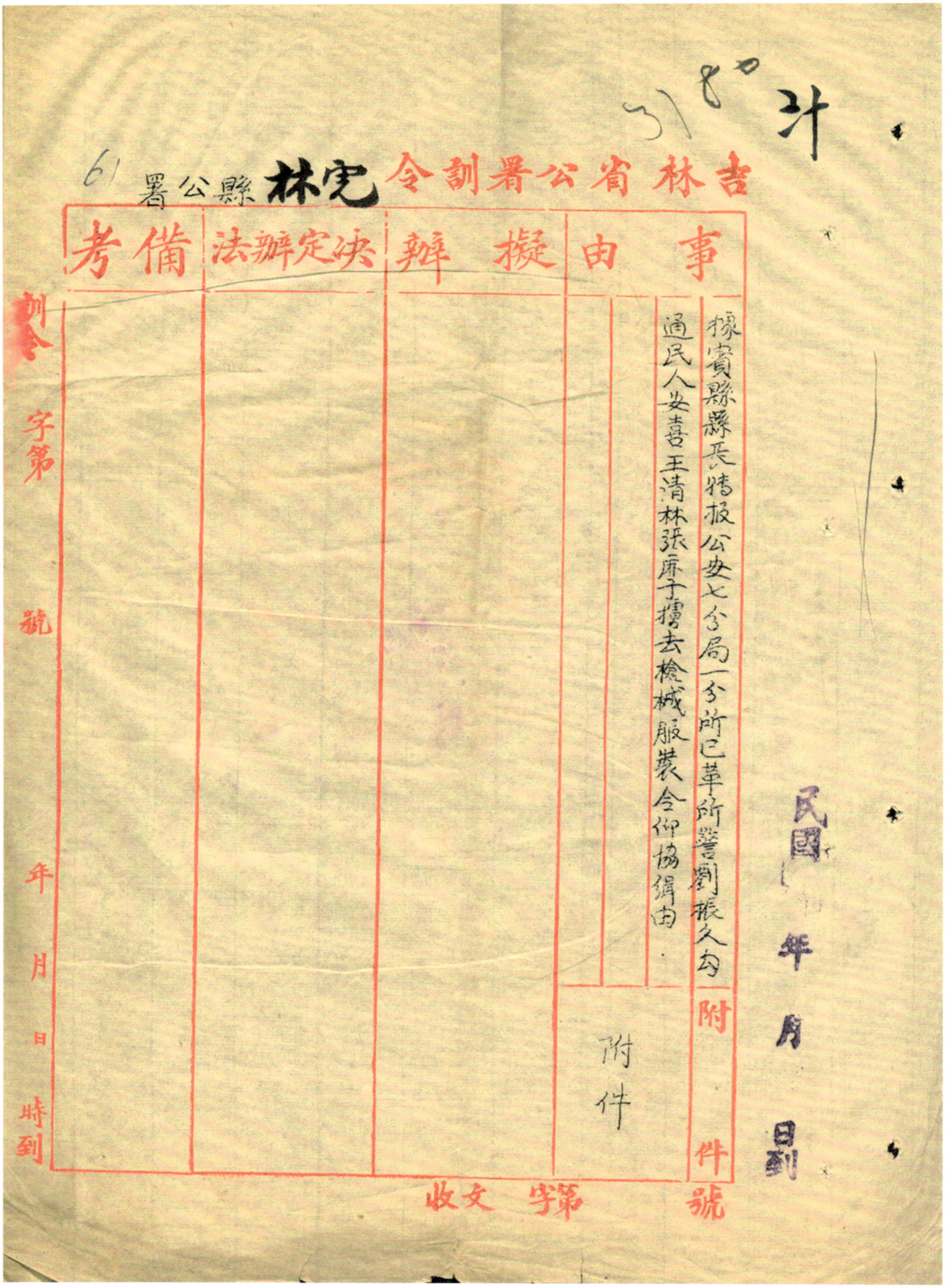
吉林省公署訓令

虎林縣公署

61

318

事由	擬辦	決定辦法	備考
據賓縣縣長特報公安七分局一分所已革所警劉振久勾通民人安喜王清林張廣才擄去槍械服裝令仰協緝由			

附件：附件

民國　年　月　日到

訓令　字第　號　年　月　日　時到

收文　字第　號

吉林省公署訓令

民字第433號

令虎林縣公署

案據賓縣縣長賈文凌轉據公安局局長周學詩呈稱職屬第七分局第一分所於本年三月一日下午八時突有附近住民安喜亦名安洛九及其鄰人王清林張麻子勾結潰兵六七十人各持大槍手槍有已革所警劉振久爲其眼線闖入分所開槍亂擊先將巡官打倒綑綁繼將長警等步槍六枝子彈二千三百餘粒並服裝等物盡數搶掠而去偵緝多日杳無踪迹理合開具年貌書及被搶槍械等物清單呈請通緝等情由局報縣呈請到署除指令該縣隨時查拿務獲並

62

分行外合亟抄粘年號書及清单令仰該縣即便遵照轉飭所屬一体協緝

此令

計抄粘年號書一紙清单一紙

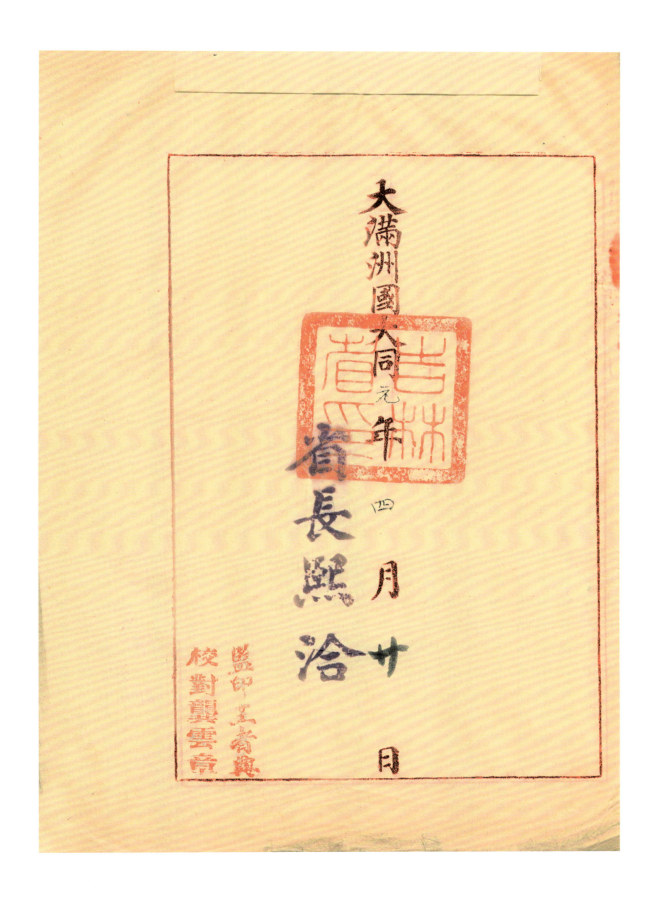

大滿洲國大同元年四月廿日

吉林省印

省長熙洽

監印王青興

校對龔雲章

面貌書

劉振久年三十歲海城人身長五尺面白無麻鬚

安喜亦名安洛九年歲不詳賓縣人身長五尺面黑黃無麻鬚

王青林年歲不詳賓縣人身長五尺面黃無麻鬚

張麻子有麻無鬚

伪吉林省公署为协缉敦化县逃出的保卫总队七名步兵事给伪虎林县政府的训令（一九三二年五月六日）

107

吉林省公署訓令 虎林縣 56

3182

事由	擬辦	決定辦法	備考
據敦化縣呈報保衛步兵正隊逃出長丁七名並拐去槍彈服裝等項請通緝訓令協緝 附件：肖貌表一紙			

收文 字第 號

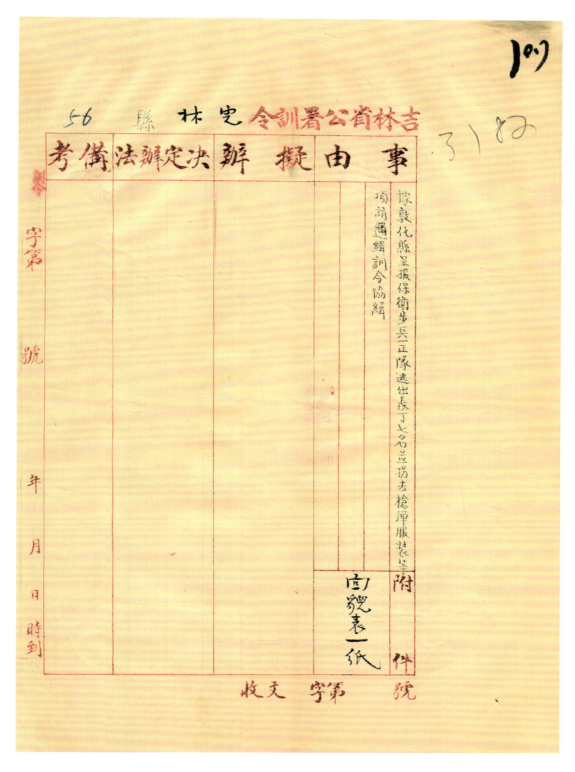

字第 號 年 月 日 時到

吉林省公署訓令

民字第573號

令虎林縣公署

案照大同元年四月二十七日據敦化縣縣長彭壽轉據保衛總隊報稱本年四月十一日步兵第一隊班長孫德勝及團丁六名均携帶武裝聽從救國軍誘脅同逃查追多日迄未弋獲理合開具面貌表呈請通緝等情由縣轉呈到署除指令並分行外合行抄粘原表令仰該縣即便飭屬協緝務獲解究此令

計抄粘面貌表一紙

大滿洲國大同元年 五 月 六 日

省長熙洽

監印王者興

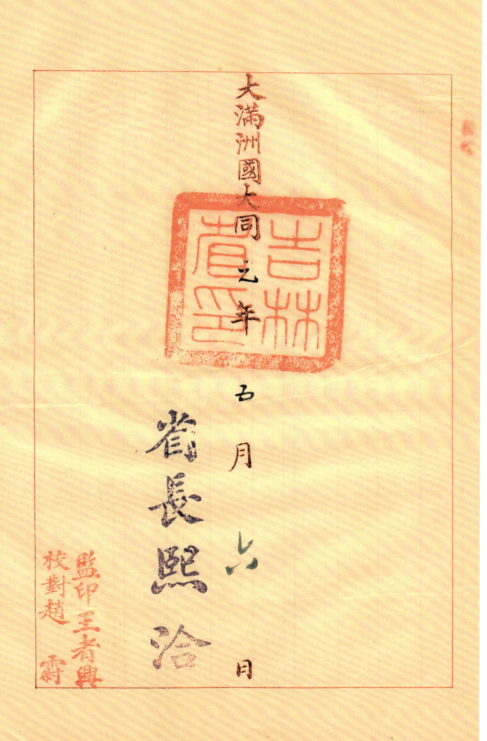

校對趙霨

伪吉林省公署为协缉长春县张守业等四名事给伪虎林县政府的训令（一九三二年五月二十八日）

附：年貌书

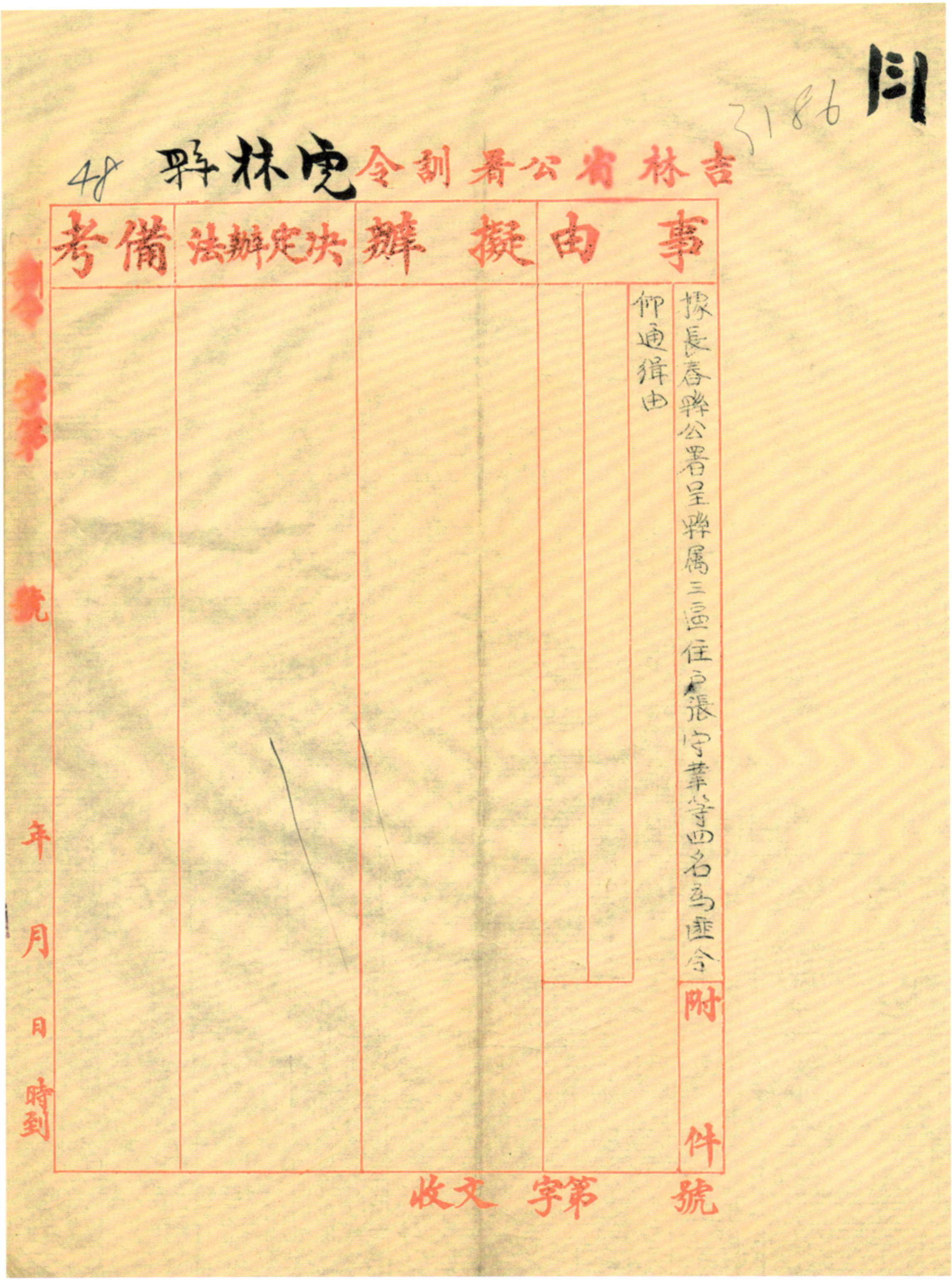
闫

3186

48 虎林縣 吉林省公署訓令

事由	擬辦	決定辦法	備考
據長春縣公署呈報屬三區住戶張守業等四名爲匪令仰通緝由			

附件

收文 字第 號

訓令 字第 號

年 月 日 時到

吉林省公署訓令

民字第 664 號

令虎林縣

案據長春縣縣長祖福廣轉據公安局局長張瑞和呈稱職屬第三分局管界王家屯住戶張守業徐懷亮張永林馬家窩堡屯住戶張巨財於上月下旬先後被入匪幫為匪由各家屬至分局自行檢舉偵緝多日迄未弋獲理合取具切結並開具該匪等年貌書呈請通緝等情由局報縣呈轉到署除指令該縣仍隨時查拿務獲並分令外合亟抄粘年貌書令仰該縣即便遵照轉飭所屬一體協緝此令

計抄粘年貌書一紙

匪人年貌書

姓名	年歲	籍貫	身高	面形色	有無麻鬍	特誌
張守華	二十四	長春縣鄉三區王家屯	五尺	淡紅	無	無
佟懷亮	二十八	仝	五尺	淡黃色	無	無
張巨財	二十九	仝	五尺二寸	淡黃色	無	無
張永林	二十四	仝	五尺	黑色	無	腰彎

說明

大滿洲國大同元年五月廿八日

省長熙洽

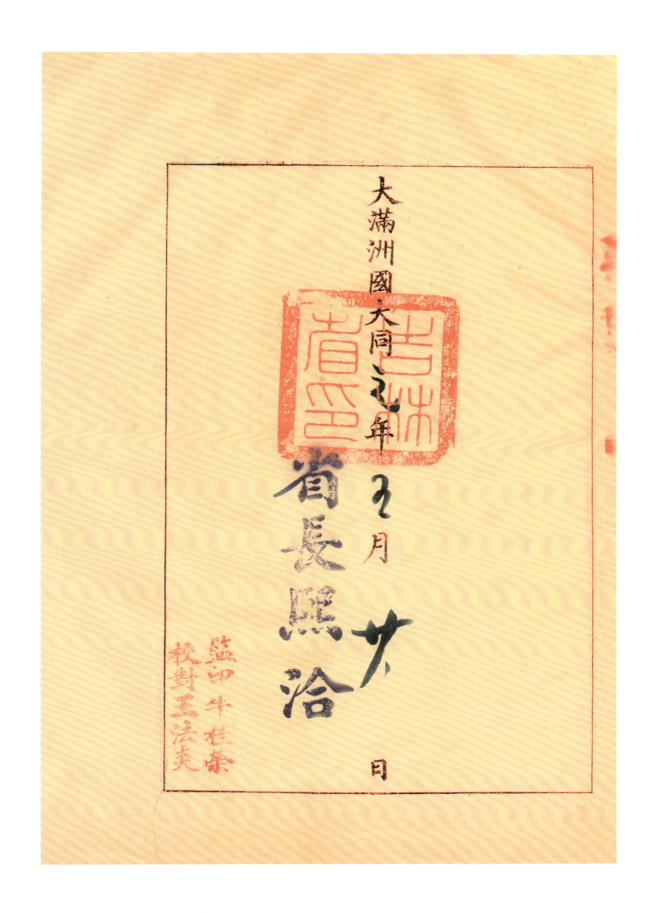

監印牛桂黎
校對王法炎

伪吉林省公署为严缉桦川县伪县长张锡侯事给伪虎林县公署的训令（一九三二年六月三日）

26

吉林省公署訓令 虎林縣公署

事由	擬辦	決定辦法	備考
爲樺川縣匪兜現告肅清偽縣長張錫侯脅迫良民圖謀不軌自應通令嚴緝令仰該縣遵照由			

附件

訓令 字第 號

年 月 日 時到

收文 字第 號

吉林省公署訓令

民字第701號

令虎林縣公署

案照樺川匪党現告肅清偽縣長張錫侯脅迫良民圖謀不軌自應通令嚴緝以期必獲而便究辦除分行外合亟令仰該縣遵照此令

大滿洲國大同元年六月二日

省長熙洽

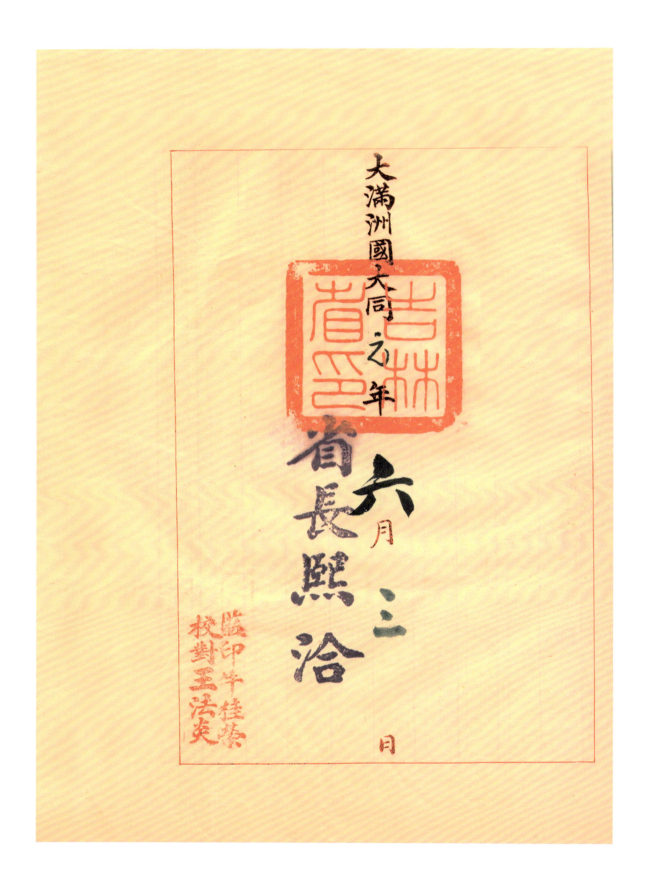

監印牛桂棻
校對王法炎

伪吉林省公署为协缉珲春县保卫三队逃兵李德玉等八名事给伪虎林县公署的训令（一九三二年六月七日）

附：逃兵年貌书

40

吉林省公署訓令虎林縣公署

事由	擬辦	決定辦法	備考
據琿春縣報請通緝保衛三隊逃兵李德玉等八名訓令協緝由			
附件：年貌書一紙			

年　月　日　時到

號第　字收文

訓令　民字第715號

令虎林縣公署

案照大同元年五月二十三日據琿春縣縣長姜相臣轉據保衛總隊長關石玉呈稱保衛第三隊隊兵李德玉劉兆永郎鳳山祖慶海關富山王英德楊常勝鐵滿財等八名于本年四月二十五六兩日先後携裝潛逃查追多日迄未獲理合開具年貌書呈請通緝等情由縣轉呈到署除指令並分行外合行抄粘年貌書令仰該縣即便轉飭所屬一体協緝務獲解究此令

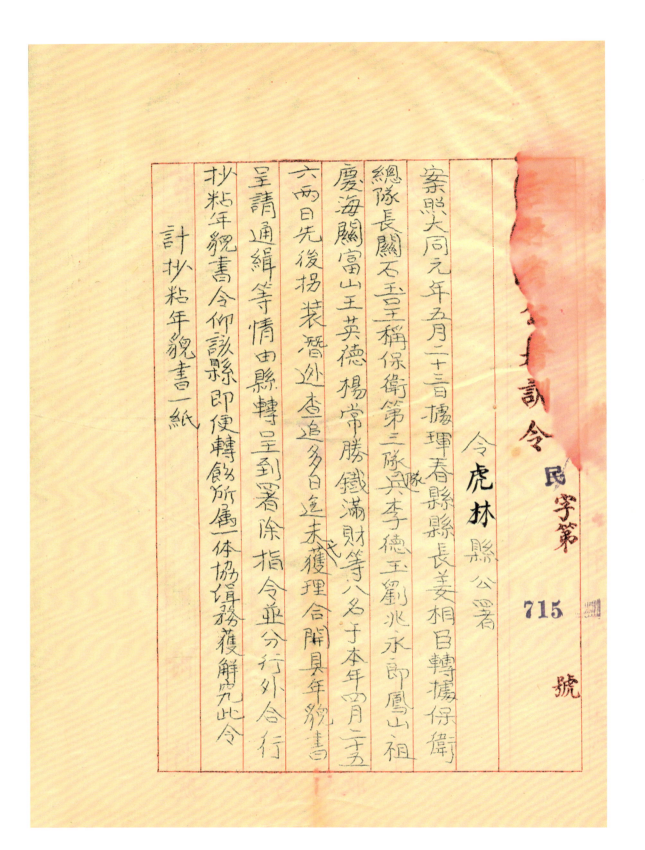

計抄粘年貌書一紙

逃兵年貌書

姓名	年籍	身貌	携物	備考
李德玉	二十四歲 琿春縣人	身長五尺面白 臉無麻鬚	單衣一套 軍帽一頂 皮帶一條 裹腿一付 吼拉一双	
劉兆永	三十二歲 琿春縣人	身長五尺圓白 臉有麻微鬚	單衣三套 軍帽一頂 皮帶一條 裹腿一付 吼拉一双	
郎鳳山	二十三歲 琿春縣人	身長五尺長黃 臉無麻鬚	單衣三套 軍帽一頂 皮帶一條 裹腿一付 吼拉一双	
祖慶海	二十二歲 琿春縣人	身長五尺長白 臉無麻鬚	單衣三套 軍帽一頂 皮帶一條 裹腿一付 吼拉一双	
閻富山	三十九歲 琿春縣人	身長五尺長白 臉無麻有鬚	同上	
王英德	三十七歲 琿春縣人	身長五尺圓黃 臉無麻有鬚	同上	
楊常勝	二十七歲 琿春縣人	身長五尺長白 臉無麻鬚	單衣三套 軍帽一頂 皮帶一條 裹腿一付 吼拉一双	
鐵滿財	二十七歲 琿春縣人	身長五尺圓黑 臉有麻無鬚	單衣一套 軍帽一頂 皮帶一條 裹腿一付 吼拉一双	

大滿洲國大同元年六月　日

省長熙洽

監印牛桂榮

校對王法炎

伪吉林省公署为警团驻扎地点表应缮写两份分送省署及警备司令部查核事给伪虎林县公署的训令
（一九三二年六月十二日）

吉林省公署訓令 虎林縣公署 26

事由	擬辦	決定辦法	備考
令各縣嗣後警團駐紮地點表應繕兩份分送省署警備司令部分別查核由 附件			

號 第 字 收文

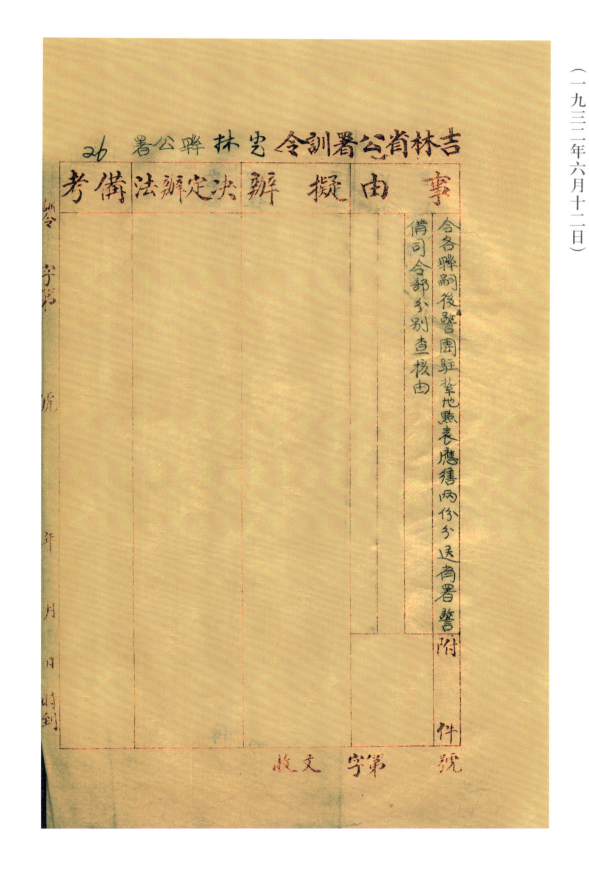

訓令 字第 號 年 月 日 時到

吉林省公署訓令

民字第745號

令虎林縣公署

案照本署前以各縣警團兵力暨駐紮地點與軍政民政均有密切關係曾經通令將每月報告表各填二份送備分轉軍民兩廳考核在案茲查吉林警備司令部現已成立本署原設之軍政廳并於本年五月三十一日解組嗣後各辦各事此項警團各表自應每月仍繕二份以一份呈送本署其餘一份即由縣逕呈司令部備核以昭捷便仰即遵照辦理此令

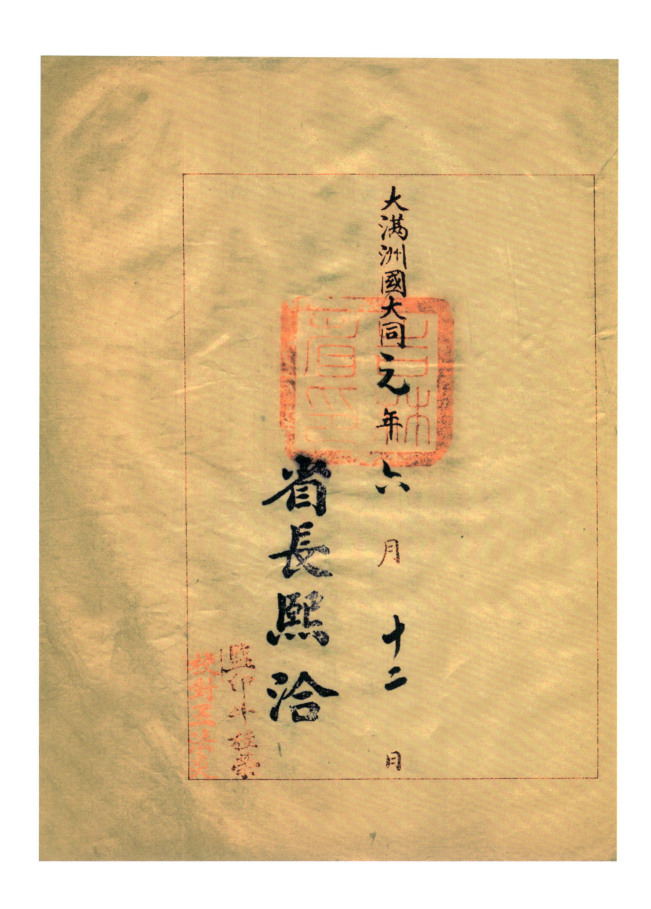

大滿洲國大同元年六月十二日

省長熙洽

監印牛桂棨

校對王清奕

伪吉林省公署为颁发通谕「反动」官兵文布告张贴具报事给伪虎林县公署的训令（一九三二年六月十二日）

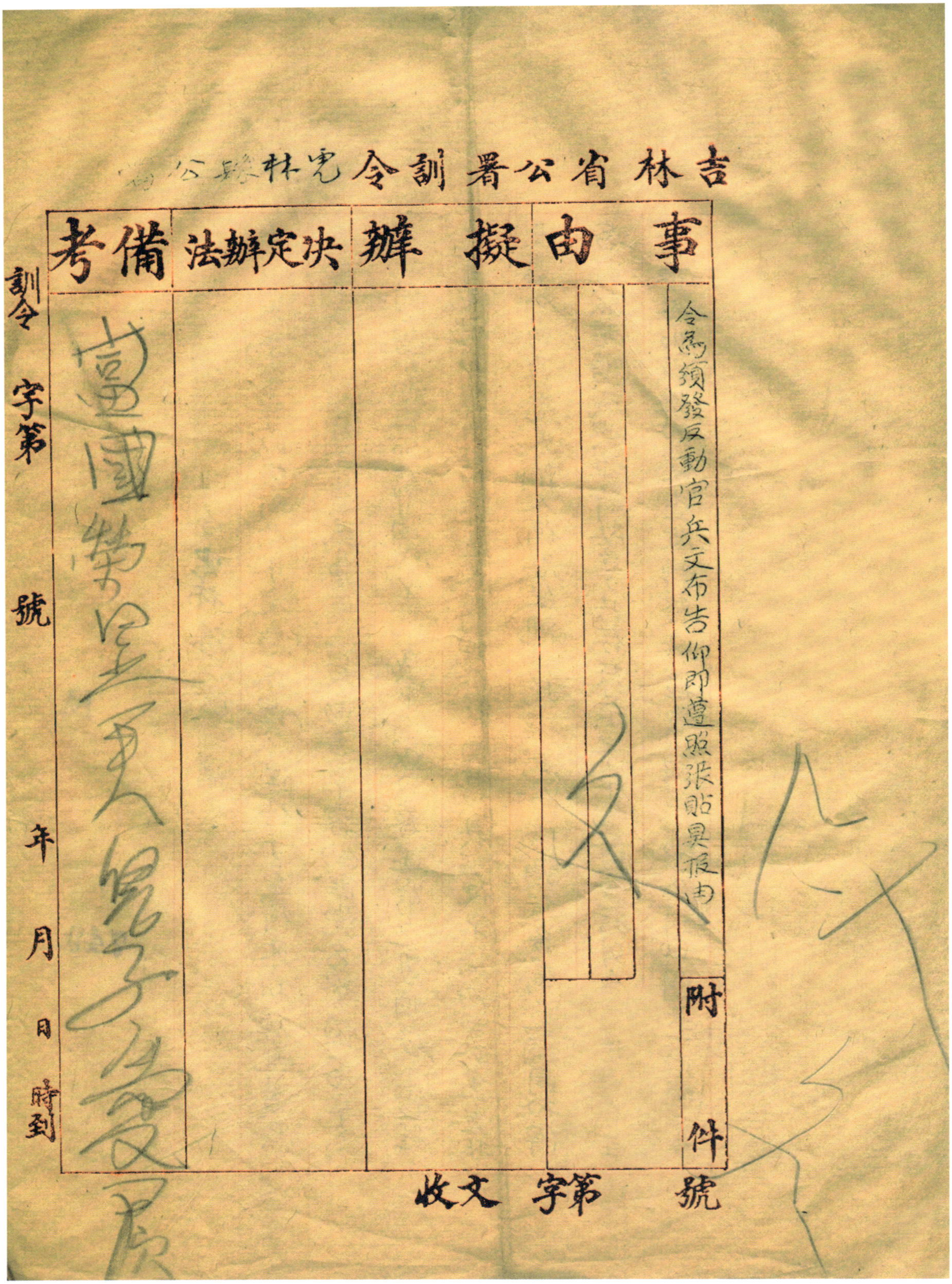
吉林省公署訓令 虎林縣公署

事由	擬辦	決定辦法	備考
令為頒發反動官兵文布告仰即遵照張貼具報由			

附件

收文 字第 號

訓令 字第 號

年 月 日 時到

吉林省公署訓令 民字第749號

令虎林縣公署

案照上年事變以後時局未定人心恟惶不逞份子遂得乘机煽乱苦我同胞今則新邦丕造民意有归反動各軍容納匪党名譽墮落卒爲人民所共棄近且節節潰敗不能成軍已成日暮途窮之勢順存逆亡理已可見健兒男兒前途遠大設猶暴棄自甘供其驅使不惜同归於盡豈非至愚本省長悲天憫人何忍坐視特此撰就布告須行各屬通諭周知俾各翻然醒悟咸與維新以享共存共榮之幸福除分行外合亟檢同布告一百張令仰該縣即便查收轉發各區實行張貼奉到日期暨張貼處

所仍被備查此令

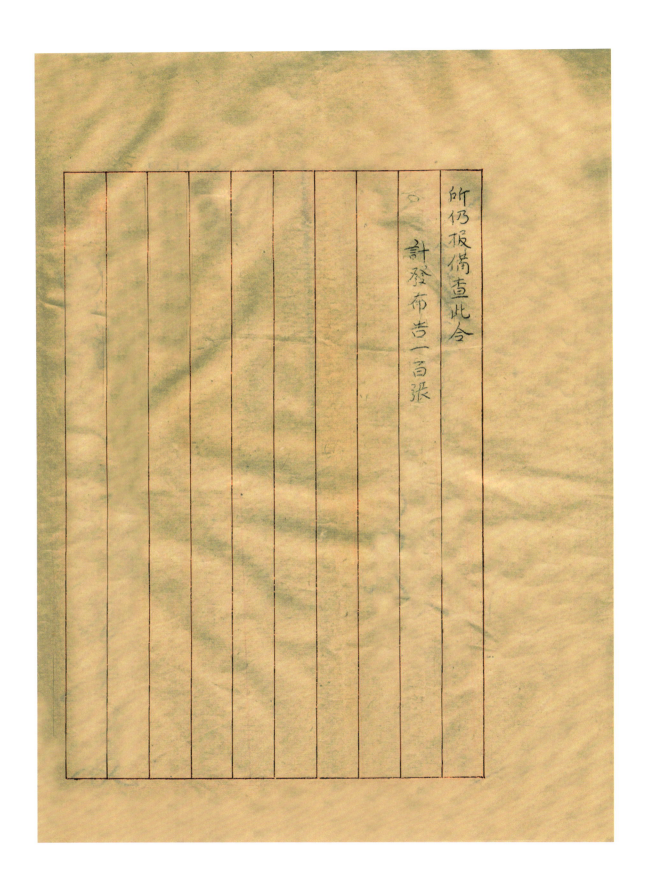

計發布告一百張

大滿洲國大同元年六月十二日

吉林省長

省長熙洽

監印牛桂榮

校對王法奐

伪吉林省公署为调查从前陆军所属产业以及旧军阀遗产绘图列单给伪虎林县公署的训令（一九三二年六月十二日）

吉林省公署訓令　虎林縣公署

事由	擬辦	決定辦法	備考
軍政部感代電為調查舊軍閥遺產數目地點繪圖列單見覆 轉飭遵照由			
附件			

收文第　字第　號

訓令　字第　號　年　月　日　時刻

吉林省公署訓令

民字第746號

令寬林縣公署

案准

軍政部感代電開查我國家自成立以來關於從前在各處陸軍所屬公用產業（各官署各軍用營房在內）以及舊軍閥遺產類如房屋土地等項本部急待調查詳確以便整理而重公產相應電請貴公署查照速將管轄區內上述公產數目地点詳細分別繪圖列單見復以憑核辦至級公誼等因准此查關於各處陸軍所屬之公用產業現已電轉吉林警備司令部查復他若舊軍閥隸屬於各縣各處之遺產究有幾何

向属何人现作何用並经何处为之保管自应饬速详细调查分别绘图列

单呈候汇转除分行外合亟令仰该县即便遵照查复毋延勿延此令

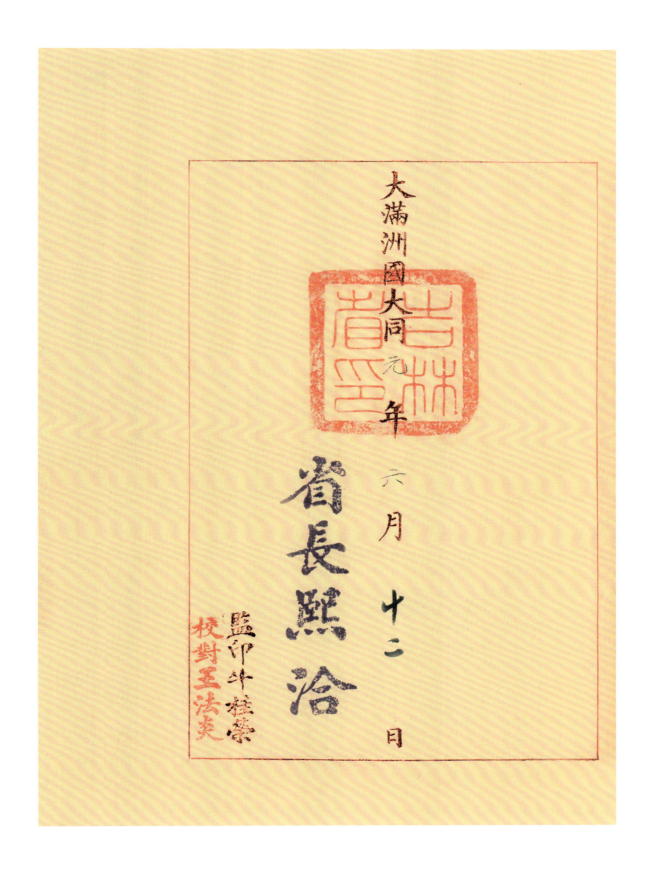

大滿洲國大同元年六月十二日

省長熙洽

監印牛桂榮

校對王法炎

伪吉林全省保卫团管理处为该处归省公署同署办公事给伪虎林县县长的训令（一九三二年六月二十日）

160

53

吉林全省保衛團管理處訓令虎林縣縣長

事由	擬辦	決定辦法	備考
為自本年七月一日起歸省公署同署辦公分 令知照由			

附件

訓令　字第　號

年　月　日　時到

收文　字第　號

吉林全省保衛團管理處訓令　字第309號

令虎林縣縣長

案奉

吉林省公署民字第八六一號訓令內開案照警務教育實業各廳自本年七月一日起與總務民政兩廳統歸省公署同署辦公前已有令行知該廳在案所有該處一切事件核與警務有連帶關係自應一併歸署辦理以免紛歧除分行警務廳外合亟令仰該處遵照此令等因奉此除遵照辦理並分行外合令仰該縣長即便轉飭知照此令

大滿洲國大同元年六月廿日

總務長趙[illegible]

伪吉林全省保卫团管理处为各团队因他事外出与剿匪无关者应由县填发办公护照事给伪虎林县公署的训令

（一九三二年六月二十日）

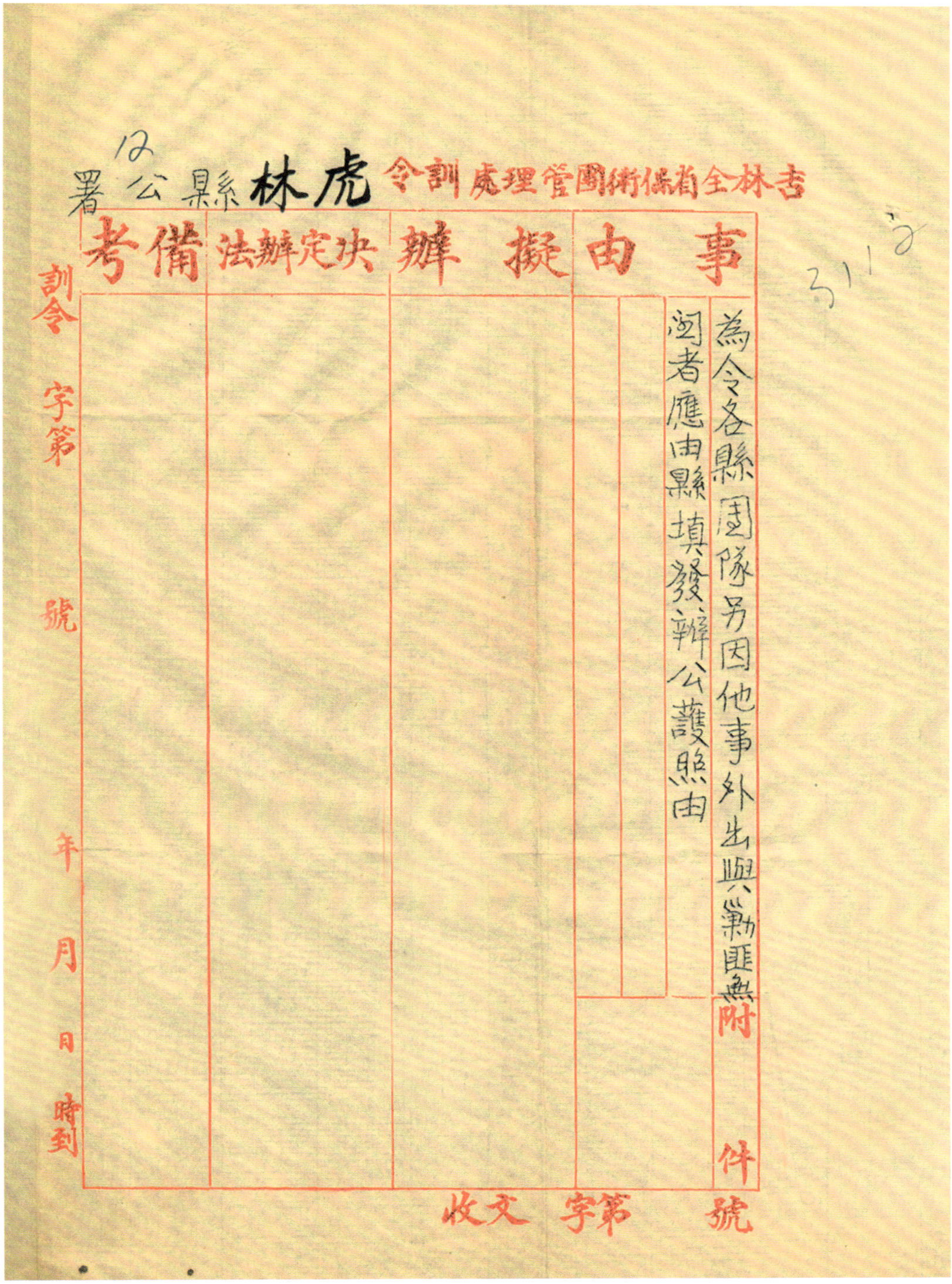

12

吉林全省保衛團管理處訓令 虎林縣公署

事由	擬辦	決定辦法	備考
為令各縣團隊另因他事外出與剿匪無關者應由縣填發辦公護照由			

附件

收文 字第 號

訓令 字第 號

年 月 日 時到

吉林全省保衛團管理處訓令　字第 290 號

令虎林縣公署

案查各縣保衛團隊因剿匪出境應一律携帶越境剿匪證書業經行知在案惟查各團隊或另因他事外出亦應持有憑據以資証明茲特規定嗣後各團隊如因他事外出與剿匪無關者應由各該縣長填發辦公護照以備沿途查驗而示區別除分行外合行令仰該縣長即便飭屬遵照辦理此令

大滿洲國大同元年六月 日

伪吉林省公署为协缉德惠县徐宝轩事给伪虎林县公署的训令（一九三二年七月二日）

附：年貌书

吉林省公署訓令 虎林縣公署

事由	擬辦	決定辦法	備考
由 據德惠縣轉報七區泡子沿屯民人徐寶軒爲匪情形令仰協緝 附 件			

字第 號 年 月 日 時到

收文 字第 號

吉林省公署訓令

民字第869號

令吉林縣公署

案據德惠縣縣長龐仙芝轉據第七區臨時預備團保董朱希庸呈稱管界泡子沿屯民人徐寶軒於舊歷四月二十五日投入三江好匪黨為匪由其父徐維則來所檢舉覆查屬實偵緝多日迄未弋獲理合取具年貌書請予通緝等情由所據縣呈轉到署除指令該縣仍隨時查拏務獲並分令外合亟抄粘年貌書令仰該縣即便遵照轉飭所屬一體協緝此令

計抄粘年貌書一紙

34

為匪年貌書

姓名	徐寶軒
年歲	二十八歲
籍貫	德惠縣第七區泡子沿屯人
身貌	中等個面黄無麻鬍
說明	

大滿洲國大同乙年〤月二日

省長熙洽

吉林省長

監印牛桂榮
校對王法堯

伪吉林省公署为购领械弹应由省署转行警备司令部核办事给伪虎林县公署的训令（一九三二年七月十二日）

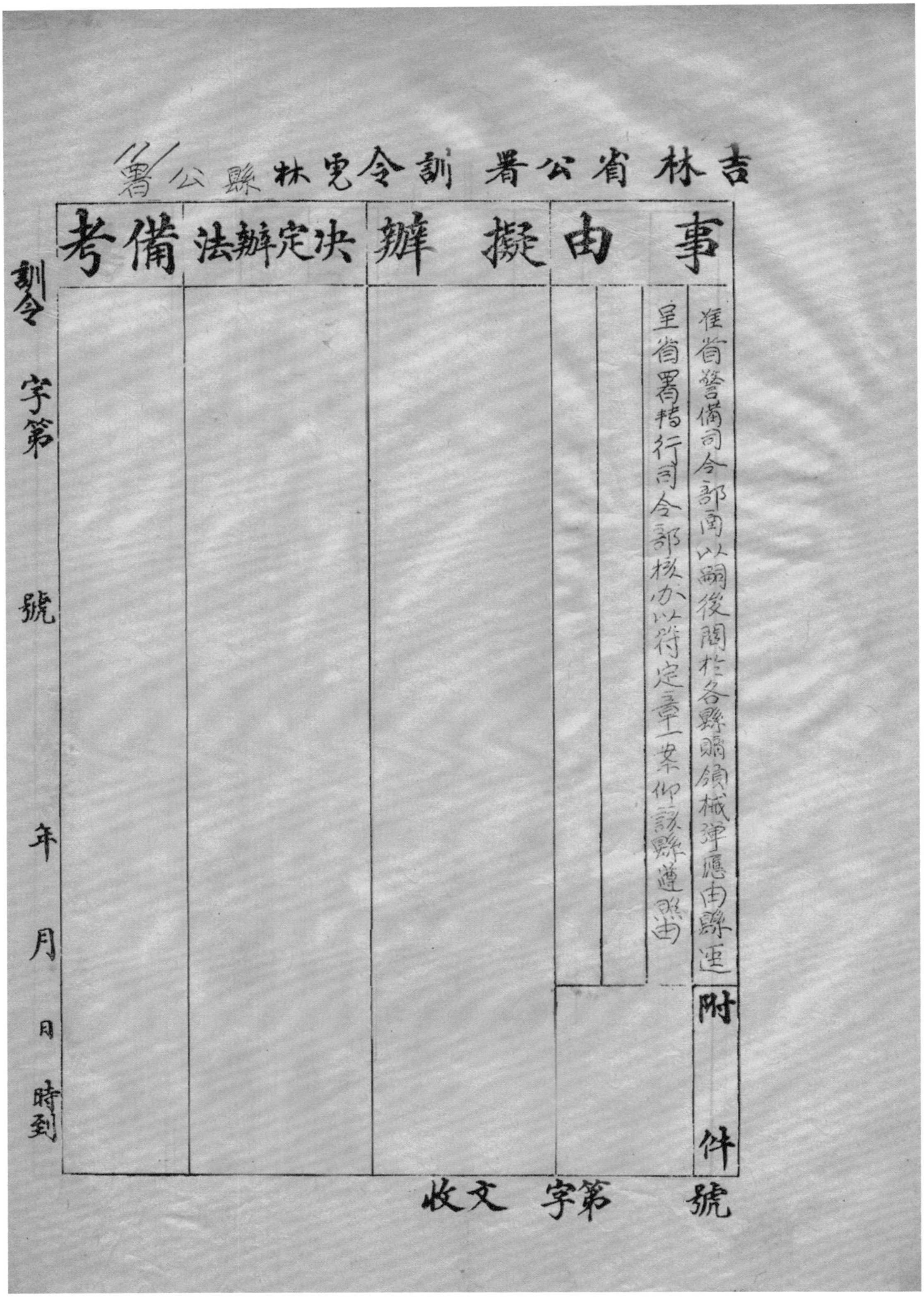
11/

吉林省公署训令虎林县公署

事由：准省警備司令部函以嗣後關於各縣購領械彈應由縣運呈省署轉行司令部核办以符定章一案仰該縣遵照由

附件

擬辦

決定辦法

備考

訓令 字第 號

年 月 日 時到

收文 字第 號

吉林省公署訓令

民字第47號

令虎林縣公署

案准

吉林省警備司令部第三四七號函開關於各縣購領械彈應由縣逕呈省公署轉行司令部核辦以符定章等因到署除令行外合亟令仰該縣即便知照此令

大滿洲國大同元年七月十二日

省長熙洽

民政廳長王 惕

校對徐 禎

總校對趙 霨

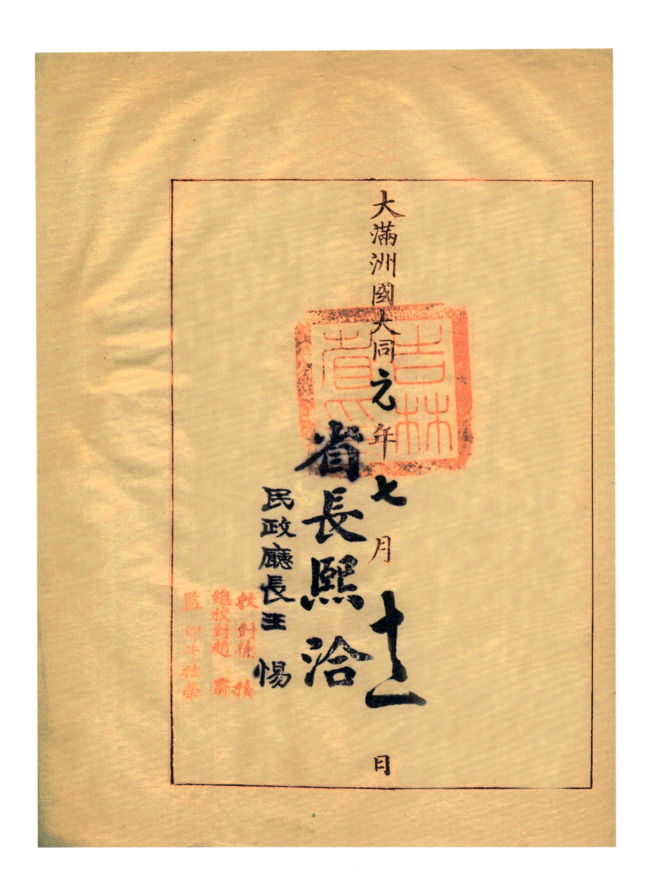

監印牛桂榮

伪吉林省公署为严防东北边防义勇军巡抚使丁某入满活动事给伪虎林县公署的训令（一九三二年八月二十日）

吉林省公署訓令　虎林縣公署　95

事由	擬辦	決定辦法	備考
為准駐吉日本總領事館警察署密函通報東北邊防義勇軍巡撫使丁某入滿訛令嚴防由			
附件			

令　字第　號　年　月　日　時到

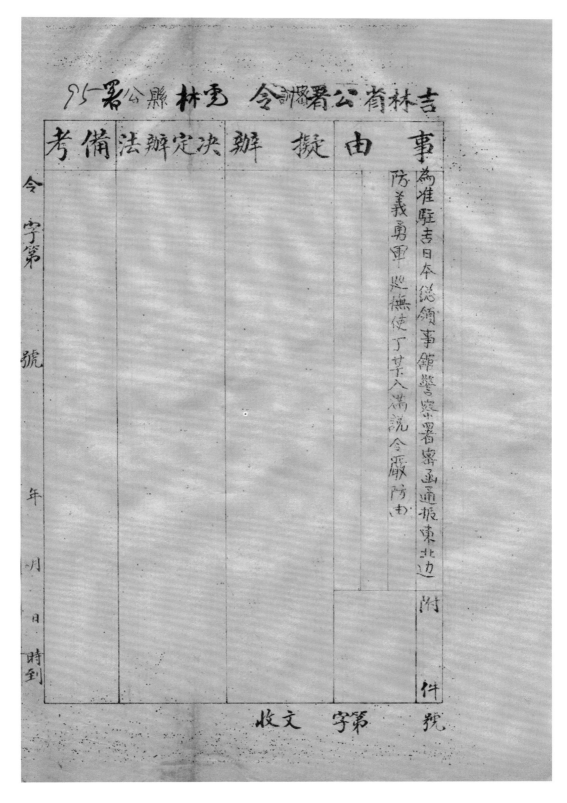

收文　字第　號

吉林省公署警訓令

警字第122號

令虎林縣公署

警務廳案呈准駐吉日本總領事館警察署密函第一三九三號開逕啟者頃據諜報奉天北大營之敗將王以哲近受張學良密令網羅各地匪團編為東北边防義勇軍期於滿洲事变一週年之九月十八日前後一同襲擊滿洲各城市企圖奪回滿洲王以哲已於七月中旬任命同志丁某為東北边防義勇軍巡撫使給與軍費四十萬元丁某帶同随員三十餘名於七月十八日潛入滿洲該丁某等並携有張學良

致丁超李杜王德林宫長海馮占海等之手書密令說等
情據此除分報外相應函請查照等因到署除咨行省
警備司令部暨分令外合行令仰該縣長即便遵照
飭屬一体注意嚴加防範此令

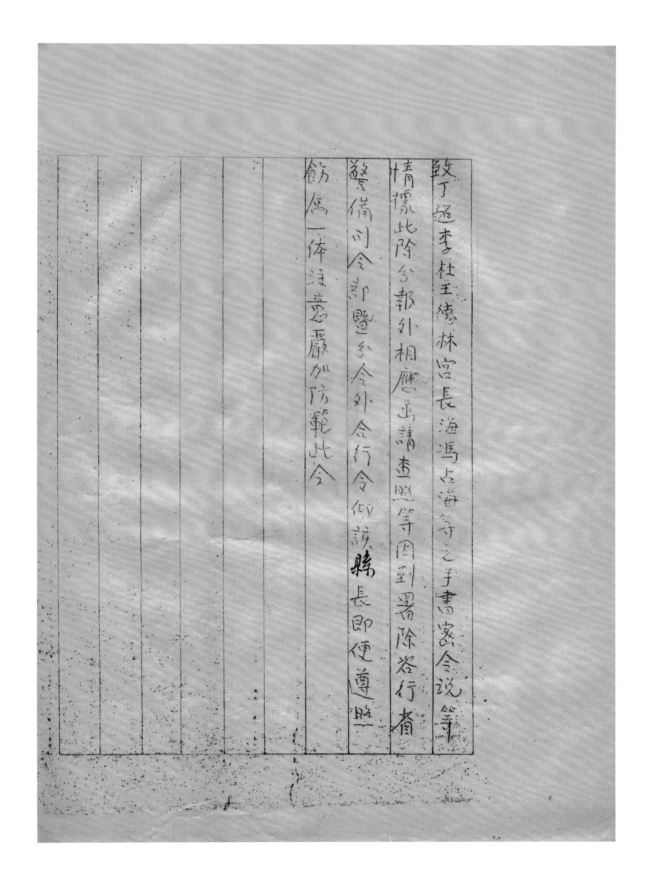

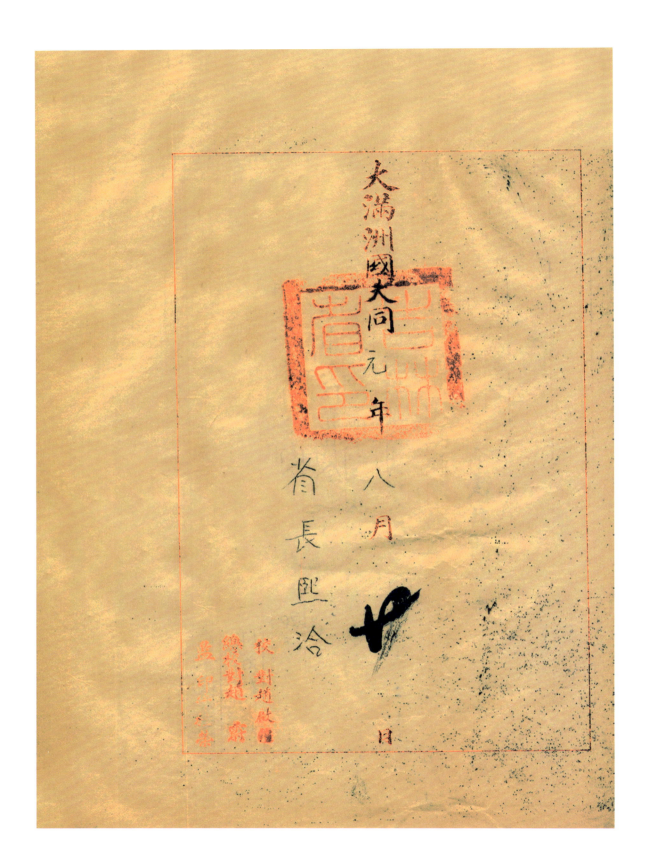

大滿洲國大同元年八月　日

省長熙洽

校對趙啟[illegible]

總校對趙[illegible]齋

監印[illegible]榮

伪吉林省公署为协缉榆树县保卫游击各队叛变人员事给伪虎林县公署的训令（一九三二年八月二十三日）

吉林省公署訓令　虎林縣公署

事由	擬辦	決定辦法	備考
為據榆樹縣呈報保衛游擊各隊乘机叛變情賜通緝等情通令一律協緝由			
附件			

訓令　字第　號　年　月　日　時到

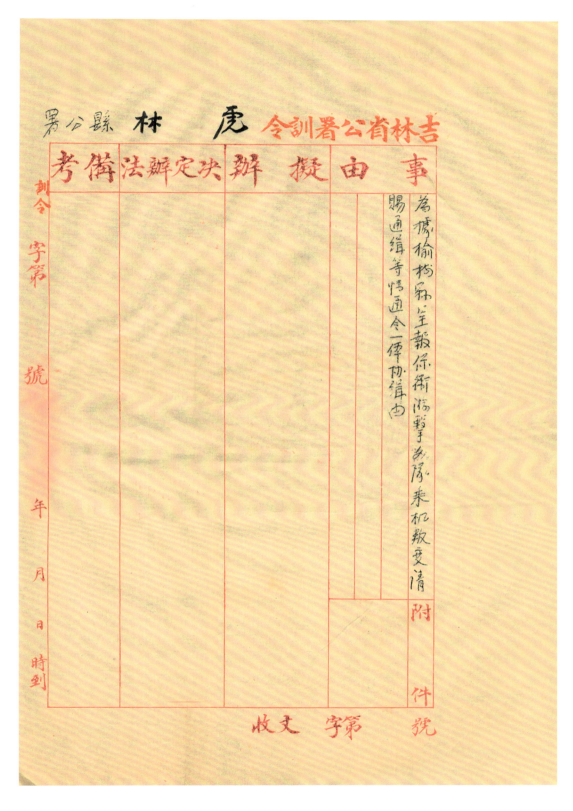

收文　字第　號

吉林省公署訓令

保字第128號

令虎林縣縣長

案據榆樹縣長姜恩之呈據保衛總隊長于廷科文代電稱反軍馮宫等逆敗退後據所屬保衛步五隊隊長宋景文回部報稱該隊隊附秦海川陳德勝於上月二十九日奉令調縣之時竟率同全武裝士兵四十七名槍五十八支叛變向西江灣窜去旋又據收編騎兵游击馬一隊隊附高惠民禀報該隊隊附徐景陽於反軍攻城之際率同全隊士兵六十餘名將隊長周景春綁擄挾出又據游擊馬二隊隊長王河報告該隊目兵五十餘名乘縣内荒亂之時竟行嘩变惟隊

長隊附等未敢綁擄各等情據此除分令各隊嚴防並將拐去槍
械服裝細數另行造冊彙報外謹先具電報聞等情據此查各該
保衛隊官兵竟敢違棄職責乘机叛變不但拐去械彈服裝且又
蹂躪閭閻罪大惡極法不容誅除指令嚴限十日內跟踪跴緝務盡
弋獲送究以靖地方並分呈吉林警備司令部暨咨令軍警鄰封
俾堵勦外所有保衛步兵等隊叛變各緣由理合呈請鑒核通緝
等情據此查各該隊官兵竟敢乘机叛變實屬目無法紀殊堪
痛恨除指令督屬嚴勒外合行令仰該縣長即便遵照轉飭所
屬各警團一體協緝務獲解究此令

大滿洲國大同元年八月廿三日

吉林省印

省長熙洽

校對楊滋森

總校對趙霨

監印[illegible]

伪吉林省公署为查缉蒋张军事顾问玛卡洛夫组织义勇军入满事给伪虎林县公署的训令（一九三二年八月二十五日）

吉林省公署训令虎林县公署

事由：为警务厅案呈准奉天警务厅函报蒋张军事顾问玛卡洛夫组织义勇军入满令查缉由

附件

拟办

决定办法

备考

收文字第　　号

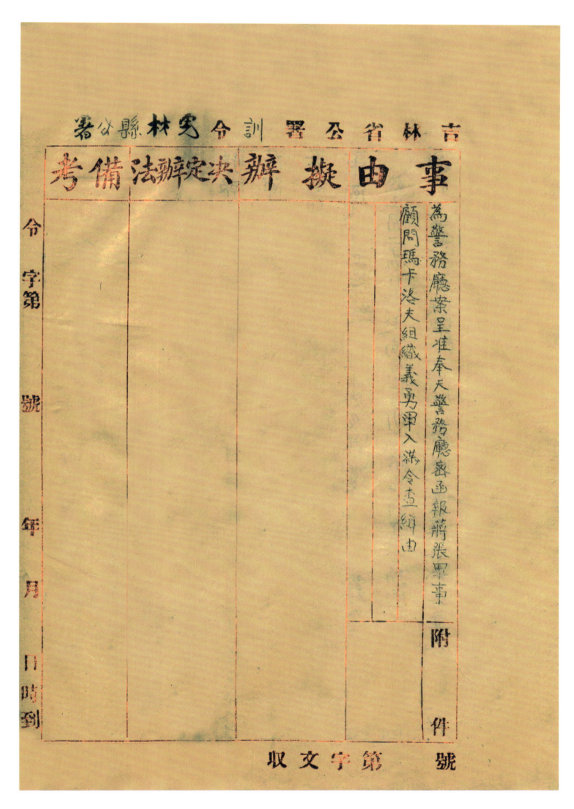

令　字第　　号　　年　　月　　日　时到

吉林省公署訓令

警字第140號

令虎林縣公署

警務廳案呈准奉天省公署警務廳秘函開逕啟者據最近所得情報蔣介石張學良計畫以其軍事顧问瑪卡洛夫（白党俄人舊陸軍少将）抗乱滿洲國以蘇人（不論赤党白党）一千人中國人五百名組織部隊更以此編成二十の、個部隊瑪卡洛夫為総指揮目下中國人業已募齊正在上海及其他各地招募蘇人中查瑪卡洛夫於上月二十四日特赴南京有所協議已将集合所需之旅費以美國銀行支票領到俟招募竣事即發旅費集合於各集合地以便秘

密潛入滿洲國內等情據此除通飭所屬嚴密注意偵查赤白
俄人動靜並呈報及分函外相應函請查照參考再本件係由
某方所得之情報事屬秘密勿向新聞界發表為荷等因到
署除咨行警備司令部并分令外合行令仰該縣長即便遵
照督飭所屬嚴密查緝毋任潛入以杜亂源是為至要併將辦理
情形報奪此令

大滿洲國大同元年八月　日

省長熙洽

校對劉啟瑞

總校對趙蔚

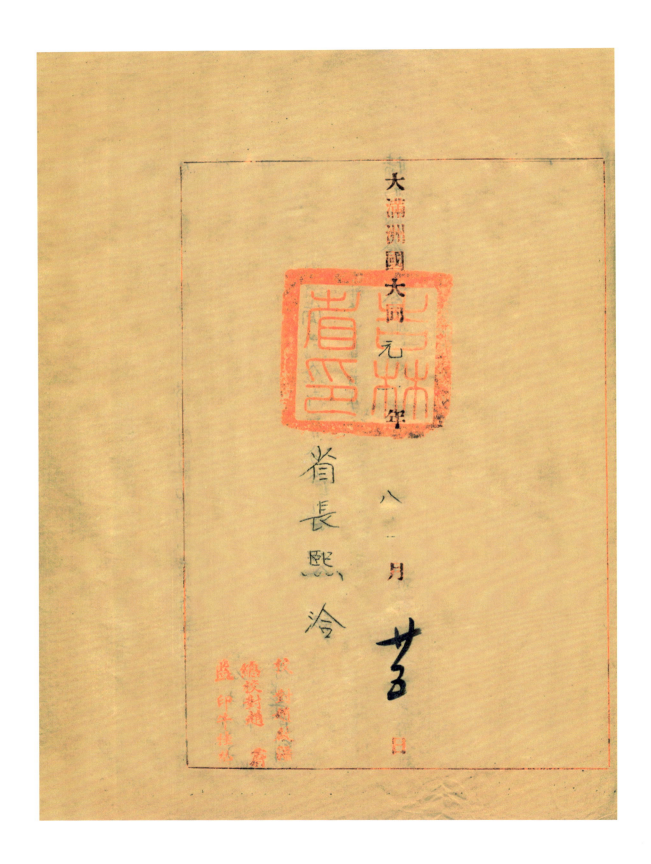

監印牛桂林

伪吉林省公署为注意美国宣教师耶德瓦特伊司卡卜来满视察行动事给伪虎林县公署的指令
（一九三二年八月二十五日）

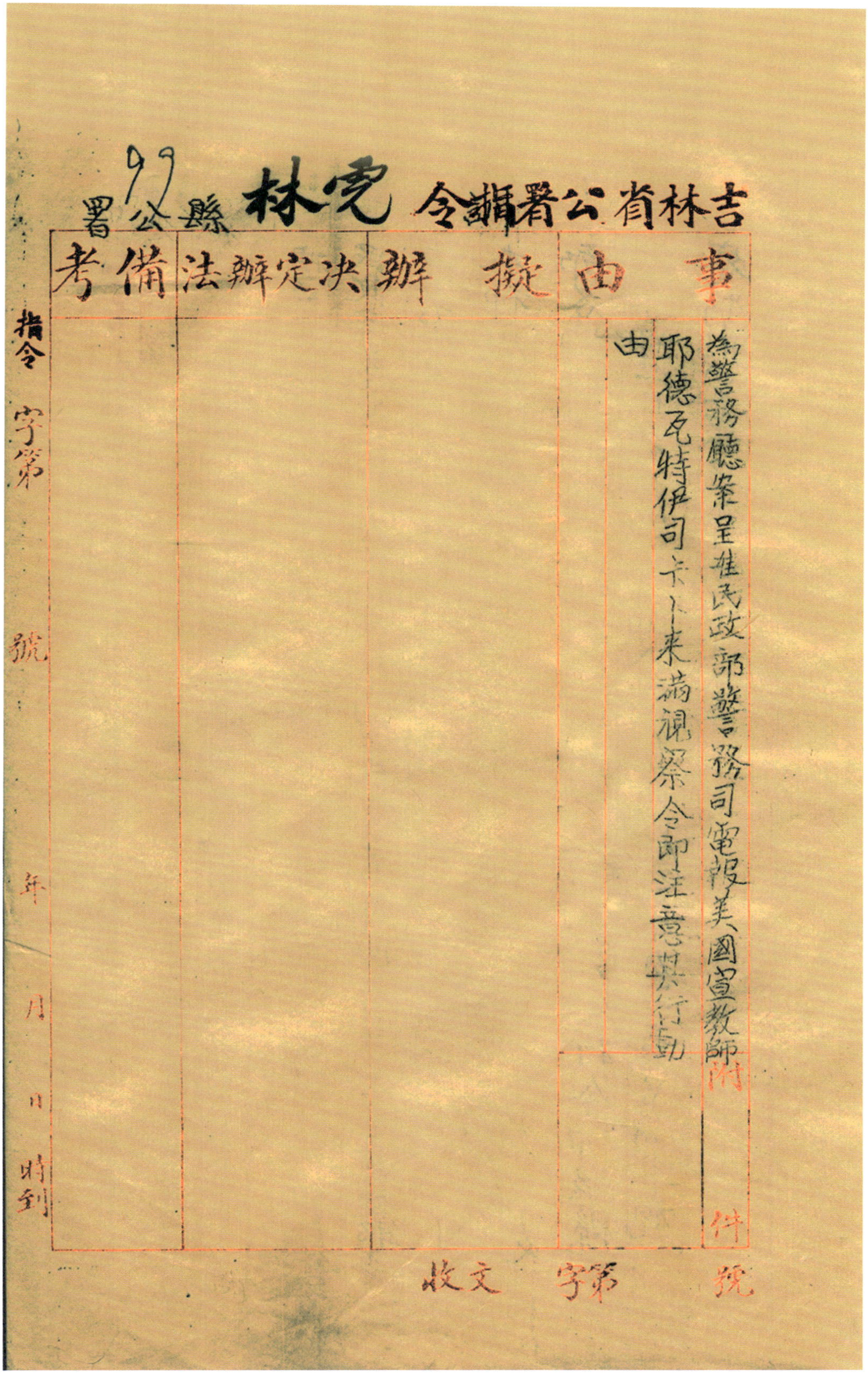

99

吉林省公署指令 虎林縣公署

事由	擬辦	決定辦法	備考
為警務廳案呈准民政部警務司電報美國宣教師耶德瓦特伊司卡卜來滿視察令即注意其行動由			

附件

指令 字第 號 年 月 日 時到

收文 字第 號

吉林省公署训令

警字第135號

令虎林縣縣長

准民政部警務司號電內開美國宣教師京師同志社大学教授耶德瓦特伊司卡卜年五十五岁同外一名於七月二十九日自日本神户乘船來滿由大連上陸擬以四十天之日程視察滿洲支部各地希即注意其行動等因到署除分令外合行令仰該縣即便遵照如果該宣教師入境視察即應嚴加注意並將其視察情形呈報核奪切切此令

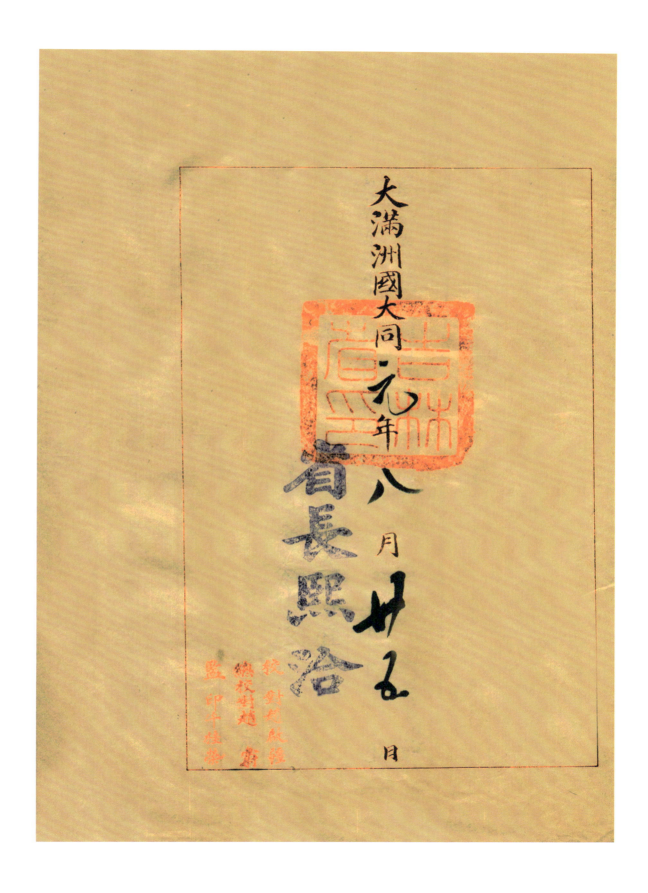

大滿洲國大同元年八月廿五日

省長熙洽

校對趙啟鍾

總校對趙爵

監印李桂榮

伪吉林省公署为协缉拐械潜逃的铁道守备队士兵王德信等人事给伪虎林县公署的训令（一九三二年八月二十七日）

吉林省公署訓令　虎林縣公署

事由	擬辦	決定辦法	備考
為准司令部咨以鐵道守備隊士兵王德信等拐逃仰飭屬協緝由			
附件			

令　字第　號　年　月　日　到

收文　字第　號

吉林省公署訓令　警字第145號

令
𪧐林縣公署

為通令事案准
吉林省警備司令部第二七號咨開為咨行事案據鐵道守備
隊司令官金璧東呈稱竊據第一隊隊長楊登舉呈據磐石第
一營營長趙鸞華呈稱案據職營二連連長徐鴻德呈稱案據
職連駐蔘𧯈站中尉連附李海山呈稱於六月六日早三時許
巡查二至四崗位時忽有八班下士王德信一等兵張鳳山五班
一等兵林清保七班一等兵張振東等四名竟敢乘隙𢷬械潛

逃遂經連附帶領士兵分途踪跡追緝去後安知附廓林森葉
茂恰值霪雨連綿跋涉維艱之辰搜巡多時杳無踪跡故將楊
去裝械等物列單報告前來查該站四面山深嶺疊向為盜
匪出没之區更係上下火車往來洞道險地以為此方雖極偏
小未出發前我營長早視作十分重要特派中少尉各一員分
任其責以昭慎重那想甫到數日發生肘腋之患實為意料不
及總之該逃兵等平素服務之勤勞處事之信讞同聲贊許
未識貌善心離演出醉生夢死自尋斷頭之舉知人難用用人
匪易殊屬可恨除由連長立乘八點客車親查伊等潛逃之
前並無現露任何所迫狀況當已拍用電話呈報除飭該連附

等仍行認真追緝毋稍鬆懈外理合將該士兵等拐械潛逃
情形繕具面貌書備文報請通緝等情前來除飭屬一體
嚴加協緝務獲解究送懲外理合將該逃兵等拐械潛逃情
形繕具面貌書備文呈請鑒核俯准予轉請通緝等情前
來查該士兵等竟敢拐械潛逃實屬目無法紀亟應呈請通
緝以儆效尤除飭所屬一體協緝務獲解究外理合檢同面
貌書備文呈請鑒核轉請通緝等情到部除飭屬嚴拿
務獲究辦外理合檢同面貌書備文呈請鑒核通緝施行
等情據此除指令並分令協緝外相應照抄面貌書咨行貴
公署查照飭屬一體協緝至級公誼計附面貌書一份等因

准此除分行外合行抄同面貌表令仰该县长即便转饬所属

各警团一体遵照协缉毋任远飏此令

计抄 面貌表乙份

大滿洲國大同元年八月廿七日

吉林省印

省長熙洽

校對趙啟疆
總校對趙霽
監印牛桂榮

伪吉林省公署为知照洮辽警备各团营旗帜式样给伪虎林县公署的训令（一九三二年八月三十一日）

吉林省公署訓令 虎林縣公署

事由	擬辦	決定辦法	備考
為軍政部規定洮遼警備各團營旗幟式樣通令知照由			
附件：旗式乙份			

令 字第 號 年 月 日 時到

收文 字第 號

吉林省公署訓令

警字第158號

令虎林縣公署

為令行事案准

吉林省警備司令部咨開為咨行事案奉

軍政部事字第十號訓令內開為通令事案據兆遼警備司令張海鵬呈稱竊查職部各支隊團連行將次第編成惟其任務均係警備地方勦辦匪患有時或全支隊出動有時或團連單獨出發經過地方若無標識旗幟以資識別誠恐與匪武裝胡匪無以區別難免不發生誤會查在前東北軍時代

各支隊團連曾有標識旗幟之規定尚稱便利今職部既編為滿洲
國軍可否由鈞部規定支隊團連之標識旗幟式樣令發職部俾
便遵照而資識別之處未敢擅便理合備文呈請鑒核俯准示遵
施行等情到部除由部規定式樣並指令外合亟檢同式樣令仰
該部即便飭屬一體知照此令等因奉此除分令直屬各部隊遵
照外相應咨請貴署查照飭知為荷等因准此除分行外合亟
抄附旗式之紙令仰該縣即便轉飭所屬一體知照此令

計抄發旗式之份

大滿洲國大同元年八月廿日

吉林省長

省長熙洽

校對趙啟疆

總校對趙　爵

監印李佳榮

伪吉林省公署为协缉「裹掳」双城县步三队的反吉军事给伪虎林县公署的训令（一九三二年八月三十一日）

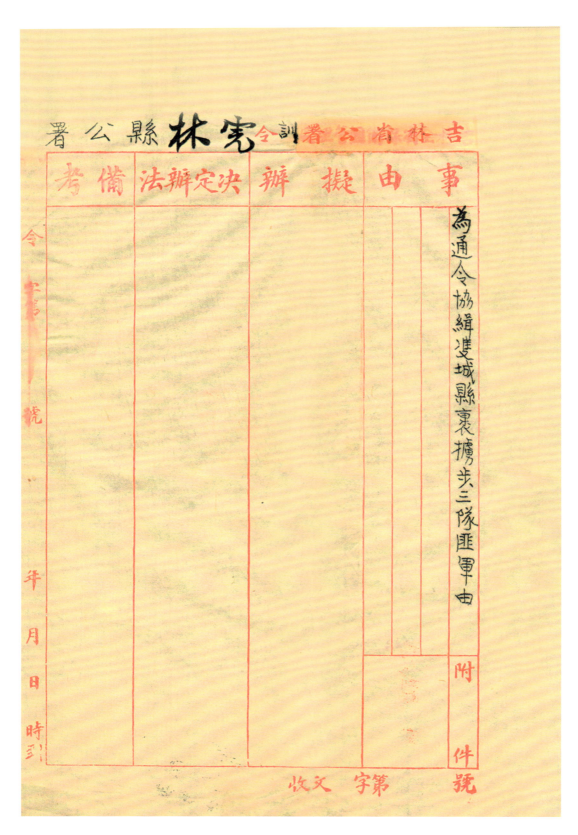

吉林省公署訓令 虎林縣公署

事由	擬辦	決定辦法	備考
為通令協緝雙城縣裹擄步三隊匪軍由			

附件

令 字第 號

年 月 日 時到

收文 第 字 號

吉林省公署訓令　保字第154號

令虎林縣公署

為令行事案據雙城縣長魏鐵華呈稱案據縣屬保衛團總隊長張文燦呈據保衛步兵第一隊隊長邱玉清報稱於本年六月二十一日奉令同步三隊在南河沿來往梭巡堵擊盜匪及本月二十三日晚分散寄宿步三隊宿在郭家店左近距拉林河沿僅二三華里迨晚十句鐘時由郭家店之東突來反吉軍約五百餘人向郭家店驟然闖入該隊覺係敵軍遂開槍射擊奈衆寡懸絕少選遂被悉數繳械迫為拉道由郭家店過河投向大股現在拉林盤踞本隊曾立往援助

因寄宿時距步三隊較遠迨馳至該屯反吉軍業已過河謹特報請
鑒核等語前來正擬派隊尾追間復據步三隊逃回什長房振東
來部聲称被裹情形與卸隊長所報無異經總隊長詳細查詢
當時共被裹去全武裝官長團丁四十四名及次日逃回徒手團丁
十二名內吳化章一名肩臂受傷一處已送往醫治現在共被裹
去官丁三十一名共失各種槍四十三桿各色子彈五千五百六十一粒灰
單軍衣傻鞋裹腿與灰袷軍帽衣各四十三套經總隊長於聞報
之日即帶隊連夜尾追探得該反吉軍等業由拉林会合大幫
三四千人向山裡進逸去訖除督隊嚴厲堵剿並遴委妥員整頓
該隊外所有步三隊被反吉軍裹去情形暨失去槍彈服裝

與被裹官丁姓名理合繕具清冊具文呈請鑒核轉呈備案等
情據此覆查屬實除限令該遴派得力官員化裝跟踪密探
該軍定址以便帶隊會勦務將被裹官丁槍械子彈悉數救
回外所有縣屬保衛步三隊被匪軍裹去暨損失槍彈服裝
長丁姓名開具清冊備文呈請鑒核備案轉飭通緝施行
等情據此除指令仍督飭所屬暨團隊火速追勦務將在
逃逆軍及被裹掠官兵槍械分別殄滅救還奪回仍將追勦
情形另呈報奪等因印發並分行外合亟令仰該縣長即便
遵照飭屬一體協緝務獲究報此令

大滿洲國大同元年八月卅一日

省長熙洽

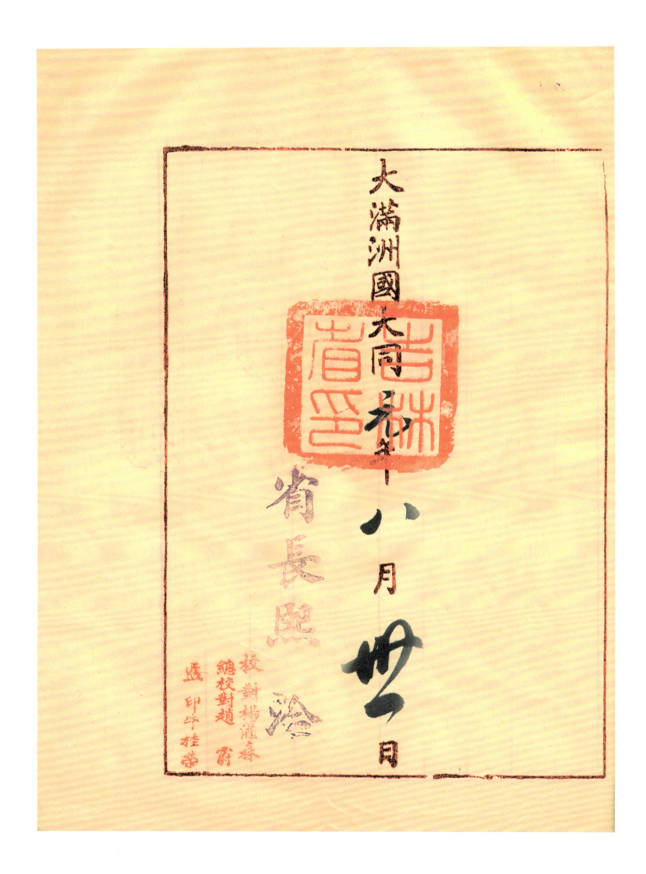

校對楊瀛森
總校對趙爵
監印李桂榮

伪吉林省公署为注意美国学生洛加阿鲁顿巴夫来满言动事给伪虎林县公署的训令（一九三二年八月三十一日）

44

吉林省公署训令 虎林县公署

事由	拟办	决定办法	备考
为警务厅案呈准民政部警务司函报美国学生洛加阿鲁顿巴夫来满希即注意其言动等因电令遵照办理由			
附件			

令 字第 号 年 月 日 时到

收文 字第 号

警字第163號

吉林省公署訓令

令虎林縣縣長

警務廳案呈准

民政部警務司外第二九號公函内開准関東廳警務局関机高外第三四〇二號通报内開美國歐雷蒂大学法学部学生美人洛加阿魯噸巴夫（二十四歲）去年九月與同学二名经過日本来滿十月归國在本國各地洛他利俱樂部講演講題為「美洲与亜洲」並發表日本对满政策為閉鎖美國門户之錯誤之意見博得一般人同情此次受美國喀内基財团及美國全國学生会等處之財政援助放棄

営業再渡来満視察満洲時局之推移於本月十一日午後七時由舊金山
乘大洋丸到日本当日即赴東京青年会滯京期約一週俟辦就来
満手續後即行出發該美人並携帶美國名人致大橋外交部次長
及其他満洲各要人介紹信十數封准神奈川縣知事通報前来
外該美人到貴境時对其言語行動務希嚴加注意並請函覆俟
等因准此除分報外相應函請查照於該美人到境時对其言語行
動務須嚴加注意並仍希見覆為荷等因到署除分令外合行
令仰該縣即便遵照於該美人到境对其言語行動務須嚴加注
意仍將其言動及注意情形呈報核奪切切此令

大滿洲國大同元年八月　日

省長熙洽

校對 [illegible]

[illegible]

監 [illegible]

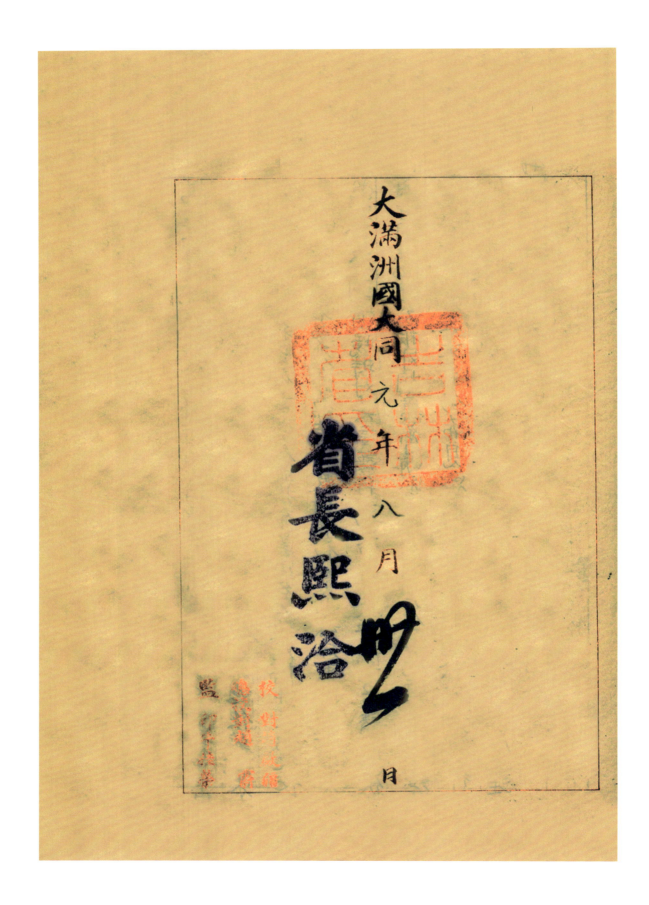

伪吉林省公署为调查统计警察职员报省署备查事给伪虎林县公署的训令（一九三二年九月二日）

吉林省公署訓令虎林縣公署

事由	擬辦	決定辦法	備考
為據總務處案准統計處函請調查警察職員通令各縣局遵照該處表式分報本署備查由			

附件

訓令　字第　號　年　月　日　時到

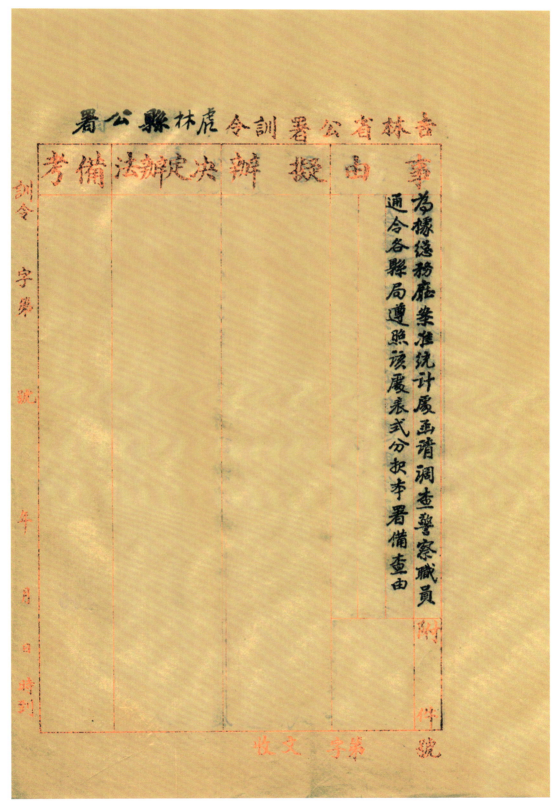

收文　字第　號

吉林省公署訓令

總字第400號

令虎林縣公署

為令遵事總務廳案呈前准法制局統計處法統調第五號公函内開查辦理人口統計調查并關於各種國勢基本調查應警察現制詳細明瞭方足以期調查機關之充實及調查方法之完全茲已由本處製就表式直接發往各廳縣依式報告除分函外函請查照為荷等因由廳轉呈到署除分令外合亟令仰該縣即便遵照統計處逕發表式填注一份呈報本署備查此令

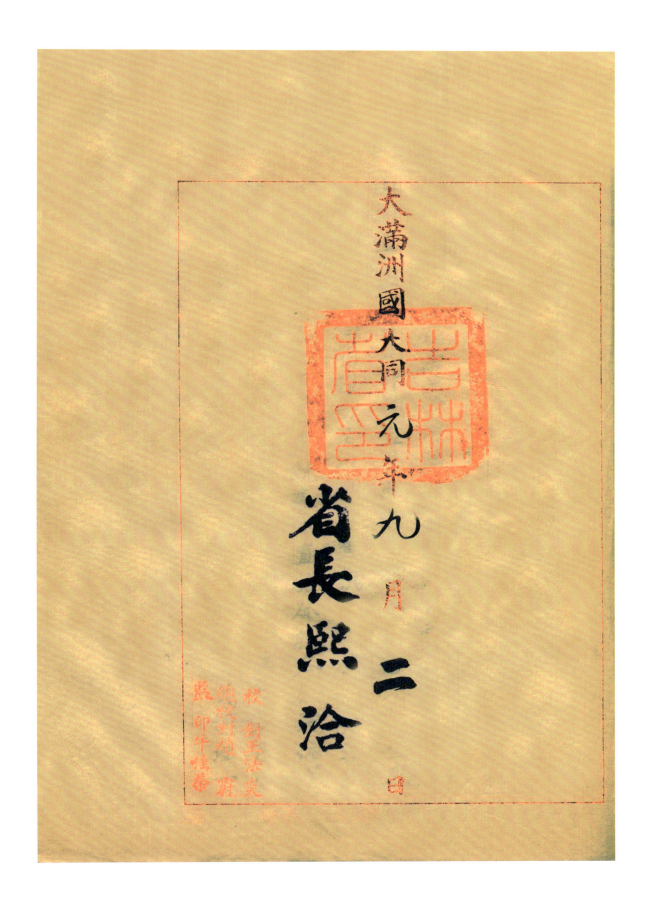

大滿洲國大同元年九月二日

省長熙洽

吉林省印

校對王法炎
總校對趙蔚
監印牛佳榮

伪吉林省公署为拟定「清匪」办法三条责成各县长及设治员奉行给伪虎林县县长的训令（一九三二年九月三日）

吉林省公署訓令 虎林縣縣長

事由	擬辦	決定辦法	備考
為擬定清匪辦法三條責成各縣長及設治員切實奉行由			
附件			

收文 字第 號

訓令 字第 號 年 月 日 時到

吉林省公署訓令

民字第229號

令虎林縣縣長

為通令事照得近來各縣匪禍蔓延地方糜爛此剿彼竄兵力為疲推原禍始因由舊軍閥之反動份子居中倡乱而實則各地方官之防範不嚴因應不當與夫建國之初之真意未得與人民以澈底了解致為匪徒利用時機遇事誘惑此皆為就中重要原因茲經本公署詳細考察特擬定清匪辦法三條責成各縣長及設治員奉行如後

一剴切宣傳以釋羣疑也查建國要義早經說明惟各縣奉行恐未盡力現在匪氛徧地無知愚民或迫饑寒或為利誘附和盲從固所不免即不因上列兩項而其

人亦素敦樸履素不與匪共來往卒致因環境所迫勢不能不隨波逐流置其身於匪類中者恐亦比比皆是若不曉以利害破其癥結勢必致愈陷愈衆愈衆則愈不可收拾是宜由各縣長編印白話文告廣爲張貼以期家喻户曉並由各集鄉老以及地方士紳組織宣傳機關分班在城鄉剴切宣傳使其父詔其子兄勉其弟務各了解建國要義立即回心向善則時局當有轉機但其中之最要關鍵則尤在地方官調查詳實予良民以穩當保障一剿撫兼施以孤匪勢也查民之投入匪類既有如上項所說此等初非甘心爲匪之類固不容不教而誅但若平日雖不是匪而利用此擾乱期間容心投入匪帮爲寬作倀冀以分得劫贓爲他日之享有計者此類一經緝獲自不可不加重懲辦所謂律貴誅心也總之辦理賊匪對於應剿應撫之間全在地方官之抉别嚴明

衡量事實如確係被逼勉從則書既有貧從回治之條本公署亦曾有繳械悔
過之令並應由各縣長編撰布告廣為勸諭准許自新不究既往如此則解散
自易而匪勢亦孤或撫或剿當易為力
一增修堡壘以防匪擾也查近日匪氛日熾人民慘遭匪擾已幾於十室九空亦良由
各縣村屯民戶散而不聚抵抗力量微薄一遇寇警無險可恃守望不能相助故
匪蹤得以愈張早年雖曾有併村辦法但迄未實行現在各縣仍宜參仿其意
酌量添築城壕無論城鎮概加修築以備遇難臨時遷入以資保障以上三項辦
法如果各縣長能以切實奉行雖不敢望匪患肅清而匪勢總可漸期減殺
實於地方不無裨益除分令外合亟令仰該縣長即便遵照仍將辦理情形報
查案關地方治安至為重要各該縣長應体會此意振刷精神亟勉圖之幸勿

視為具文虛應故事本省長攷覈名實當以此為殿最焉凛之切切此令

大滿洲國大同元年九月　　日

吉林省長

省長熙洽　三

校對德　楨

總校對趙　霈

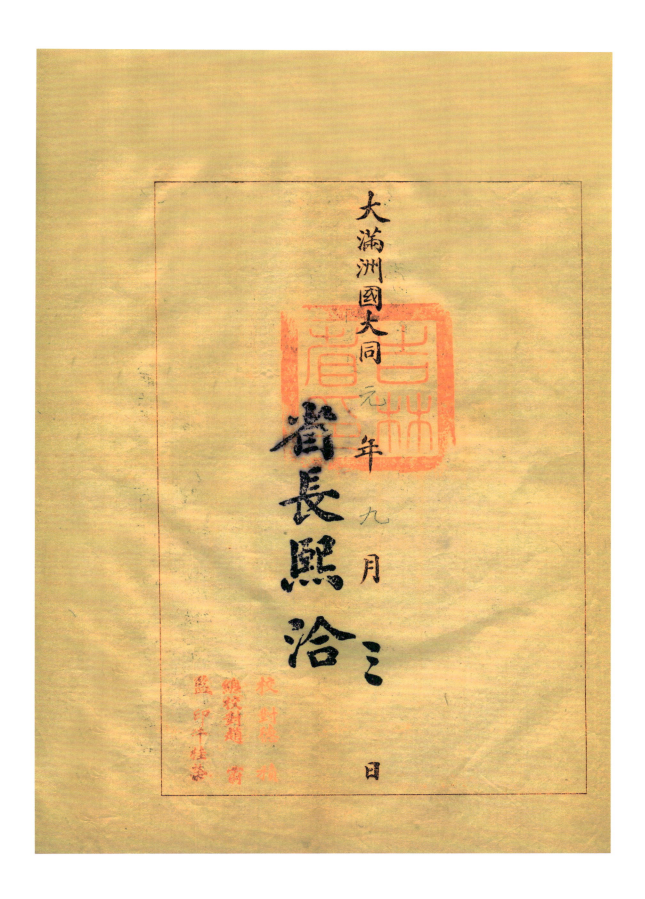

監印牛桂蓀

伪吉林省公署为作废被叛军拐失的伪汪清县保卫队臂章事给伪虎林县公署的训令（一九三二年九月十四日）

吉林省公署訓令

虎林縣公署

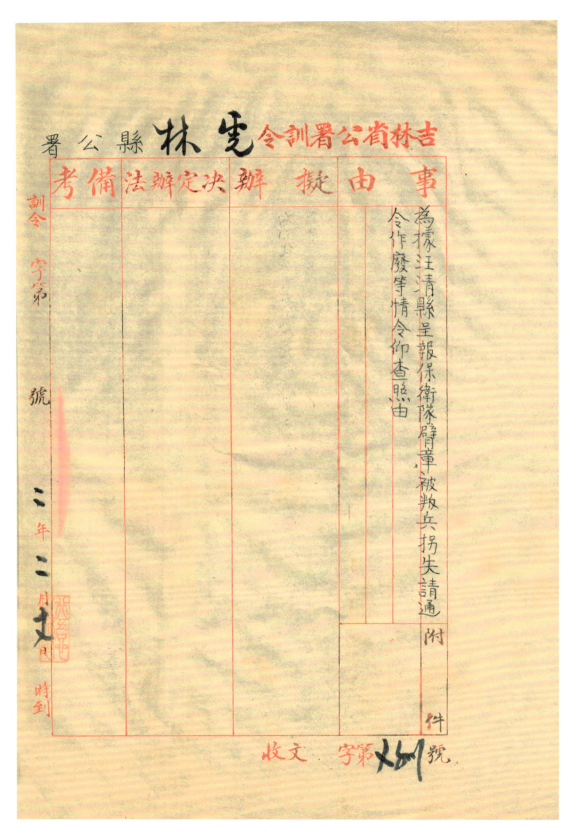

事由	擬辦	決定辦法	備考
為據汪清縣呈報保衛隊臂章被叛兵拐失請通令作廢等情令仰查照由			
附件			

訓令　字第　號

二年二月廿一日到

收文　字第 乂㐱 號

吉林省公署訓令

保字第172號

令虎林縣公署

案據汪清縣縣長李祝三呈稱據保衛團總隊長盧翰芳呈稱

為遵令具報丟失臂章號碼數目餘存作廢並請通令作廢仰祈

鑒核通令作廢事案奉鈞署指令第一七六六號内開據呈已悉該隊部此

次隊兵叛變拐失臂章係何號數究有若干應速查明列單具報以憑

核轉至作廢臂章應由該隊部自行保存毋庸繳縣此令臂章發還

等因奉此遵查自事變以還本團製就紅布臂章計一百五十八個係

由第元號起至一百五十八號止此次被第一正隊第二分隊叛兵拐去臂章

二十八個係由第四十七號起至第七十三號止復被第二正隊二三分隊兵變
拐失臂章五十六個係由第一百零三號起至一百五十八號止以上共失臂
章八十三個祈請通令作廢餘存作廢自行保存不計外奉令前
因理合將拐失臂章號碼數目列單一併具文呈覆鑒核俯賜通
令作廢施行等情前來查核各該正分團隊官丁藉口索餉拐
械叛逃業經呈報並分飭協緝在案據呈被拐臂章除由縣分
飭所屬上緊偵緝並作廢外理合抄單具文呈請鑒核等情
據此查該隊前製臂章既被各叛兵官佐拐失自應准予通
令作廢以昭慎重除指令並分行外合行抄單令仰該縣即
便遵照轉飭所屬一体查照作廢此令
附抄單一紙

大滿洲國大同元年九月十四日

省長熙洽

校對楊滋森

總校對趙爵

監印牛桂榮

伪吉林省公署为协缉拐械潜逃的警备三旅兵士高义林等人事给伪虎林县公署的训令（一九三二年九月十五日）

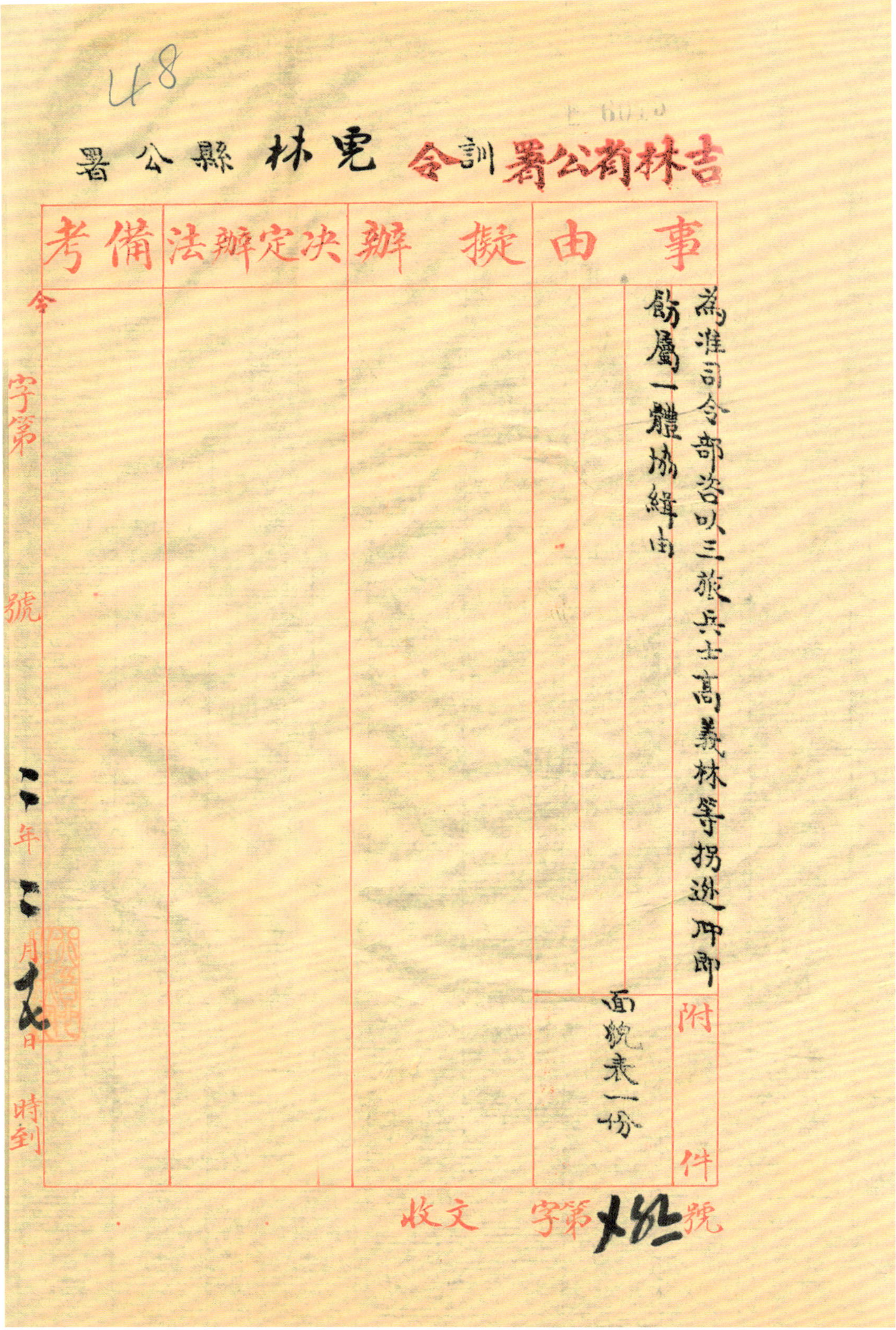
48

吉林省公署訓令　虎林縣公署

事由	擬辦	決定辦法	備考
為准司令部咨以三旅兵士高義林等拐逃仰即飭屬一體協緝由			
附件：面貌表一份			

令　字第　號

二一年十月十七日　時到

收文　字第 [illegible] 號

吉林省公署訓令

警字第206號

令虎林縣公署

為令行事案准

吉林省警備司令部第四四號咨開為咨行事案據吉林警備第三旅旅長朱榕呈稱竊據職旅第九團團長張印符呈稱竊據團機關槍連連長劉連登呈稱據職連值星官中尉連附裴子章報告查二班一等兵高義林三班一等兵藍興慶六班一等兵李朝連於七月二日晚十二點，因服衛兵勤務之際乘隙拐械潛逃，職當即派人四出追尋杳無蹤影，覆查該兵等入伍未久竟敢無故乘隙拐械潛逃，實屬藐視軍紀若不嚴令重懲將何以肅軍紀而儆效尤除仍派官兵上緊尋緝務獲送究以重軍譽外理合繕具面貌表一併備文呈請等情據此除指令該連勒限跴緝務獲解究並通令一體協緝外理合檢附面貌表備文呈請鑒核等情據此除指令嚴緝外理合檢同面貌表備文呈請鑒核通緝施行等情據此除指令並分令外相應照抄面貌表咨行貴公署查照飭屬一體協緝至紉公誼計附面貌表一份等因准此除分行外合行照抄原表令仰該縣長即便遵照飭屬認真協緝此令

計附面貌表一份

大滿洲國大同元年九月十五日

省長熙洽

校對趙啟疆

總校對趙爵

監印牛桂榮

伪吉林省公署为解前警务厅各款仍将递送该厅事给伪虎林县县长的训令（一九三二年九月十八日）

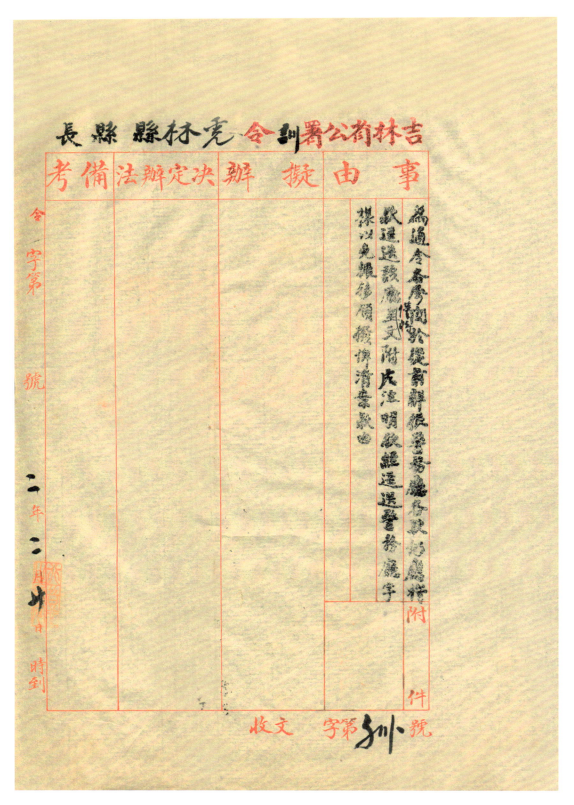

吉林省公署訓令 虎林縣縣長

事由	擬辦	決定辦法	備考
為通令各屬（停止）關於從前解往警務廳各款仍應將款逕送該廳並文附片注明款經逕送警務廳字樣以免[illegible]俾清案款由			令 字第 號 二年 二月 廿 日 到時
附件			

收文 訓字第 號

吉林省公署訓令

警字第212號

令虎林縣縣長

爲令遵事查違警罰金收據工本暨輪照費船照工本費書津貼捐務罰金繳納上游水上公安局水警捐以及其他雜由前警務處收解各款向由各縣報解警務廳主管辦理近自改辦宣稿以來各縣對於應解上項各款概皆隨呈附送本署以致經辦領撥諸多不便茲經規定凡縣上項各款以及其他雜解前警務處各款自令到日起仍應將款逕送警務廳核收僅將呈文加注 明款經逕送警務廳字

樣以便識別而清楚款除分行外合亟令仰該縣即便遵照

此令

大滿洲國大同元年九月十八日

省長熙洽

校對劉秋疆

總校對趙爵

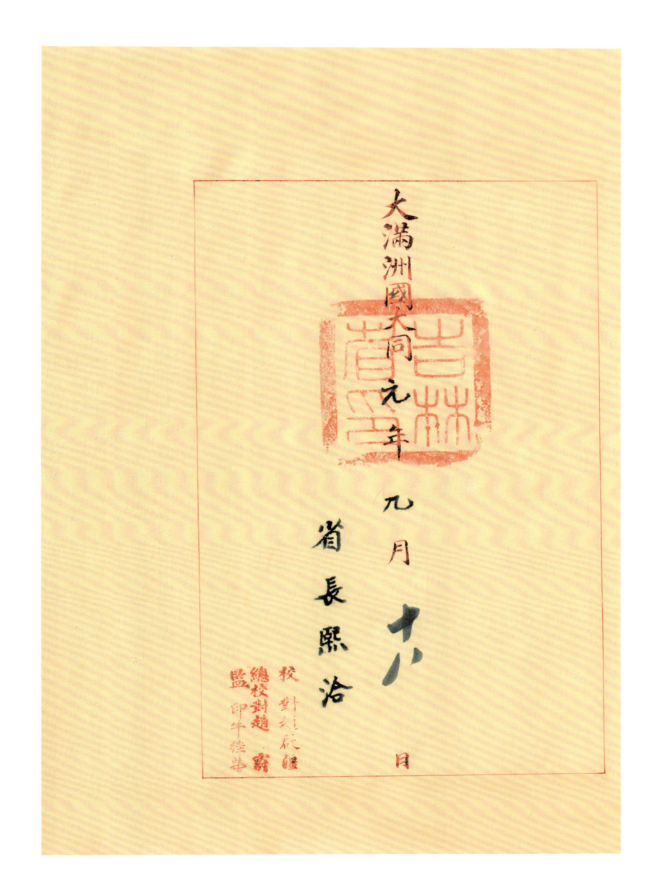

監印牟桂芬

伪吉林省公署为协缉胁迫官兵叛变的省警骑兵张青山等人事给伪虎林县公署的训令（一九三二年九月十八日）

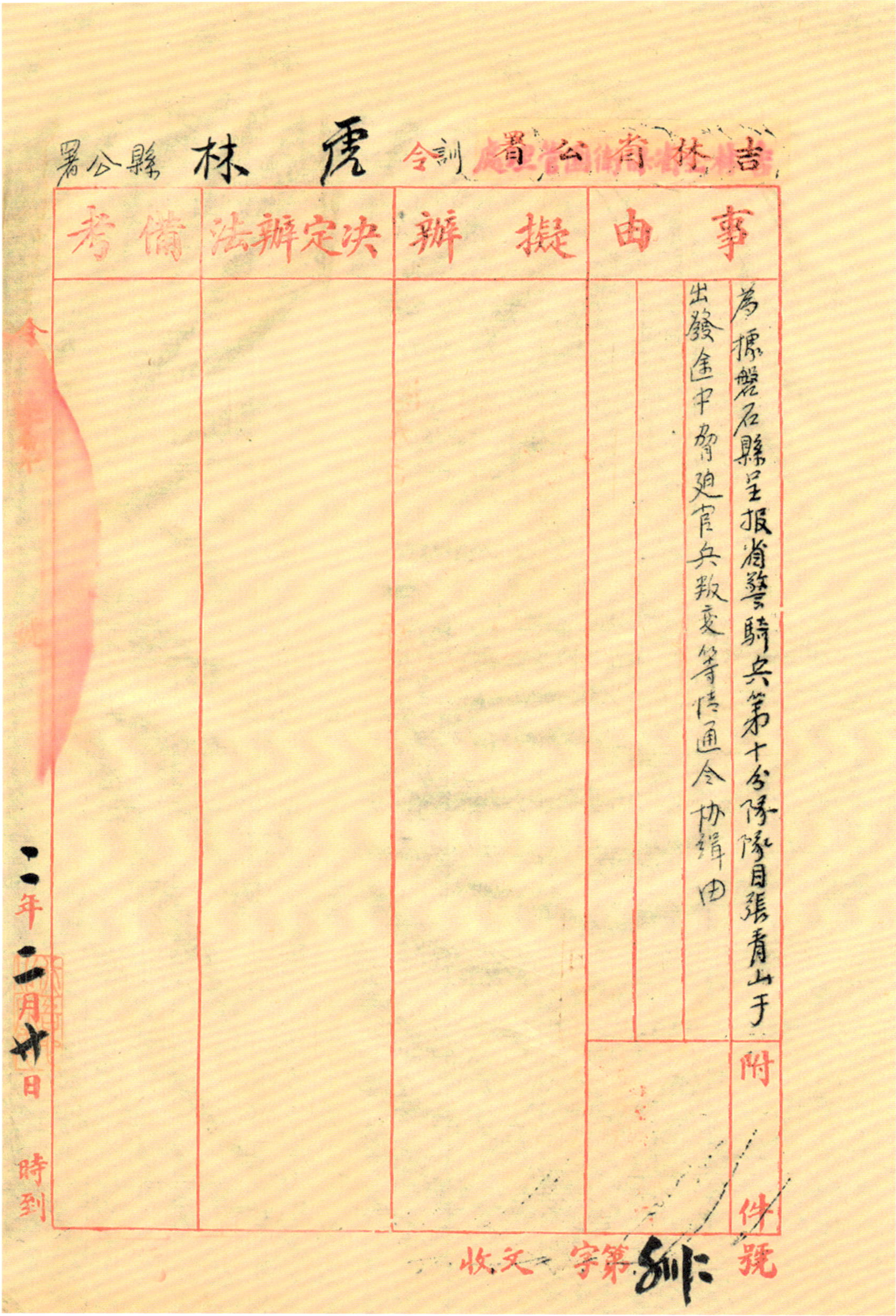

吉林省公署訓令 虎林縣公署

事由	擬辦	決定辦法	備考
為據磐石縣呈報省警騎兵第十分隊隊目張青山于出發途中脅迫官兵叛變等情通令協緝由			
附件			

二年二月廿日 到時

收文 字第 號

吉林省公署訓令

保字第179號

令虎林縣縣長

案據磐石縣縣長楊正藩呈據保衛總隊長冉景霖呈稱案據省
警騎兵第十分隊長孫德英呈稱分職近來出發感冒暑氣頭目
暈眩於八月二日掛短號一星期延醫調治派二排隊附潘殿魁暫行代
理呈懇允准在案茲於本月八日早九句鐘經螞蟻咀子鄉民來隊報告
有小股盜匪在先開捐捐款不至即行燒房等語代理隊長潘殿魁
聞報後帶同事閻福春並隊兵二十六名共官兵二十八員名出發去訖詎至
午後三點鐘時竟有二班正目王漢清旋隊報稱午後一點時行至楊木

崗地方二班副目張青山協同隊兵葛德盛等二名槍逼隊附司事暨隊兵等譁變將各槍彈一併下去逼令上山爲匪等情前來職因正抱病未愈實难转移派人前去挽留至本月九日十句鐘時該隊附潘殿魁司事閆福春帶領隊兵十七名回隊報稱初八日出發十二鐘時行抵楊木崗陳萬海家午餐後拔隊換山剿匪到大門外二班副目張青山與隊兵葛德盛等持槍問隊附願叛變否願則相隨否則槍斃隊附見勢不佳只得應机制变答曰甘願一同投奔殿臣入股方將啟行遇農人魏姓一名張青山持槍令給四季好送信前來迎接農曰不敢去張青山即開槍射擊農人劉姓負傷倒地衆遂拉至窩瓜地地方住宿張青山黨監視隊附等甚嚴惟恐異心隊附向伊二哀懇吾儕生長斯土家

產攸關，實在不敢附和，張青山等始將槍彈扣留，放隊附同事歸
還，隊兵乘隙潛逃者陳現章等二十一人，計帶回槍械十六棵，損失槍械十二
棵，決心叛去者張青山、董鳳岐、葛德盛、丁方起等四名等情。據此查屬
實在，除傳追各叛兵保証包賠槍彈服裝外，理合檢同面貌書具文
呈請鑒核，飭請通緝等情。據此查該隊長孫德英統帶士兵，恩威並
用，素無惡感，詐抱病期間，隊附帶隊勤補，竟有不良份子襲挾叛
變，是真出人意外，幸該隊兵等拋棄鞍馬，設計逃回，足見兵心未離，逆
兵張青山之叛變，於隊長絲毫無與，除飭所屬協緝外，理合檢同叛兵年
貌書具文報請鑒核，俯賜通緝施行等情。據此除指令呈暨面貌書均
悉，查該副目張青山等四名胆敢叛變為匪，實屬兇惡已極，仰即督

屬嚴緝該叛兵等務期悉數弋獲送究法办被拐槍彈服裝等
項應即勒令各該叛兵原保限二十日內如數賠償以重公物並回隊
兵陳現章等應由該總隊長妥加撫慰仍候據情轉報書存此令
等因印發暨分呈外理合檢同面貌書具文呈請鑒核俯賜通緝等
情據此查該隊目張青山竟敢乘出發剿匪途中首倡変亂脅迫官兵
實屬目無法紀深堪痛恨除指令督屬嚴拏外合行抄同面貌書令仰
該縣長即便遵照轉飭所屬一体協緝務獲解究此令
附抄面貌書一份

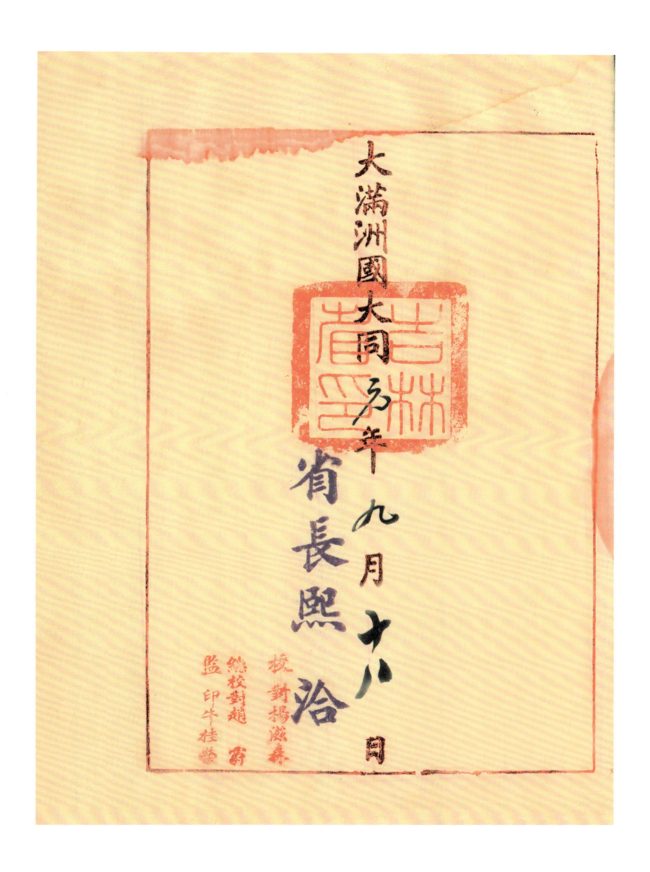

大滿洲國大同元年九月十八日

吉林省印

省長熙洽

校　對楊灝森

總校對趙　爵

監　印牛桂榮

伪吉林省公署为协缉收捐员苗逢霖等人给伪虎林县公署的训令（一九三二年九月二十七日）

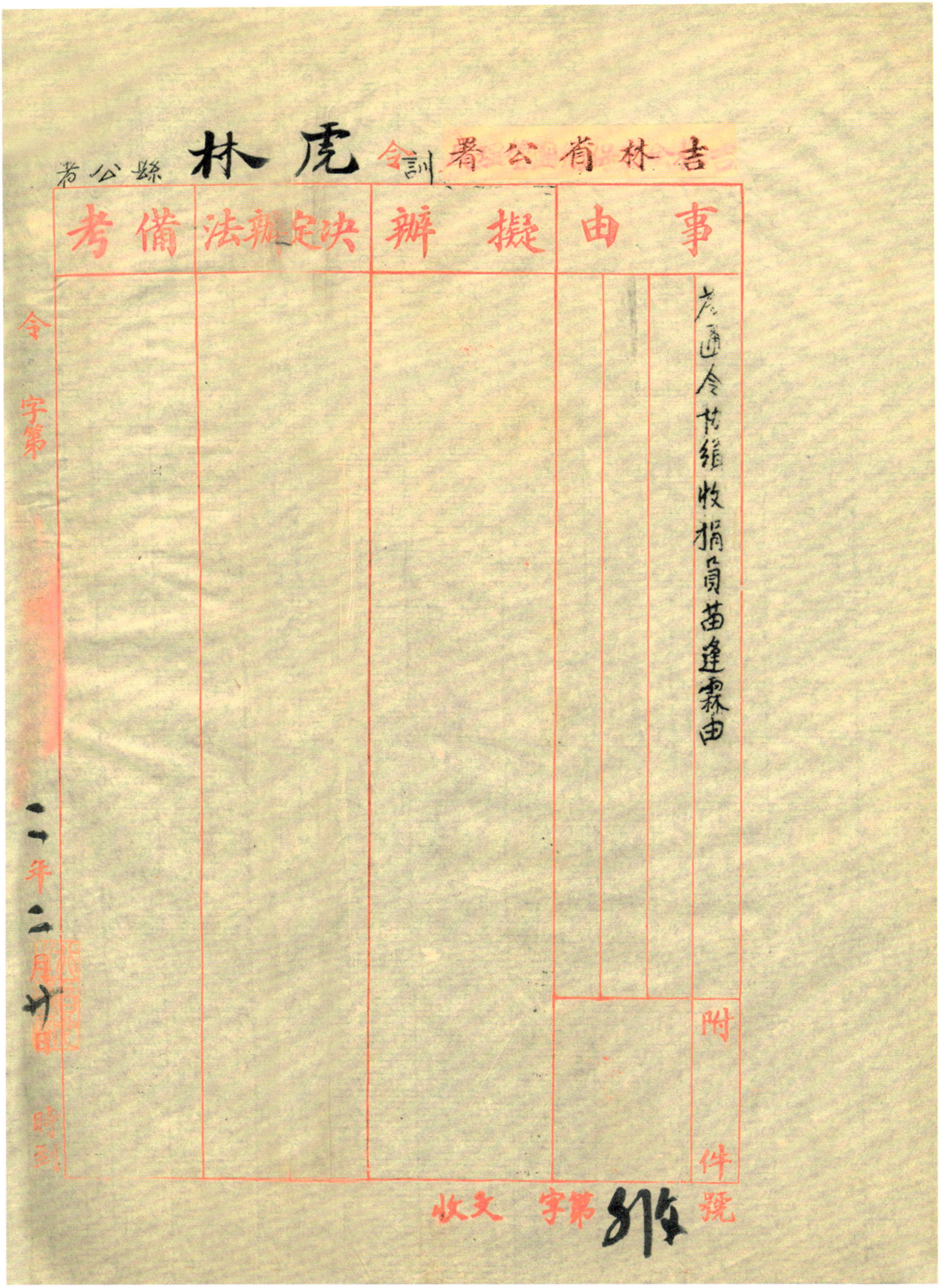

吉林省公署训令 虎林县公署

事由	拟办	决定办法	备考
为通令协缉收捐员苗逢霖由			
附件			

令 字第 号

二一年二月廿日 时到

收文 字第 号

吉林省公署訓令　保字第186號

令虎林縣縣長

案據樺甸縣縣長賈明善呈稱據保衛總隊長劉占林呈稱案據第二正隊長王秀德呈稱竊於本年七月二十八日據本隊所屬五分隊附王永麟呈稱竊派本分隊隊兵武鳳岐帶兵八名同一分隊隊兵二名保護收捐僱員苗逢霖前往郭家溝收捐去訖不料該員陡起野心於本年七月十九日帶同隊兵武鳳岐李國祥趙成林薛萬福楊海山楊永林于萬江李萬升厲雲漢並一分隊兵杜元紹孫奎武等十二名攜帶捐款槍彈服裝叛逃旋於二十二日據本分

隊兵薛萬福楊海山楊翁林于萬江李萬升厲雲漢等六名逃
歸來隊僉稱彼时不知各人心情不得不同叛逃即謀帶槍逃回不
料被伊看破事机將槍彈軍衣全行掠去擬將兵等槍斃懇至情
切幸未傷命等語報告前來覆查收捐僱員及兵等六名共拐
去三八式槍二桿套筒槍十桿子彈共一千一百零五粒單軍衣帽十二
套頂傻鞋十二隻子彈袋十二條理合繕具兵花名年籍面貌被拐槍
彈數目表一併具文呈報等情據此隊長查覆僱員苗逢霖係
屬景南半區（即票子溝一帶）於今年春季開会公舉伊寫收該處
地捐次派五分隊及一分隊兵係護該員收捐去後隊長令伊將款收
有成數解交正隊以便發放六月份兵餉不但不交捐款爾竟携款帶

同隊兵將來隊前借用鈞部套筒槍拐去九桿一分隊公槍三桿叛逃
惟查該員家道小康身膺重責竟敢攜帶捐款十二萬三千一百九
十吊有捐票可查並攜拐槍彈叛逃實屬目無法紀若不令伊照數包賠
將何以儆其餘除派隊兵追緝務獲解究外理合檢同逃兵姓名面貌
書一併具文呈懇鑒核俯賜通緝等情前來除飭令該正隊長詳查
僱員萬逢霖介保外理合檢同原書呈請鑒核計附面貌書等情
據此除指令該總隊長轉飭所屬各隊一律嚴緝該逃員兵等
務獲送究并着令各該保人將所拐槍彈服裝錢鞭等項分別賠償
以重公物而示儆戒外理合檢同面貌書具文呈請鑒核俯賜通緝施行
等情據此除指令仍督屬上緊嚴緝務獲究懲並一面勒限各該原

係照賍拐伴以重公物等因印發並分行外合亟檢同面貌書一紙令

仰該縣長即便飭屬一体協緝務獲究報此令

附面貌書一紙

大滿洲國大同元年九月廿七日

省長熙洽

校對楊滋春

總校對趙霨

監印牛桂學

伪吉林省公署为协缉伪桦甸县保卫队戴万金等叛兵给伪虎林县公署的训令（一九三二年九月二十九日）

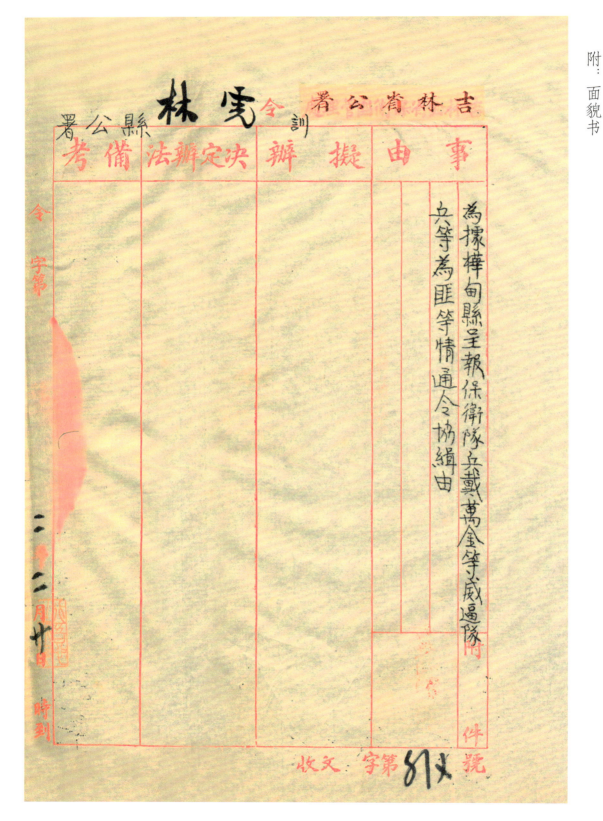

附：面貌书

吉林省公署 训令 虎林县公署

事由	拟办	决定办法	备考
为据桦甸县呈报保卫队兵戴万金等威逼队兵等为匪等情通令协缉由			
附件			

令 字第 号

二年二月廿日 時到

收文 字第81〤號

吉林省公署訓令　保字第191號

令寬林縣公署

案據樺甸縣長賈明善呈據保衛總隊長劉占林呈稱案據第一正隊長李遇春呈稱竊於本年七月二十五日早四鐘時據第分隊隊附王鳳岐二分隊隊附李貴榮報称轉據一分隊三棚看守炮臺隊兵周福祥報稱昨晚十二句鐘二棚隊目周德山帶兵七名前往高力帽子地方與二分隊目兵十名換卡不料隊兵戴萬全王栢祥等竟持槍逼迫一二兩分隊目兵等十六名同其叛變向北逃去各等語報告前來隊附等當即檢查共叛逃目兵十八名携去雜槍十八稈

雜色子彈二千二百三十二粒並將服裝全行拐去各等語報稱前來隊

長聞報不過三十餘里立即帶同餘隊尾追至獨木河嶺遇逃回第

二分隊隊目蘇魁盛等八名聲稱同叛之後當日九句鐘時至三台子地

方早餐後遂被叛兵戴萬全等將槍彈服裝完全繳去將彼等放回

該叛兵等隨去隨即掛匪並隨同上槍現已增至三十餘人晝夜不停往

永吉縣界大風門竄去刻間相距我隊在百五十里之外各等語據此

當因隊長所帶之兵單未便過界窮追恐滋意外是以回隊除擬將

餘隊稍資整理仍前追緝務將該叛兵等悉數弋獲解究外

理合將叛逃之目兵六十名姓名年貌及拐去槍彈服裝各數目繕表

具文呈報鑒核轉請俯賜通緝等情前來理合檢表備文呈請

鑒核計附槍彈服裝表等情據此縣長覆查該隊兵戴萬金
胆敢持槍威逼叛出為匪實屬愍不畏法除指令嚴緝該逃
目兵務獲解究重懲並將所拐槍彈服裝等項着令勒保
賠償以重公物外理合檢表具文呈請鑒核俯賜通緝等情據
此查該隊兵戴萬金王柏祥竟敢乘值卡之際威逼隊兵携
械叛逃流為匪類實屬藐法深堪痛恨除指令督屬跟踪
追勒外合行抄同原貌書令仰該縣長即便遵照轉飭所屬
一體協緝務獲解究此令

附抄原貌書一份

41

樺甸縣保衛團步兵第一正隊所屬第二三兩分隊叛逃目兵姓名年貌及携帶裝械數目表

職別	姓名	年貌	携帶裝衣械數目
叛逃隊目	周德山	廿七歲樺甸人身長五尺面黃無麻鬚	套筒槍一桿子彈一百六十粒棉軍衣一套袷單軍衣一套新單軍衣帽一套夾雨衣帽一套夾皮帶一條便鞋一雙裹腿一付子袋二條
叛逃隊兵	戴萬全	廿九歲山東現居樺甸身長五尺面黑無麻鬚	連珠槍一桿子彈一百八十粒餘同前
	依福雲	廿六歲樺甸人身長五尺面圓黃無麻鬚	套筒槍一桿子彈一百粒餘同前
	高青山	三十歲樺甸縣人身長五尺面黃無麻鬚	三十年式步槍一桿子彈八十粒餘同前
	劉長勝	三十六歲山東文登縣人身長五尺面長黃無麻鬚	套筒槍一桿子彈一百四十粒餘同前
	賈廣太	四十一歲樺甸縣人身長五尺面黑無麻鬚	七九步槍一桿子彈壹百四十粒餘同前
	黃鈞發	二十九歲山東沂水縣人身長五尺面黃無麻鬚	連珠槍一桿子彈一百七十粒餘同前
	姜海山	三十歲樺甸縣人身長五尺面白無麻鬚	連珠槍一桿子彈一百二十粒餘同前
	張德勝	二十九歲樺甸縣人身長五尺面黃無麻鬚	套筒槍一桿子彈一百二十粒餘同前
	王柏祥	三十六歲遼寧西安縣人身長五尺五寸面長黃無麻鬚	七九步槍一桿子彈一百六十粒餘同前
被回隊目	蘇繼勝		被叛兵掠去三十年式槍一桿子彈一百二十五粒雨衣帽一套夾皮帶一條子袋一條
被回隊兵	郭永全		被叛兵掠去別拉旦槍一桿子彈六十八粒雨衣帽一套夾皮帶一條子袋一條
	于財		被叛兵掠去連珠槍一桿子彈一百二十粒雨衣帽一套夾皮帶一條子袋一條

陶成江	被叛兵掠去槍彈服裝同前
劉殿起	被叛兵掠去套筒槍一桿子彈一百六十粒雨衣帽一套頂皮帶一條子袋一條
許德勝	被叛兵掠去槍彈服裝全前
李春青	被叛兵掠去套筒槍一桿子彈八十粒新單軍衣帽一套頂雨衣帽一套頂子袋一條
陳景賢	被叛兵掠去槍彈服裝同前
合計	

附記

查本隊所屬第一二兩分隊叛出目兵十八名拐去雜槍十八桿除放回目兵八名外尚叛出目兵十名拐去套筒槍八桿連珠槍五桿六九步槍二桿三十年式步槍二桿别拉旦槍一桿共計雜色槍十八桿套筒子彈一千二百六十粒連珠子彈六百九十粒三十年式子彈二百零五粒别拉旦子彈七十八粒共計雜色子彈二千二百三十三粒棉軍衣七套薄單軍衣六套新單軍衣帽十二套頂雨衣帽二十三套頂内有在炮台之兵八雨衣帽五套頂被叛兵掠去皮帶二十三條内有看炮台之兵八皮帶子袋各五條均被叛兵掠去傻鞋十双裹腿十一付理合聲明

大滿洲國大同元年八月十二日 樺甸縣保衛團步兵第一正隊隊長李遇春 呈

伪吉林省公署为发伪黑龙江省警备军旗帜式样给伪虎林县县长的训令（一九三二年九月三十日）

吉林省公署訓令　虎林縣縣長

事由	擬辦	決定辦法	備考
為准司令部咨奉軍政部令發江省警備軍旗幟式樣飭屬知照由			
附件：旗幟式樣二頁			

令　字第　號

二年二月廿日時到

收文　字第6118號

吉林省公署訓令

薈字第 258 號

令虎林縣縣長

為通令事案准

吉林省警備司令部第一七號咨開為咨行事案奉

軍政部事字第二八號訓令內開為通令事案據黑龍江警備司令

官程志遠呈稱竊查職屬各部編制及隊號業經呈報在案因各

旅團營連旗幟式樣尚未奉頒到部迄尚沿用舊有旗幟殊感不

便擬請鈞部從新規定以資與國內部隊旗幟同昭一律而便識別

理合備文呈請鑒核示遵施行等情到部除由部規定式樣指令頒發

並分令外合亟檢同式樣令仰該部即便飭屬一體知照此令附發旗幟
式樣兩頁等因奉此除分令外相應檢同式樣咨請貴署查照飭知
為荷附式樣兩頁等因准此除分行外合行抄件令仰該縣即便
遵照飭屬一体知照此令
計抄發旗幟式樣兩頁

大滿洲國大同元年九月卅日

吉林省印

省長熙洽

校對趙啟疇

總校對趙霨

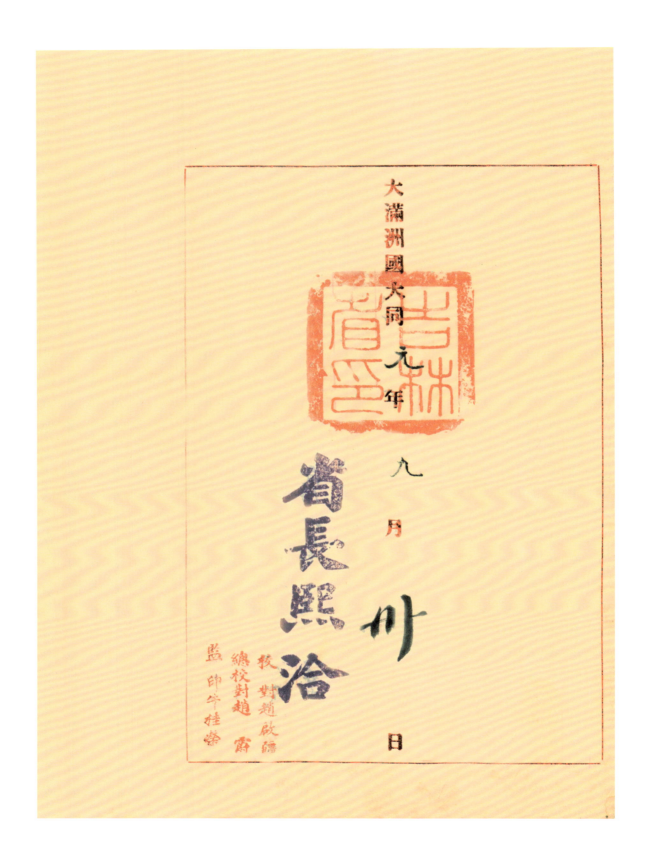

監印李桂榮

伪吉林省公署为协缉德惠县第七区预备团甲长周绍典给伪虎林县公署的训令（一九三二年九月三十日）

吉林省公署訓令

虎林縣公署

事由

擬辦

決定辦法

備考

為通令協緝德惠縣七區預團甲長周紹典由

附件

令 字第

二一年二一月廿日

到時

收文 字第[illegible]號

吉林省公署訓令

令虎林縣縣長

案據德惠縣長龐仙芝呈稱據七區預備團保董朱希庸呈稱竊職區第一隊甲長周紹典人甚忠厚家道小康並幹事不辭勞怨待兵賞罰分明尽心竭力並無異志忽於七月二十九日有匪首北升者率匪百餘名闖進偏臉城屯以恐嚇手段硬捐該屯槍械三支子彈四百粒該屯各戶因無敵抗能力共議允諾該匪首北升貪得無厭復欲捐本區第一隊大槍六支子彈一千二百粒如不應許即以强硬手段施行擄奪該甲長周紹典勢處無奈爲一時行權計備

稱拉出爲匪適直隊兵公出僅率同士兵高萬榮李津林張文閣等三
名携帶八米里槍一桿改造八米里槍二桿匣槍一桿共帶子彈一百七十粒該
甲長意圖一時安全匪去尚得回歸不意匪住該屯至四日之久該甲長
亦即弄假成真自以爲莫可挽回之餘地係董屢奉分長電令勸解再
三該甲長始則有意回營繼被從匪吹噓又變轄方針係董亦知事關重
要所以未即呈報者意圖其改惡向善地方少一賊匪民間少受擾
害迄今係董始知該甲長周紹典與士兵高萬榮等三名均有爲
匪之誠心毫無向善之觀念除另選賢能接充甲長認真辦理外理
合備文呈報恭請鑒核備查施行等情據此查該甲長既遇股匪
不能抵抗自應率隊迴避相机辦理乃何計不出此甘之説項僞稱

為匪章值隊兵公出僅率團丁高永榮等三名携去大小槍四枝子
彈一百七十粒實屬誠意為匪罪不容誅除指令嚴行追緝務獲
送究並另選妥員候加委外理合具文呈請鑒核示遵施行等情
據此除指令仍督屬上緊追勒務將該叛逆及叛携槍彈悉數撲滅
奪回究辦等因印發並令行外合亟令仰該部長即便飭屬一體協緝
務獲究辦此令

大滿洲國大同元年九月廿日

省長熙洽

校對楊滋森

總校對趙甯

監印牛桂榮

伪吉林省公署为通令协缉五军等人事给伪虎林县公署的训令（一九三二年九月三十日）

37

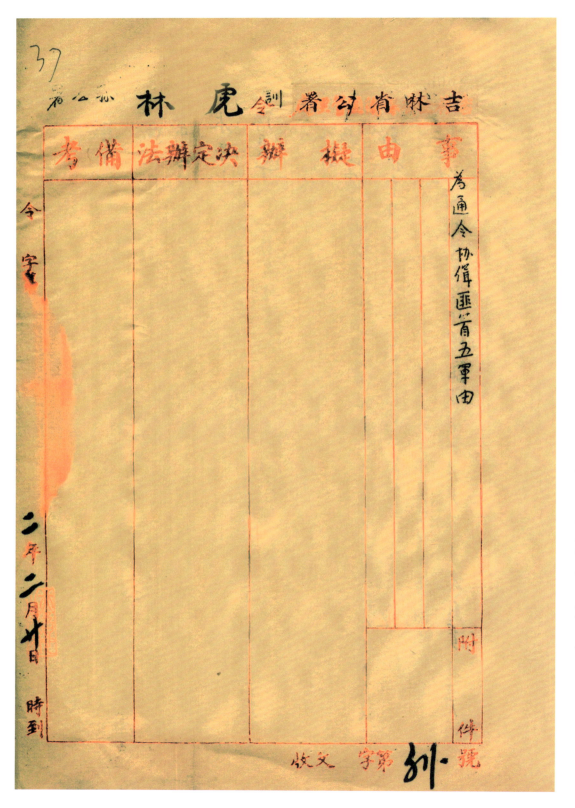

吉林省公署训令 虎林 县公署

事由	拟办	决定办法	备考
为通令协缉匪首五军由			
附件			

令 字

二年二月廿日 时到

收文 第 字 号

吉林省公署訓令

字第194號

令虎林縣縣長

案據扶餘縣長丁光普呈稱據保衛團總隊長趙有金呈稱竊於本年七月二十五日據教練員于溱濱報稱前奉令出發第二三六隊長丁八十三員名往富康屯社里站東荒里一帶梭巡搜剿數日並無匪踪於本月十四日行抵四區界大崗子屯探悉距該處二十里許之西七家子地方有匪首五軍占江好等匪衆九十餘人現圍攻該屯勒捐索槍勢甚危急教練員立率隊馳往該處當即分佈隊伍令二三兩隊長各率兵由西北方面分為左右翼教練員親率

第六隊居中努力齊攻詎該匪等預設伏卡遥見官兵先行開槍
我隊亦即還射由上午十一鐘直战至下午五鐘时匪等恃其槍彈
充足死力敵抗不稍畏却嗣我隊後奮勇猛攻匪等始退於屯之
東端我隊遂進佔屯之西首而匪等更以短墻土壘為险頑強異
常互相惡战又歷时許斯时天將昏黑我隊官兵尚未用飧而各
隊子彈已將用罄教練員聞此非常憤恨遂分令第三隊繞向
東北方設卡堵擊一面督率二六兩隊勇猛前進匪勢不支竄向東
南方逃去經我隊卡堵擊兜勦斃傷胡匪比因我隊子彈無多未
敢窮追當即收隊查點是役也計陣斃胡匪三名我隊人馬安全無
恙各隊計陣費自來得子彈二百六十七粒七九子彈五百八十七粒三

八子彈五百八十粒共費三色子彈一千四百三十四粒並無浮冒次晨復
帶隊往東江灣追蹤搜勦迄亦未見匪蹤今返防懇請轉飭註
銷陣費子彈等情前來總隊長查核屬實子彈亦無冒濫抄摺
弊理合備文呈請鑒核准予註銷子彈施行等情據此縣長覆
查尚屬實在除指令該總隊長督飭所屬務將縣境股匪盡數
殲除以安民生而靖地面並由縣分別咨行一律通緝外理合具文呈
請鈞署鑒核俯賜通緝並懇註銷子彈施行等情據此除指令仍
飭屬上緊追勦務盡撲滅勿任再行竄擾以保閭閻等因印發並分
行外合亟令仰該縣長即便遵照飭屬一律協緝務獲究報此令

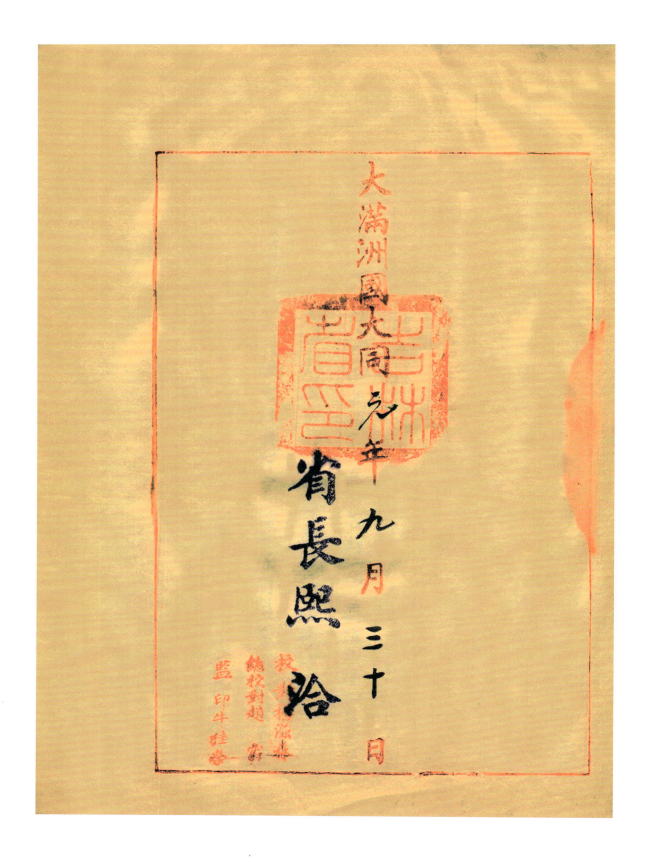

大滿洲國大同元年九月三十日

省長熙洽

校對李滋林

總校對趙霖

監印牛桂榮

伪吉林省公署为协缉三旅逃兵薛正泰事给伪虎林县县长的训令（一九三二年十月八日）

吉林省公署訓令 虎林縣縣長

事由	擬辦	決定辦法	備考
為准司令部咨以三旅兵薛正泰拐逃仰飭協緝由			

附件

收文 字第[illegible]號

訓令 字第 號

二年二月十[illegible]日 時到

吉林省公署訓令

警字第 285 號

令虎林縣縣長

為令行事案准

吉林省警備司令部第五八號咨開為咨行事案據吉林警備第三旅旅長朱榕呈稱案據職團第一營長吳連明呈稱竊於本月廿九日據三連連長楊其昌呈稱竊於二十四日早二句鐘時據值星官司務長屈桐閣報稱五班二等兵薛正泰寅夜潛逃並拐去六五石耶步槍一桿刺刀一把子彈二百粒等語旋據中尉連附徐寶田聲稱此間該兵潛逃隨即檢查連附價領七六三自來得手槍一

52

枝子彈一百五十粒亦無踪影顯係該兵竊逃等語據此連長聞報
立即搜查連內及營門各處杳無踪跡搜至東墻根見有脚踪及墻
頂有爬越之痕諒該兵必由此越墻逃走無疑惟時值陰雨天黑如
墨又兼時局不靖刀匪四起未敢即時派兵追緝但該兵膽敢拐械
潛逃實屬目無法紀除派兵偵緝外理合繕具該兵面貌書備文
呈請通緝等情據此查二等兵薛正泰竟敢竊拐大小槍二桿乘
夜潛逃實屬胆大之極若不弋獲重懲將何以儆將來除飭各連
一体嚴緝並將所拐槍械另文呈請註銷外理合檢同該逃兵面
貌書具文呈請等情到團據此除飭各營連上緊查拿務獲
送懲外理合檢同面貌書備文呈請鑒核等情據此除指令上緊

逃缉外理合检同面貌书备文呈请鉴核通缉施行等情据此除
指令並分令协缉外相应照抄面貌书咨请贵公署查照转饬所
属一体协缉至级公谊计抄书乙纸等因准此除分行外合行抄同面
貌书令仰该县长即便遵照饬属协缉此令

附面貌书列后

逃兵薛王泰五班二等兵三十六岁山东省莱阳县身长五尺肩重脸方鼻高色赤
口大耳大志白肥大口音实七月二十四日潜逃携去单袄单衣各一套袄单帽一
顶厌腿绷一付兰鞍鞋一双皮带一条

大滿洲國大同元年十月八日

吉林省印

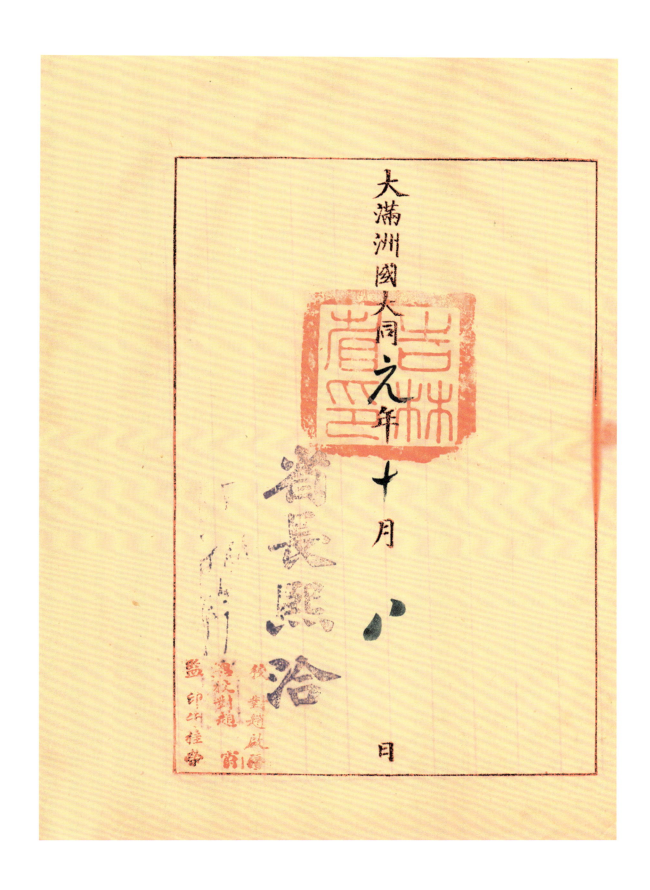

省長熙洽

伪吉林省公署为各县警察用人遵照前令不得擅行更换事给伪虎林县县长的训令（一九三二年十月十九日）

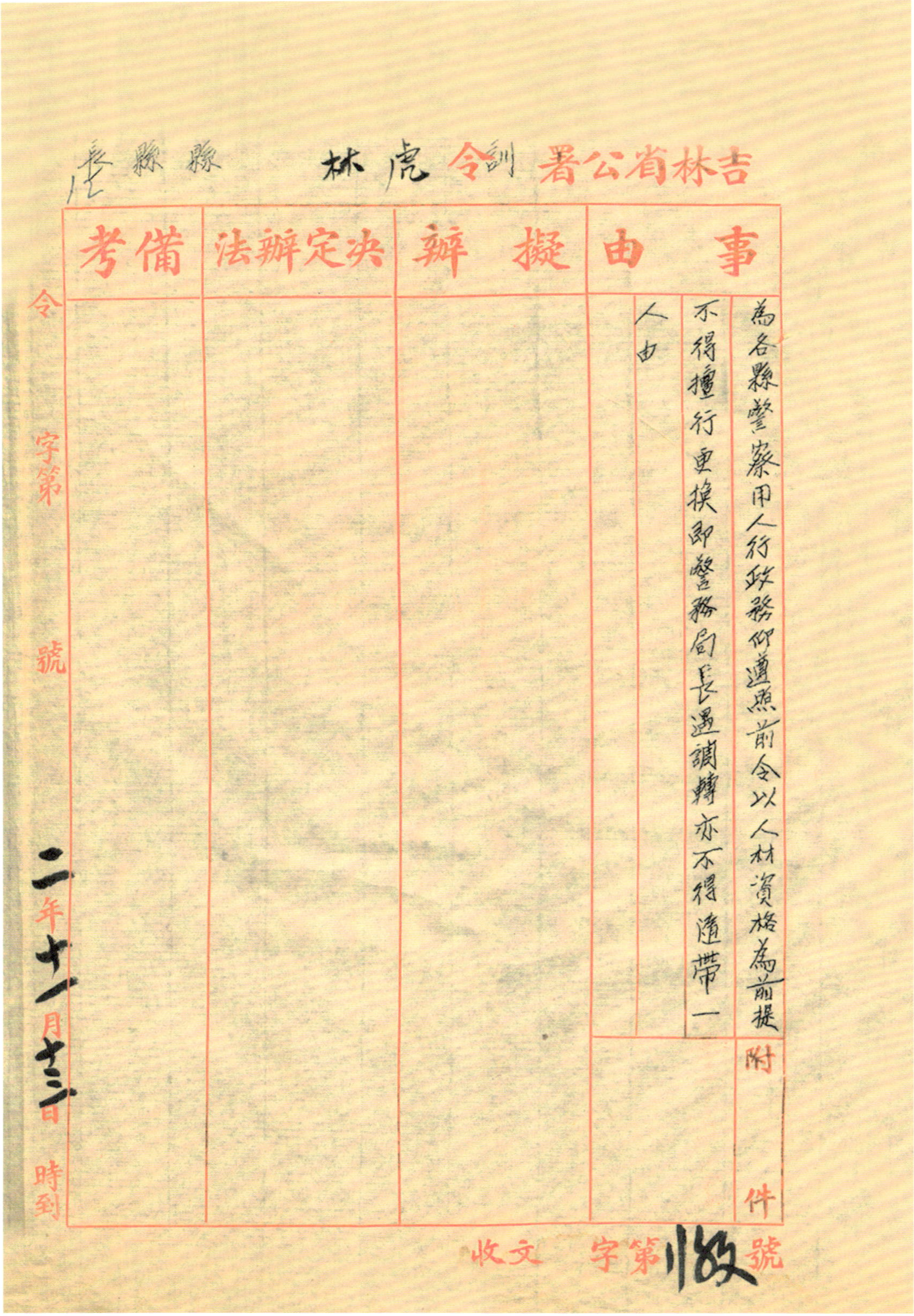

吉林省公署訓令 虎林縣縣長

事由	擬辦	決定辦法	備考
為各縣警察用人行政務仰遵照前令以人材資格為前提不得擅行更換即警務局長遇調轉亦不得隨帶一人由			
附件			

令 字第 號

二年十一月十三日時到

收文 字第 [illegible] 號

吉林省公署訓令

警字第1790號

令虎林縣縣長

為令行事案查各縣警察用人行政務以人材資格為前提不得擅行更換及攜帶私人節經令飭遵照在案乃查近來仍有因警務局長一人之更替而該局所屬內外職員亦從而一律變動隨同局長牽轉移者在局長只顧私人感情而影響公務殊非淺鮮為此重申前令此後務仰遵照前令辦理即局長遇有調轉亦不得隨帶一人倘再故違即以破壞警察官吏保障議懲又該各縣長負有監督之責併應認真督飭辦理除分行外合亟令仰該縣長遵照並轉飭警務局長遵

照勿稍徇延違致干未便切切此令

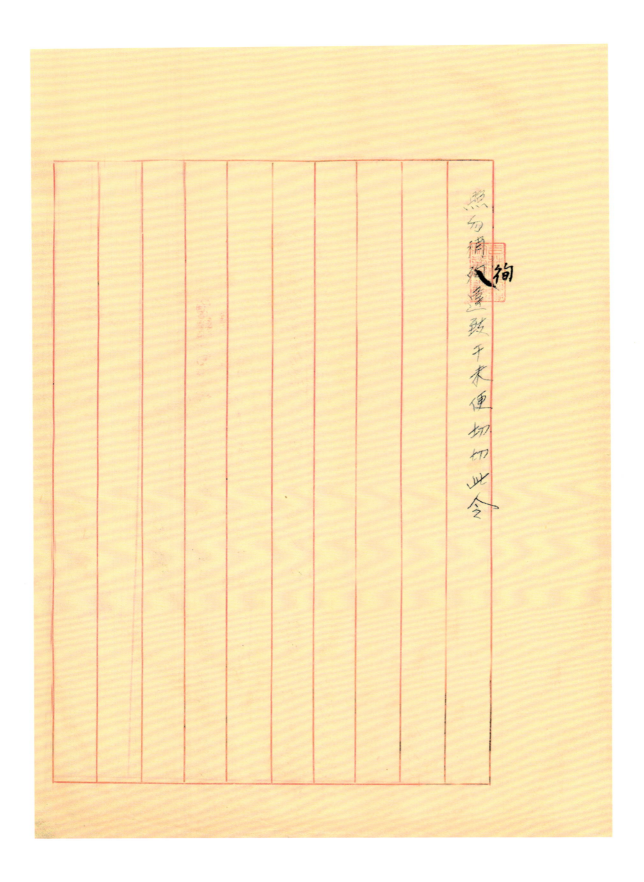

大滿洲國大同二年十月十九日

省長熙洽

廳長全名 世

校對劉啟綱

繕印 [illegible]

總校對趙霨

伪吉林省公署为通缉磐石县驻屯吉林警备第五旅副官长王秉仁事给伪虎林县公署的训令（一九三二年十月十九日）

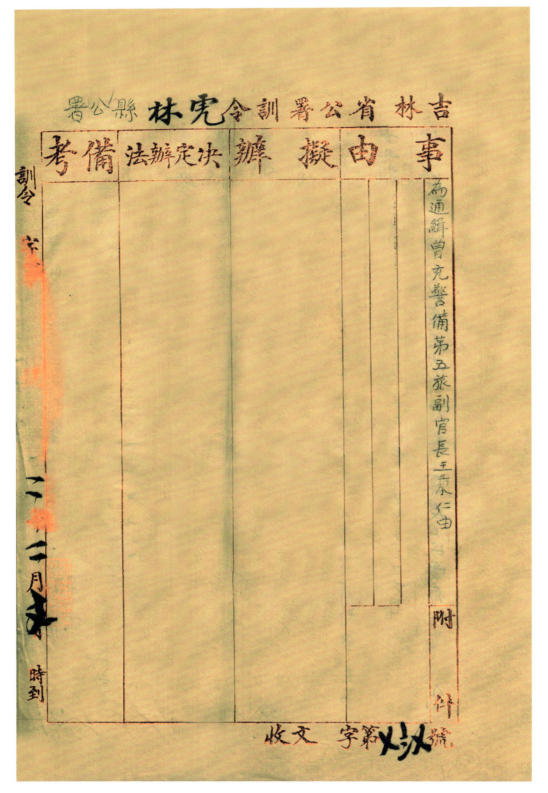

附：面貌书

吉林省公署訓令 虎林縣公署

事由	擬辦	決定辦法	備考
為通緝曾充警備第五旅副官長王秉仁由			
附件			

收文字第[illegible]號

訓令 字

二十一年十月 日 時到

吉林省公署訓令

警字第 325 號

令虎林縣公署

警務廳案呈准吉林日本憲兵隊第六三五號函開逕啟者為通緝前任磐石縣駐屯吉林警備第五旅副官長中佐王東仁（年三十五歲）一案據第二師團參謀部之通報目下曾於吉林各地嚴加搜查終未發現推測此人潛伏於北平及其他各處亦未可知今將其出身及其犯罪之經過詳述於左以備捕獲本人乃日本陸軍士官學校國民學生第十二期卒業生本年春任命副官長上月十日至十六日匪首殷足與他匪賊合并攻破磐石大肆燒掠日軍及日民受有相當之死

傷暨損害一案乃前述之王副官長與駐屯第一營長宋國榮之共謀將該匪等引誘至磐石縣城又襲擊磐石之前日王副官長曾赴駐屯磐石之日本騎兵小隊聲称為聯絡而来其實為偵察日軍之配備狀況並命該匪等解除日軍之武裝等情相應函請查照附面貌書等情到署除分行外合抄面貌書令仰該縣長即便遵照轉飭所屬一體嚴緝務獲法辦毋任逃逸為要此令

附抄面貌書

王東仁 年三十五歲 身高五尺左右 圓臉 無鬚 體胖

熟習日本語

大滿洲國大同元年十月九日

吉林省長

省長熙洽

校對趙毓鐳

總校對趙霖

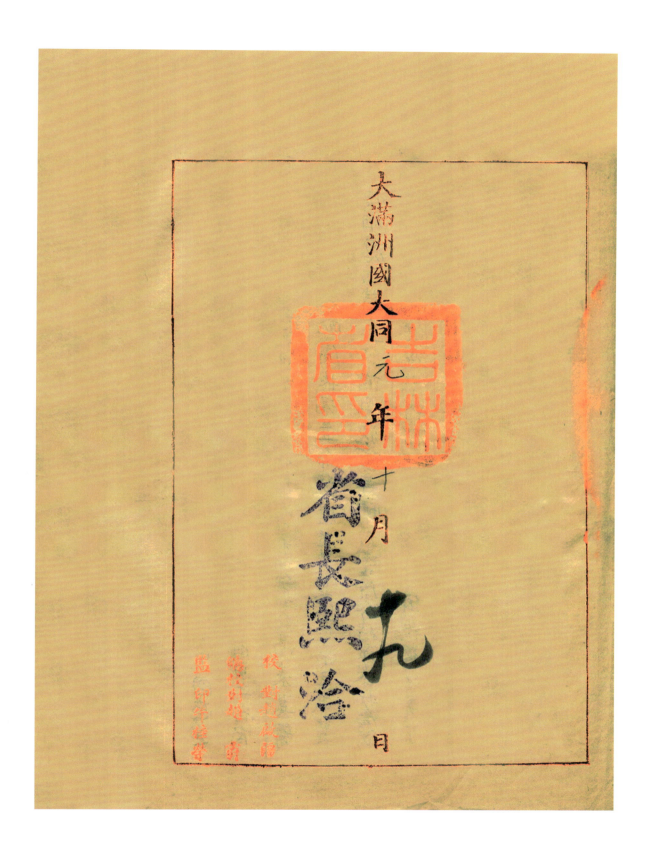

監印傅桂馨

伪吉林省公署为购领枪械子弹务须严加考核事给伪虎林县县长的训令（一九三二年十月二十二日）

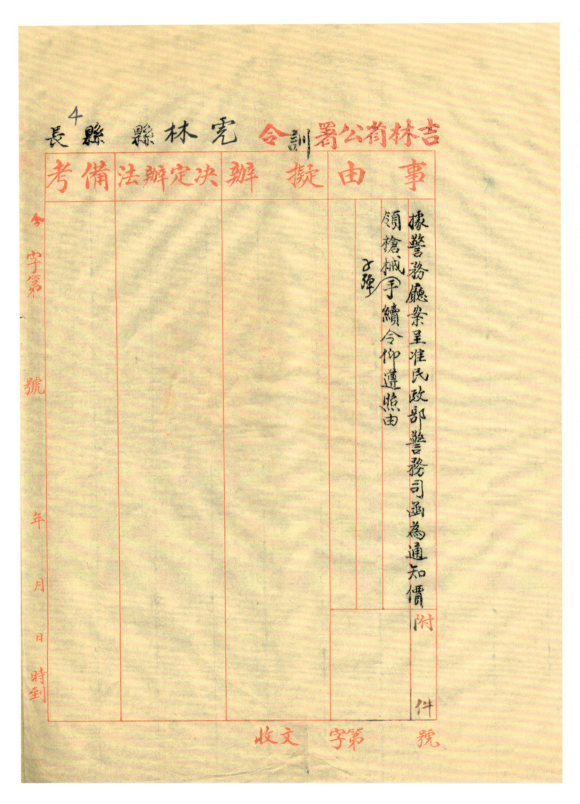

吉林省公署訓令 虎林縣縣長 4

事由	擬辦	決定辦法	備考
據警務廳案呈准民政部警務司函為通知價領槍械子彈手續令仰遵照由			
附件			

令　字第　號　年　月　日　時到

收文　字第　號

吉林省公署訓令

警字第342號

令虎林縣縣長

為令遵事據警務廳案呈准民政部警務司總字第二八八號函開查從來警團需用槍械子彈係直接由關東軍司令部領用今為統制兵器事務起見與軍政部交涉之結果以將來各處依照附表所列價格購領軍械子彈時務須嚴加考核以杜冒濫而昭慎重關於購領槍械子彈之手續必須先得所在地警備司令部顧問部之承認再行通知本司由本司轉向軍政部接洽購領請即查照附送槍械子彈價格表等

5

因轉呈到署查購領軍械子弾價格表業由本署以警字第二
四五號訓令遵照在案惟以警團臨時剿匪所需械弾若依
上列手續購領或恐有緩不濟急之虞應由各該主管機關
預爲購置以備不時之需除購領軍械子弾價格表業經令
發不再抄發並分行外合亟令仰該縣長即便遵照此令

大滿洲國大同元年十月廿二日

吉林省長

省長熙洽

校對劉殿疆

總校對趙霽

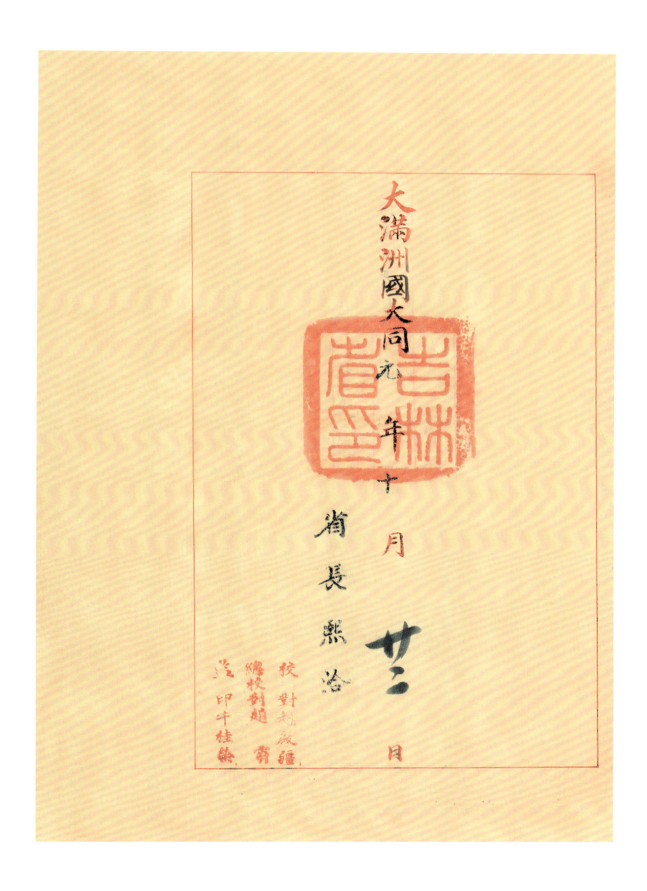

監印于桂榮

伪吉林省公署为发教导队招学兵广告并将学兵送省署事给伪虎林县县长的训令（一九三二年十月二十三日）

7

2025

吉林省公署訓令 虎林縣縣長

事由	擬辦	決定辦法	備考
為發招考教導隊廣告飭擇要張貼并將學兵依限送省由 附件：附廣告一張			

令 字第 號 年 月 日 時到

收文 字第 號

吉林省公署訓令

警字第346號

令虎林縣縣長

為令行事案准
吉林省警備司令部咨開為咨行事案奉
軍政部事字第六十九號訓令內開為令遵事據中央陸軍訓練處
處長王靜修面稱現為造成初級幹部養成模範軍隊為目的擬
請成立教導隊並請分別招考學兵及由各部隊選送士兵俾資造就
理合檢同招集士兵簡章並招考學兵廣告等情據此查該處長
所請各節亟應從速辦理除分令外合亟檢同簡章廣告令仰該

部即便遵照辦理至於招考學兵及選送士兵之考試統由中央陸軍訓練處派員前往監考並仰轉咨各省公署轉令各縣公署及各縣公安局務將招考學兵廣告迅予張貼勿稍延悞為要此令計發招集士兵簡章四份招考學兵廣告一百張學兵報名冊一本等因奉此除將招集士兵簡章隨文通令各部隊遵照選送外相應檢同招考學兵廣告咨請貴署查照迅速辦理為荷附廣告九十七張等因准此除分行外合亟檢同廣告令仰該縣長即便遵照擇要張貼並將招考學兵尅期送省勿延為要切切

此令

計發廣告一張

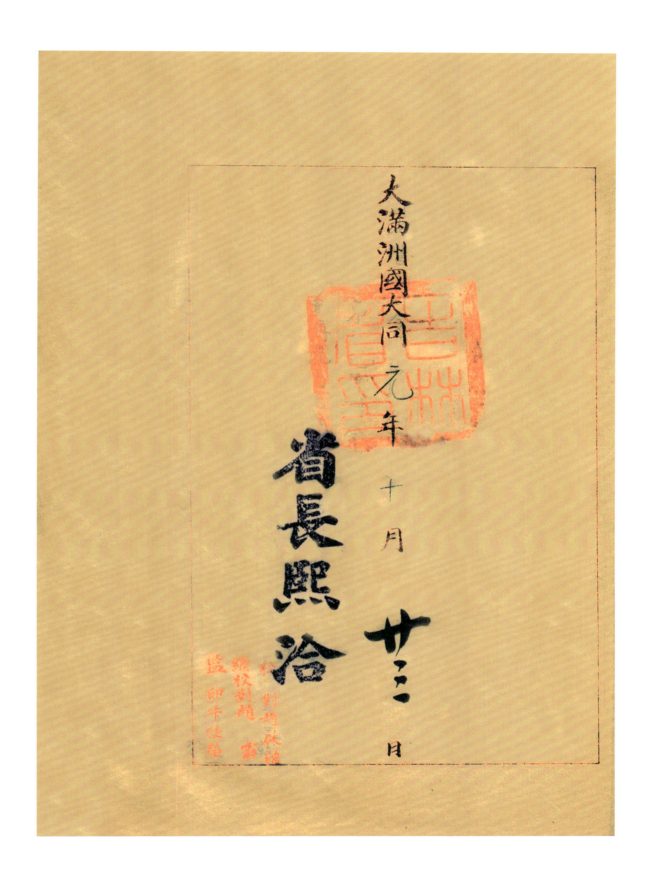

大滿洲國大同元年十月廿二日

省長熙洽

校對趙秋鎔

總校對魏蔚

監印牛佳峰

伪吉林省公署为协缉伪舒兰县保卫第二正队一分队副张泰祥等人事给伪虎林县公署的训令（一九三二年十月二十八日）

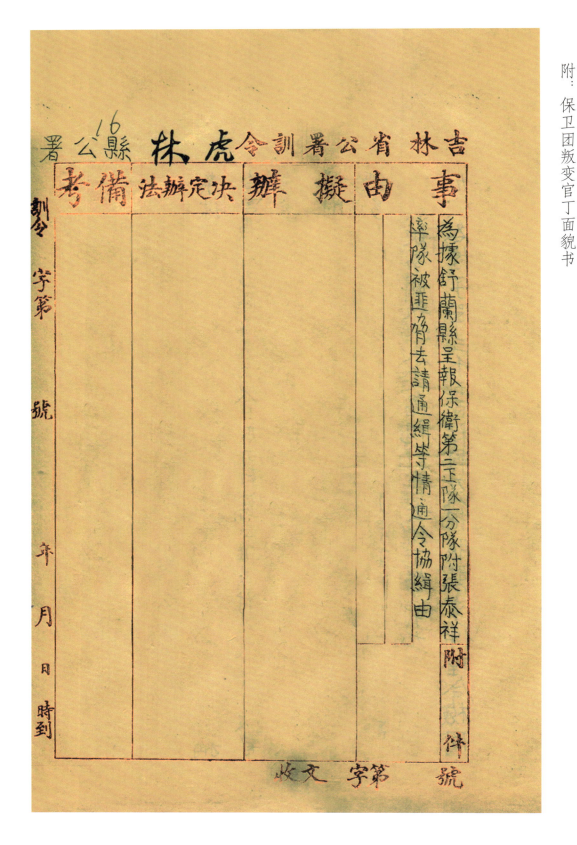

附：保卫团叛变官丁面貌书

吉林省公署訓令 虎林縣公署 16

事由	擬辦	決定辦法	備考
為據舒蘭縣呈報保衛第二正隊一分隊附張泰祥率隊被匪脅去請通緝等情通令協緝由 附件			

收文 字第 號

訓令 字第 號 年 月 日 時到

吉林省公署訓令　保字第236號

令虎林縣公署

案據舒蘭縣長朱瑞麟呈據代理保衛總隊長馬鷹舉呈稱查宮馮業已率隊過江陳田亦向南竄去惟隊附張泰祥自被脅編後屢次秘函聲明遇機率部逃出匪窟返歸縣城等情當以該隊附家道殷實處事誠謹遂以來函為可靠計日來歸孰料事經多日尚未實現若非匪人監視周密難以潛出即係隨夥為匪無疑事關叛逆未便忽視計脅去什丁等二十九名大槍二十九枝各種子彈三千五百粒刺刀八把服裝多件理合檢同

14

第二正队缮造函貌书伏请转请通缉等情前来县长复
查属实理合具文呈请鉴核通缉等情据此查该队附
竟敢附逆为匪殊堪痛恨除指令督属侦踪搜剿并分
行外合行抄同函貌书令仰该县长即便遵照转饬所属一体
协缉务获解究此令
附抄函貌书一份

大滿洲國大同元年拾月廿日

省長熙洽

校對楊錫春

繕校對謝

監印汴桂榮

18

舒蘭縣保衛團步兵第二正隊第一分隊叛變官丁面貌書

職別	姓名	年籍	身貌	背叛日期及原因	拐去槍械服裝物品名稱及數目	槍身號碼	備考
隊附	張泰祥	五十二歲舒蘭縣五區下柳樹河	身五尺二寸長額面黑粗眉大口黑鬍鬚	大同元年六月一日因由團背逃叛出	套筒槍一枝籽彈四百四十五粒單棉軍衣十套皮大氅一件東裹腿九付乾糧袋四個子彈袋[illegible]皮帶二条	1026	
什長	龔殿宸	三十五歲舒蘭縣上柳樹河	五尺面黃元臉大眼口方微鬍鬚	仝	套筒槍一枝子彈一百三十粒單棉軍衣帽三套東裹腿一付乾糧袋一個子袋一条皮帶一条	8786	
團丁	于級三	二十九歲永吉縣人	五尺二寸面黃粗眉大眼無鬍鬚	仝	套筒枪一枝子彈一百三十粒單棉軍衣四套東裹腿二付乾糧袋二個籽帶一条皮帶一条	6805	
	邢貴林	三十歲永吉縣	五尺面微圓額尖微有細紋無鬍鬚	仝	套筒槍一支子彈一百粒單棉軍衣三套東裹腿一付乾糧袋一個皮帶一条子彈袋一	1194	
	何長勝	四十一歲錦西縣	五尺面長黑口方微鬍鬚	仝	仝	7433	
	王國寶	二十二歲舒蘭縣五區	五尺面黃無麻鬍鬚	仝	套筒枪一枝子彈一百三十粒單棉軍衣四套東裹腿二付乾糧袋二個子帶一条皮帶一条	2584	
	李和	三十七歲舒蘭縣三區	五尺一寸面赤紅鼻高無鬍鬚	仝	套筒枪一枝子彈一百二十粒單棉軍衣三套東裹腿一付乾糧袋一個子彈袋一条皮帶一条	4757	

	董鳴宸	四十二歲益都縣	五尺面黑、四方、無麻、微鬚	仝	仝	638
	趙翼宸	卌歲永吉縣	五尺面黃、無麻鬚	仝	仝	4768
什長	郝文煥	三十九歲舒蘭縣五區	五尺二寸面黃、大口、無鬚	仝	套筒槍一支子彈一百四十五粒單棉軍衣四套軍衣一付乾糧帶二個子帶一条皮帶一条	1784
團丁	蔡得勝	同前	五尺寸面黑、無麻鬚	仝	套筒槍一支子彈一百粒單棉軍衣二套軍服一付乾糧袋一個子帶一条皮帶一条	558
	張景山	卅八歲錦西縣	五尺面黃、圓臉、無麻鬚	仝	仝	6793
	傅海山	廿二歲高麗縣	五尺面赤紅、無麻鬚	仝	七九步槍一支子彈一百八十五粒單棉軍衣四套乾糧袋二個子帶一条皮帶一条刺刀一把	1750
	柳青	廿三歲扶餘縣	五尺寸面白、無鬚	仝	仝	1520
	馬海山	三十四歲舒蘭縣五區	五尺面赤紅、無麻鬚	仝	仝	1717
	姜永	三十七歲舒蘭縣一區	五尺二寸面長黑、編紋、無鬚	仝	仝	1812
	王升	三十二歲舒蘭縣五區	五尺面黃、無麻鬚	仝	仝	1576
什長	張仁	四十三歲舒蘭縣二區	五尺面黑、編紋、微鬚	仝	仝	5045

團丁	王振邦	二十二歲 籍蘭縣五區	五尺面白無麻鬚	仝前	仝前	5517	
预備丁	王振中	同前	五尺面赤紅無麻鬚	仝	仝前	6334	
	黄慶玉	三十四歲 籍蘭縣二区	五尺二寸面黑長臉無鬚	仝	套筒步槍一支籽弾八十粒單棉軍衣三套乾粮袋一个子帶一条皮帶一条、裹腿一付	4525	
	李思敬	廿九歲 籍平原縣	五尺面長黑無麻鬚	仝	仝	2164	
	趙宗德	二十九歲 籍蘭縣五区	五尺面黄圓臉無鬚	仝	仝	3967	
	[illegible]	三十[illegible]歲籍[illegible]	五尺二寸面[illegible]			[illegible]9	

梁文舉	二十四歲 舒蘭縣五区	五尺面白無鬚	仝	仝	仝	2071
吳印周	二十五歲 舒蘭縣五区	五尺面赤紅麻無鬚	仝	仝	套筒槍一支子弾六十五粒單棉軍衣三套乾糧袋一個子弾帶一条皮帶一条裹腿一付	7591

附記

查此次叛變官丁二十九名拐去步套筒槍二十一枝七九步槍八枝二種共二十九枝套筒籽彈三千五百粒灰單棉軍衣帽九十九套皮大氅一件灰裹腿三十二付乾糧袋三十七個灰籽弾帶三十條皮帶三十條七九步刺刀八把合併聲明

大滿洲國大同元年九月 五 日

伪吉林省公署为协缉扶余顺天救国军首领战北等人事给伪虎林县公署的训令（一九三二年十月三十一日）

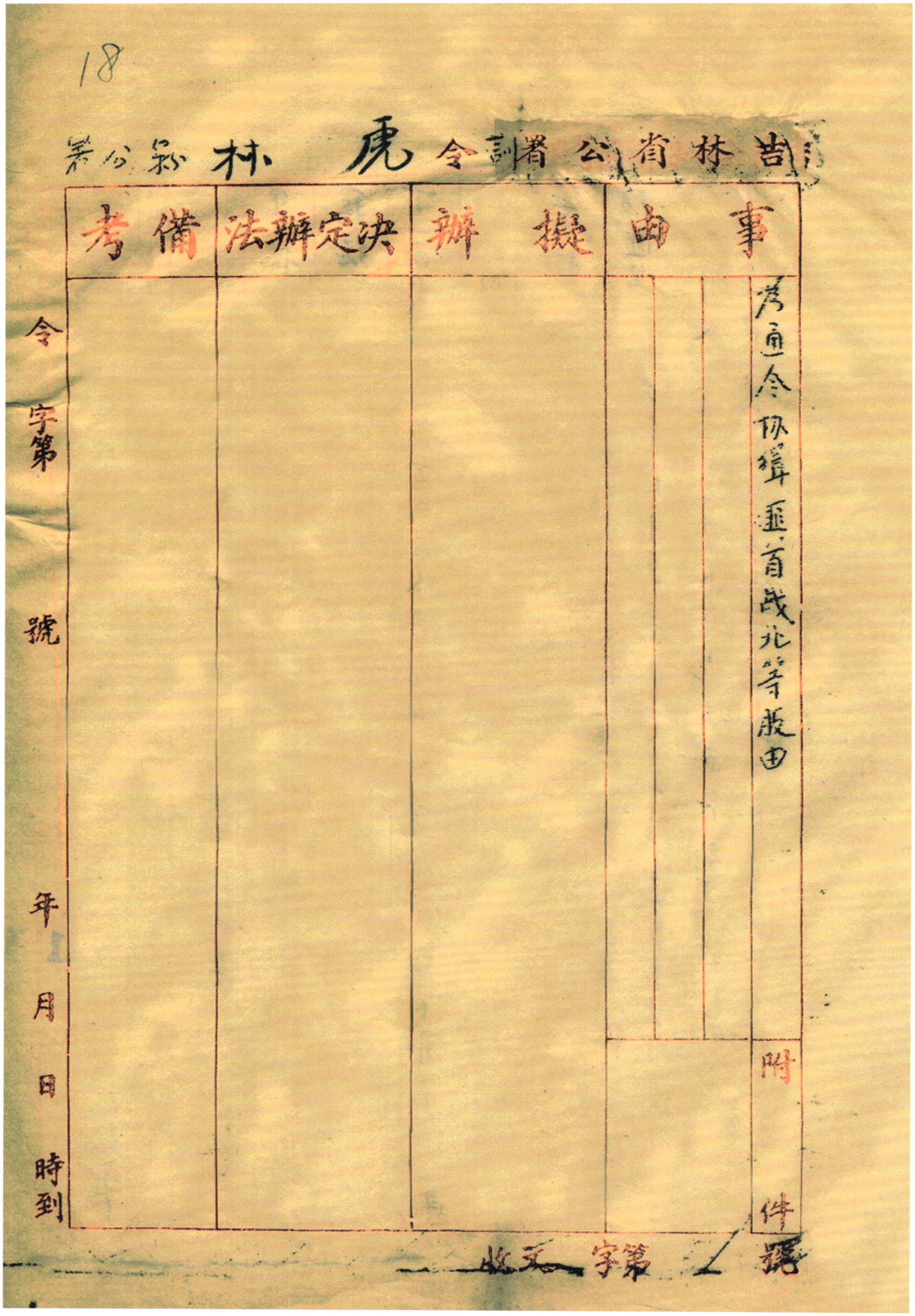
18

吉林省公署訓令 虎林 縣公署

事由	擬辦	決定辦法	備考
為通令協緝匪首戰北等匪由 附件			

令 字第 號

年 月 日 時到

收文 字第 1 號

吉林省公署訓令　保字第241號

令虎林縣縣長

案據扶餘縣長丁光普呈稱案據保衛總隊長趙有全呈稱
竊總隊長於本年十月二日奉令出發當率第一四五七各隊長
丁一百零五員名當日宿於距城九十里懷盛水屯探聞有匪首
戰北順天救國軍等首從百餘人在双廟子腰占荒七井子等處
一帶盤踞攻掠爲害極甚總隊長遂於次晨三日督隊馳往詎
該匪等消息靈通狡黠萬分知有官兵進剿預出伏卡見我隊
立即開槍總隊長當亦還擊分佈隊伍督隊進攻匪等恃其

19

夥衆兼有聯絡憑村為險兇猛敵抗由早七鐘戰至午後一時匪勢不支向東逃竄我隊乘馬追擊數里匪等蹤跡北因我隊漫散未便窮追當即鳴號集合查點我隊人馬安全無恙計陣斃匪首戰北首從四名救回四道孤店屯人票薛廣一名是役總隊陣費三八子弾一百一十粒連珠子弾一百粒第一隊陣費七九子弾一百五十五粒三八子弾五十粒四隊陣費七九子弾一百二十粒三八子弾一百三十粒五隊陣費三八子弾一百二十粒七九子弾五十粒七隊陣費三八子弾五十五粒七九子弾九十三粒計共陣費三色子弾九百八十三粒均係實費實銷總隊長以該匪首等率夥竄擾各處焚掠姦殺妨害秋割閭閻震驚民不聊生若不跟蹤痛勦實不足以保公安而靖地方是以復率

隊追勦聞該匪等多亦逃至小陳家窩堡屯踞堡為巢滿佈伏卡且挖有战壕我隊於午後三鐘時趕到匪等遥見追兵首先開槍總隊長並即分令各隊徒步努力猛攻奈該匪等佔據地勢拚死抗拒互相鏖战雖達三小時之久匪仍頑强思逞總隊長以時將昏黑若不及時圍攻匪必趁夜竄逃遂令第五七兩隊分左右翼在東西兩方面總隊長躬率一四兩隊居中由南面進擊勢取包圍指定兜勦當即振臂一呼幸我官兵用命爭先恐後奮勇直前硫火硝煙弾如飛蝗復又悪战有頃匪勢不支比及我隊搶至該屯之附近而匪等一面應敵一面遂由村內北面破墻向東北逃去迨我隊復乘馬追擊匪已去遠時值夜黑恐遺不

測未便窮追收隊查點官兵人馬安全又陣斃胡匪六名其所
持槍械多被餘匪搶回惟我代理第五隊長邵鵬雲勤捕勇敢
掠得匪人八米里槍一桿此役也總隊計陣費自來德子彈八十二粒三
八子彈一百三十五粒三隊陣費連珠子彈五十五粒三八子彈九十四粒七九子
彈八十六粒四隊陣費三八子彈七十五粒七九子彈二十五粒五隊陣費三
八子彈一百三十八粒七九子彈一百九十五粒七隊陣費三八子彈七十八粒七
九子彈九十七粒共陣費四色子彈一千二百八十五粒查以上兩役我隊官
兵一百零五員名共計陣費三八子彈九百八十五粒七九子彈一千零四
十六粒連珠子彈一百五十五粒有來德子彈八十二粒總計兩次共陣
費四色子彈二千二百六十八粒均經總隊長按名點搜確屬實打

實銷毫無浮冒情弊。至救回人票薛廣一名，總隊長伏思於遊
擊之際，未便送歸，兼念時值農忙，已取結釋放。陣獲匪人八來
里槍一桿，身拴號碼，均各不明，因職同勦匪需槍孔急，擬請留隊
借用，以厚軍實，藉利勦捕。除仍督隊追勦，務期肅清外，理合備具
飭領槍同結單，將接仗情形並二次陣費子彈數目，先行具文呈報，
送請鑒核，轉飭註銷子彈等情。據此，除指令呈暨結領均悉。查
該總隊長率第各隊與匪接仗，斃匪多名，得獲槍枝，救回人票，其屬
奮勇異常，殊堪嘉尚。第五隊部隊長得獲匪槍，尤為出力，着即
記功一次，仰仍督飭所部，乘勝上緊追擊，不滅不止，務期悉數殲除，
以安閭閻。而請地面陣獲匪槍准予留用，以充軍實。打耗子彈，候據請

21

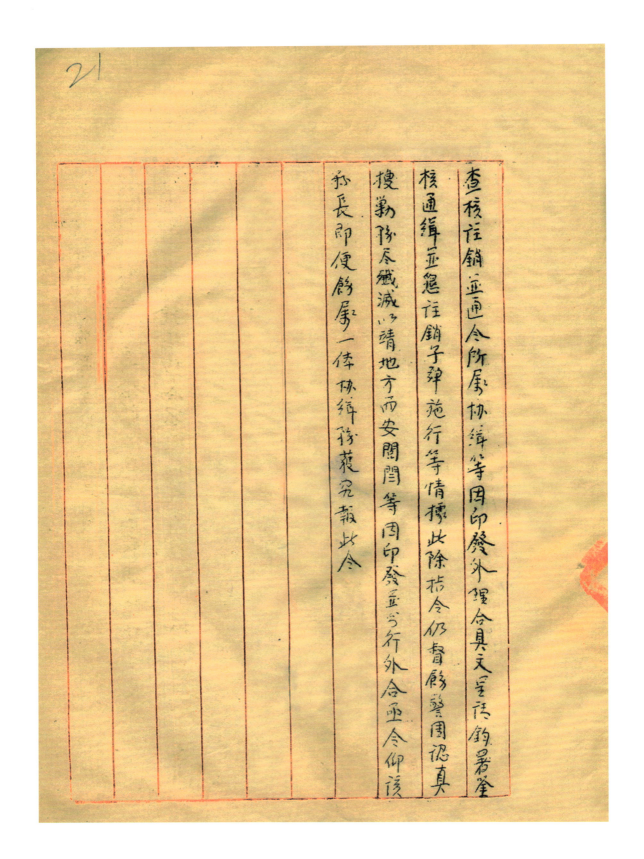

查核注銷並通令所屬協緝等因印發外理合具文呈請鈞署鑒核通緝並懇注銷子彈施行等情據此除指令仍督飭警團認真搜勦務盡殲滅以靖地方而安閭閻等因印發並分行外合亟令仰該縣長即便飭屬一体協緝務獲究報此令

大滿洲國大同元年拾月廿一日

省長熙洽

繕 劉楊孫森

總校對趙賓

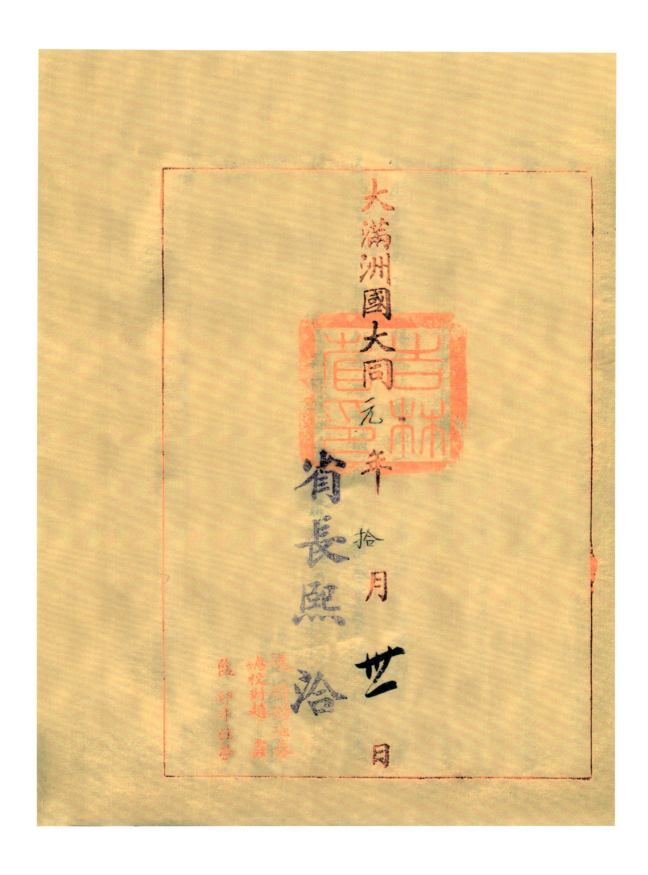

監印牟桂馨

伪吉林省公署为协缉农安县人甚好等事给伪虎林县公署的训令（一九三二年十月三十一日）

附：被掠团丁姓名、枪支种类、子弹数目表

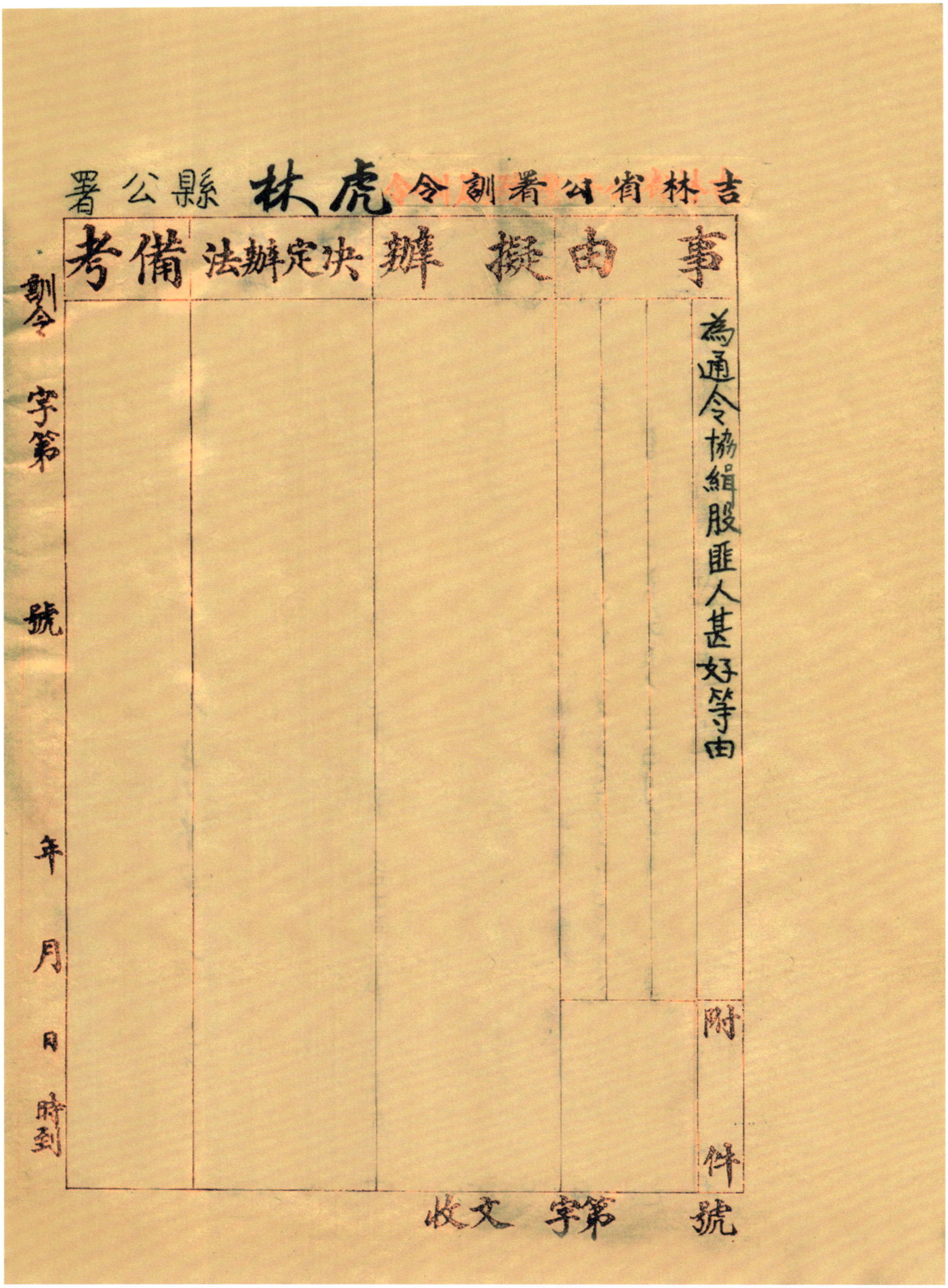

吉林省公署訓令
虎林縣公署

事由	擬辦	決定辦法	備考
為通令協緝股匪人甚好等由			
附件			

收文 字第 號

訓令 字第 號

年 月 日 時到

吉林省公署訓令 保字第 號

令虎林縣公署

案據農安縣長吳延緒呈稱案據保衛團總隊長王學章呈稱本月三日據第六區自衛團保董孫焕玉呈稱竊職團第二隊隊長王錫武率領團丁在外游擊於九月十三日行至四馬架屯撞遇有左胳膊着紅色臂章匪軍當即開槍射擊互戰時許該匪軍即行拉窜聞該屯人云已將匪軍被擊傷亡者三人經該軍救去當以匪軍勢衆擬赴團調隊以便抵禦不意行至趙家油屯偶遇匪首人甚好率領夥匪一百餘名勢甚猛烈遂將團丁等四面包圍雙

方鏖戰當以彼衆我寡勢難支持即被該匪裹去隊長王錫武隊附王
林園丁刁志邦等十二名及掠去大槍九桿手槍三桿雜色子彈九百粒雜色
馬十二匹等物均被掠去現在存亡尚難逆料除調集各牌團丁跟
踪追勦並造具清冊附呈暨陣費子彈另文詳報外理合具文呈報
鑒核轉請通緝掠去槍彈懇請備案施行等情據此查六區自
衛團隊長王錫武率領團丁刁志邦等十二名在外游擊被匪
首人甚好將團丁槍彈馬匹悉數掠去迄未逃回存亡未卜除一面
派員偵查被匪掠去真相及一面督飭各隊并調集自衛團跟踪
追勦務期殲除匪類救回團丁以維團務外理合繕具清冊具文
呈請鑒核轉請通緝實為公便等情據此除指令該隊長飭屬

認真探勦務將此項股匪盡數殲滅被擄丁械悉數奪回外理合

照繕人械號碼清冊一本具文呈請鈞署鑒核通緝施行等情

據此除指令仍督飭跟踪搜勦務將該股匪及裹掠官兵槍械

等件盡數殄滅奪回具報等因印發並分行外合亟令仰該縣長

即便飭屬一體協緝務獲究報此令

附抄原清單一紙

大滿洲國大同元年拾月廿一日

吉林省印

省長熙洽

校對楊汝森

總校對趙甯

監印牛桂榮

農安縣縣長吳廷緒謹將第六區自衛團被匪掠去團丁姓名槍枝種類
子彈數目繕造清冊恭呈
鑒核
計開
第二隊長王錫武自來得槍一桿號碼145567子彈一百粒
第二隊附王 林自來得槍一桿號碼5432941子彈一百粒
團丁刁治邦八米里槍一桿號碼5948子彈一百粒
王鳳林八米里槍一桿號碼3310子彈一百粒
李龍華八米里槍一桿號碼4232子彈七十粒
孫長喜連珠槍一桿號碼574子彈五十粒
袁世章八米里槍一桿號碼1490401子彈七十粒
吳鴻德八米里槍一桿號碼168018子彈一百粒

王貴三 連珠槍一桿號碼23854子彈七十粒
薛守寬 八米里槍一桿號碼1890子彈五十粒
姜海寬 八米里槍一桿號碼4510子彈七十粒
王喜春 櫓槍一桿號碼無子彈無
以上共計雜色槍枝十二桿子彈九百粒

大滿洲國大同元年十月七日

伪吉林省公署为协缉榆树县逃匪事给伪虎林县公署的训令（一九三二年十一月五日）

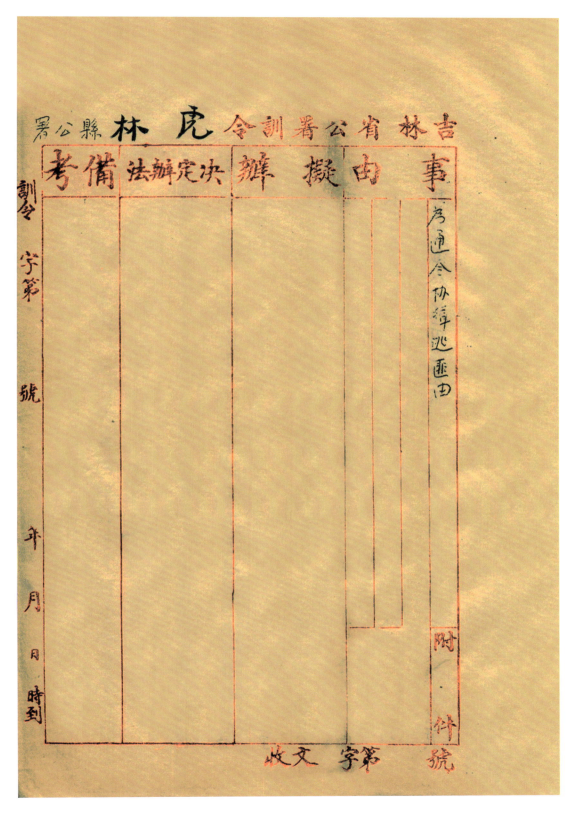

吉林省公署訓令　虎林縣公署

事由	擬辦	決定辦法	備考
為通令協緝逃匪由			
附件			

收文　字第　號

訓令　字第　號

年　月　日　時到

吉林省公署訓令

保字第253號

令虎林縣縣長

案據榆樹縣長姜恩之呈稱案據保衛總隊長于廷科呈據第一自衛團團總趙熙昌呈稱為據情轉報第六保備補兵孫玉深被匪傷亡並擊斃匪人一名檢同甘結仰祈查核轉報事案據戰團第六保呈稱為呈報事竊因後卡路屯備補兵孫玉璽家於九月二十一日晚十二句鐘時突來胡匪十餘名搶去大牛三頭衣物盡行搶去彼時該備補兵即與匪人開仗當即雙方對射擊斃匪人一名而孫玉璽家之備補兵孫玉深亦受傷身亡其

餘匪類遠逃保董等隨尾追無踪當經取具被事者及左右隣
切結証明毫無虛揑理合呈報鈞團核办等情據此查該保所
報確係實情事関重大未便擅專理合據情轉報鈞部鑒核備轉
施行等情據此查該備補兵孫玉深於深夜閒突遇匪警即能
射敵擊斃匪人殊屬可嘉惟受傷身亡實堪痛憫除指令將
該亡兵妥爲棺殮外理合檢同甘結具文呈報鑒核備轉施行等
情據此除指令嗣後嚴緝逸匪務獲解究外理合照抄原結
具文呈報鈞署鑒核俯賜通緝施行等情據此除指令仍飭上
緊搜勦務盡撲滅以安地方等因印發並分行外合亟令仰該
縣長即便飭屬一體協緝務獲究報此令

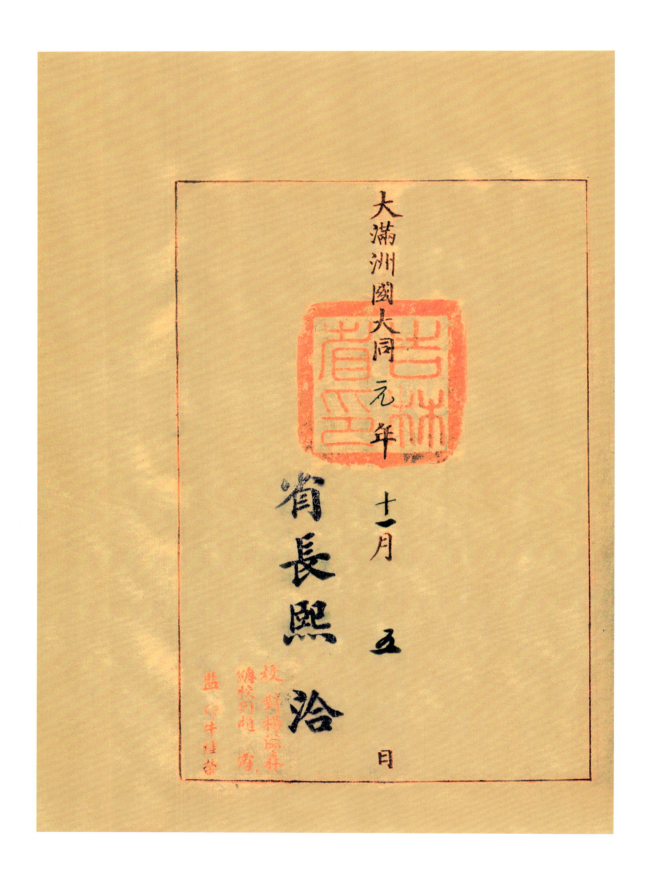

大滿洲國大同元年十一月五日

省長熙洽

校對楊滿森
繕校劉雄齋
監印牛桂芬

伪吉林省公署为注销伪汪清县自卫团丢失臂章事给伪虎林县公署的训令（一九三二年十一月九日）

吉林省公署训令　虎林縣公署

事由	擬辦	决定辦法	備考
為據汪清縣呈報自衛團與匪接仗丟失臂章請註銷等情通令查照作廢由			
附件			

收文第　字　號

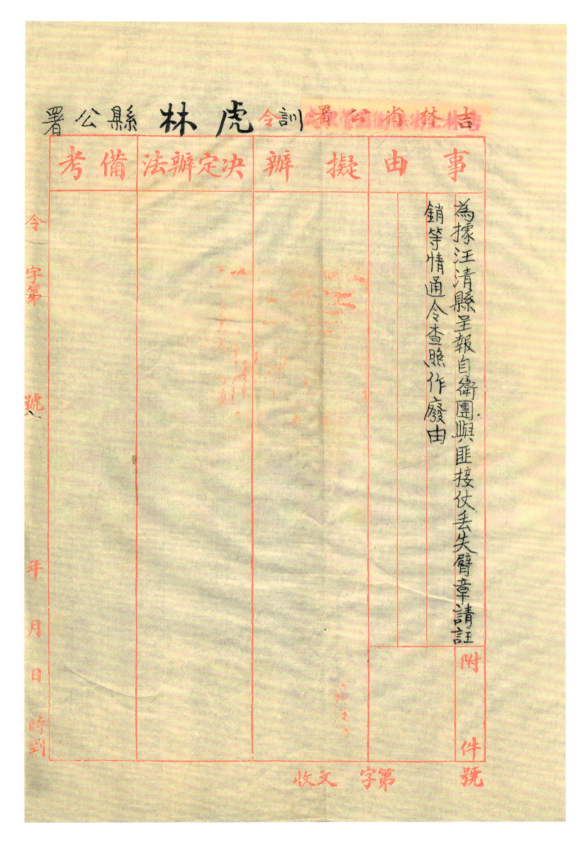

令第　字　號　年　月　日　時到

吉林省公署訓令 保字第264號

令虎林縣公署

案據汪清縣長李祝三呈稱案據縣屬公安局長張鵬九呈稱竊查於九月二十九日據自衛團正團長傅寶善副團長吳祥會呈稱竊團長前據密探報告殺燒西山屯之胡匪潛伏於小百草溝上掌椰罐窨子地方當因防中人數無多於本月二十二日派副團長吳祥會揀帶組長團員二十二名於是日晚十二時由縣連夜出發業經電話報告在案茲據該員於二十五日回防報稱竊副團長帶隊於二十三日拂曉到達小百草溝張龍海屯即據人民密報匪人龍岡海龍新安（或云新勝）等帮約有二百餘

名盤踞於柳罐窨子北濟（與屯田營搭界）設卡埋伏等情副團長
遂即帶兵由北大岡拉荒前進至是日午後一時行抵柳罐窨子附近山
脚與匪遭遇該匪等居高臨下向我迎擊經我方猛攻將匪擊退佔
領一部山頭繼有股匪數十名由左右兩山包抄而來左方之匪尤為洶湧
當派四班組長陳子陽帶領一部向左迎擊派第三班組長程明順帶
領一部向右迎擊猛力衝戰連奪數個山頭正在激戰之中後邊高山復
有股匪發現向我夾擊復派團員數名分頭堵擊該匪異常凶悍屢来
猛攻均被擊退至四時許匪人增加益衆重重配備向我陣地包抄進攻此時
誠前無去路後有追匪十分危急所幸團員奮勇戰鬥死力抵抗致將正
面之匪斃傷數十名匪已胆寒不敢前進我方見有衆寡不敵沿山直

戰且退不料匪人遍山漫野向我合圍而來似將肉搏我方又合力猛攻將
側面之匪擊退得以突圍而出分途歸來毫髮無傷誠爲幸事
查點此役陣費套筒子彈四百二十八粒三八式子彈二百四十四粒至擊斃
匪人因匪衆我寡未能得獲械彈人人憤激大有不殺盡此賊不休之概
等情前來查該匪等糾衆負嵎頑抗可恨已極我方擊斃胡匪未能得
獲械彈係因匪衆我寡然擊傷胡匪十數名我方完全無損以少勝多
足寒匪胆擬請將陣費各色子彈如數註銷藉以獎勵殺賊一俟探明
匪情再行相機進勦外理合將接仗並請註銷子彈各情形具文呈報鑒
核施行再此次接仗丢失白布臂章一枚亦請隨案作廢合併聲明謹呈等
情據此除指令仰俟據情轉請奉令再行飭遵外理合備文呈請鑒核

轉請註銷施行等情前來查該匪等竟敢結夥埋伏包圍我軍幸吳副
團長久事勦捕沉着應戰卒能以少勝多全隊凱旋陣斃數匪當因
匪衆我寡未得搜獲戰場然經此一役足寒匪膽矣茲經查明陣費
各色子彈六百七十二粒暨丟失臂章等項均屬實在尚無浮濫情事
除將臂章通飭作廢並指令該局仰候轉請核示再行飭遵復嚴
飭該團會同友駐各軍協力追勦外理合檢同臂章式樣具文
呈請伏乞鑒核註銷示遵施行等情據此除指令並分行外合亟
令仰該縣長即便查照作廢此令
附臂章式樣一紙

汪清縣
城市自衛團
縣公安局鈐記

大滿洲國大同元年十一月　日

省長熙洽

總校對趙贊

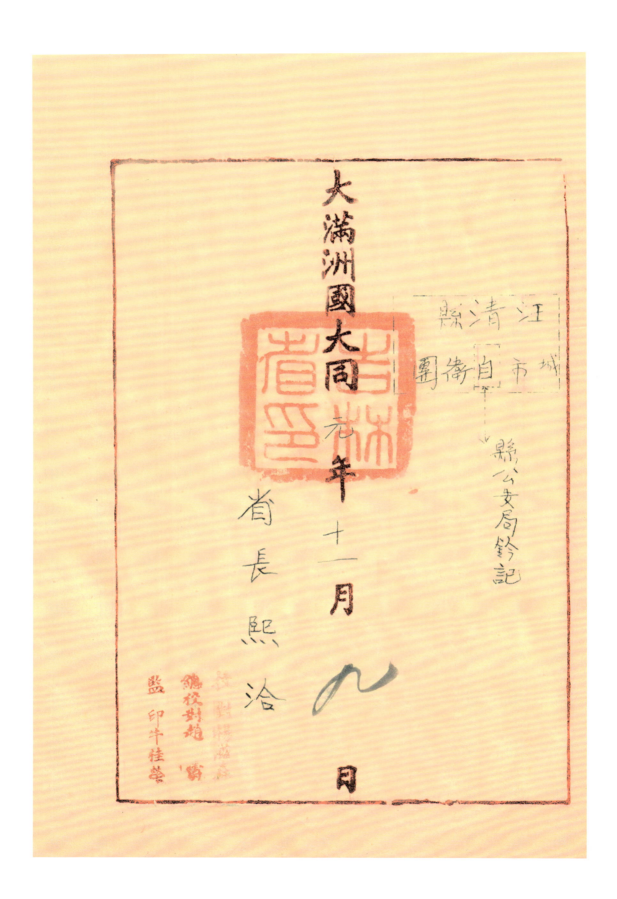

監印牛桂馨

伪吉林省公署为协缉拐装潜逃的伪富锦县省警二十四分队警士王继堂等人事给伪虎林县公署的训令（一九三二年十一月十六日）

附：面貌书

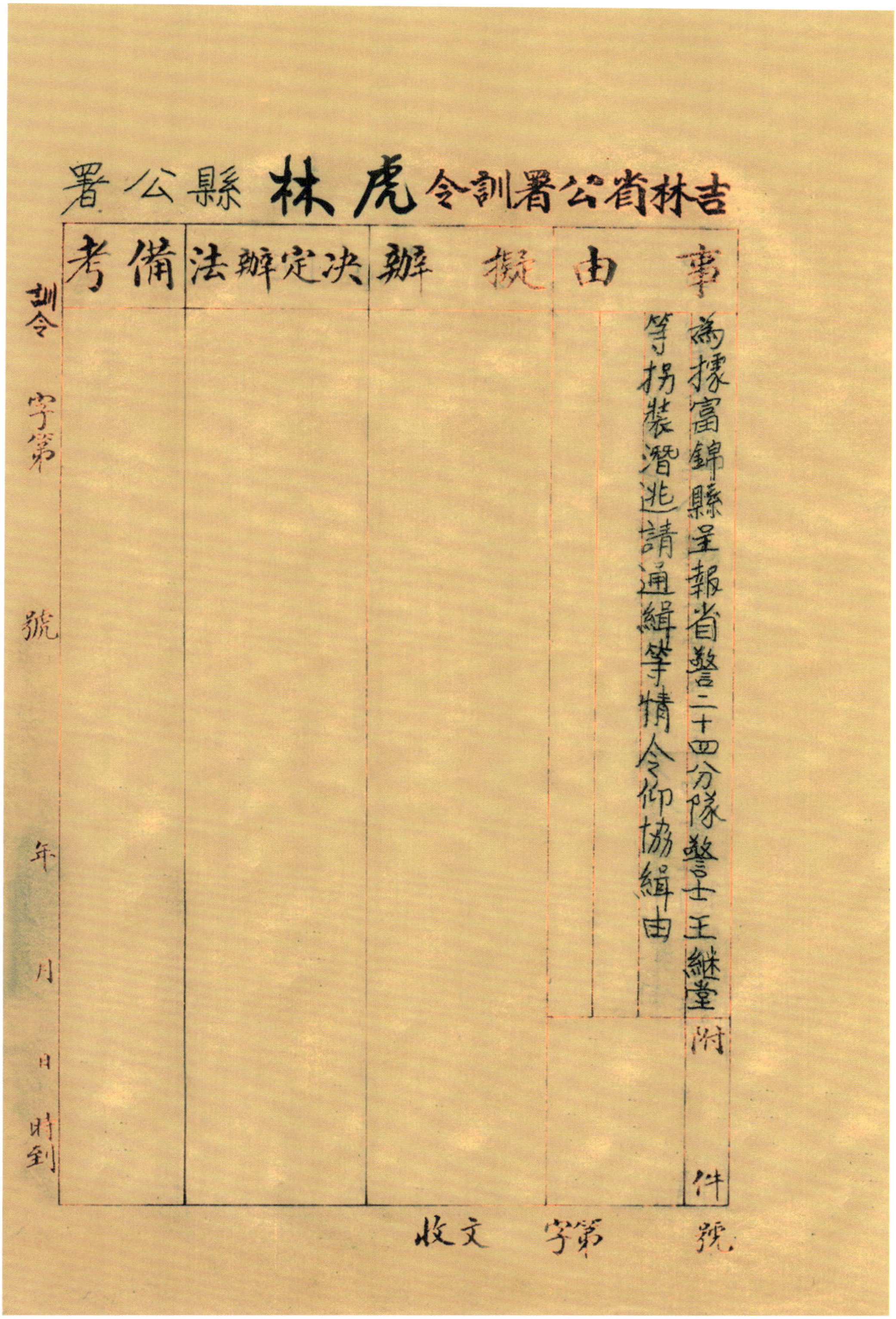

吉林省公署訓令　虎林縣公署

事由	擬辦	決定辦法	備考
為據富錦縣呈報省警二十四分隊警士王繼堂等拐裝潛逃請通緝等情令仰協緝由			
附件			

訓令　字第　號　年　月　日　時到

收文　字第　號

吉林省公署訓令

保字第279號

令虎林縣公署

案據富錦縣長白復呈據保衛總隊部呈稱案據省警第二十四分隊長羅肅雍呈稱竊於九月十八日午前十句鐘時據班長蘇克昌報稱今晨七鐘時警士王繼堂呂永順等掛號赴街購買脚手及九鐘時尚未回隊班長隨即赴街徧找無踪該警等確係潛逃無疑當即檢查該警等拐去藍單軍衣帽各一套報請通緝等情據此除派警四出偵緝並勒保賠償軍衣外理合繕具外逃警年貌書備文呈請通緝等情

21

前來查該警士王繼堂等胆敢藉貌拐帶軍裝潛逃殊屬可
恨除指令該分隊長勒保賠償以重公物外理合備文呈請鈞
署鑒核通緝施行等情據此理合繕具面貌書備文呈請鑒
核通緝等情據此查該警王繼堂呂永順竟敢拐裝潛逃
殊屬目無法紀深堪痛恨除指令督屬嚴拿外合行抄
同面貌書令仰該縣即便轉飭所屬一体協緝務獲解究此令

計抄面貌書一份

計開

一、王繼堂 年廿八歲身長五尺二寸長臉無鬚身着藍色軍衣帽

一、呂永順 年廿六歲身長五尺長臉無鬚身着藍色軍衣帽

大滿洲國大同元年十一月十八日

省長熙洽

總校對趙霨
監印牛桂榮

伪吉林省公署为协缉带兵叛变的保卫第二正队长黄荫祥给伪虎林县公署的训令（一九三二年十一月二十日）

吉林省公署训令　虎林縣公署

事由	擬辦	決定辦法	備考
為保衛第二正隊長黃蔭祥帶兵叛變飭屬一體協緝由 附件			

訓令　字第　號　年　月　日　時到

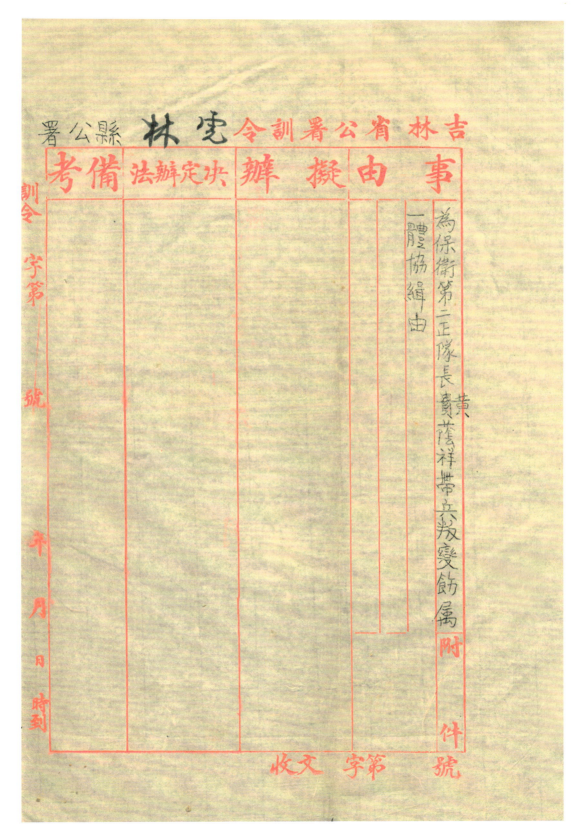

收文　字第　號

吉林省公署訓令

保字第 290 號

令虎林縣公署

案據樺甸縣長賈明善呈稱案據保衛團總隊部呈稱竊查保衛第二正隊由王隊長秀德任內因兵拐械叛逃數起嗣經該隊長請假遺缺以第九正隊長黃蔭祥調充因二正隊目兵屢次拐械叛變槍彈缺乏同時並由第九正隊撥歸三八式槍二十桿三十年式五桿由馬隊撥歸三十年式槍一桿套筒槍一桿七九步槍一桿共計二十八桿由九隊撥歸三八子彈三千七百五十粒由總隊部撥歸三八子彈八百粒套筒子彈三百粒共一千一百粒並服裝等項以補助二隊兵力之不足詎該正隊長黃蔭祥到差未久竟率帶該隊官兵七十五員名

於九月二十四日叛變將該正隊原有槍彈服裝及由總隊部九隊馬隊撥歸槍
彈服裝計拐去雜槍七十三桿雜色子彈一萬零零六十九粒並棉單軍衣
帽子彈袋各七十五套皮帶十二條一併拐去即該正隊鋪墊卷宗亦因該
隊官兵之叛致多損失狼藉不堪難於檢查一核覺該司事亦不知去向迹
至於今未能呈報無從只得由總隊部查卷繕單理合具文聲
明伏乞鑒核通緝施行計附清單等情據此查該隊長黃蔭祥竟
敢率同官兵叛變殊屬愍不畏法若不嚴行緝獲重懲實不足
以儆其餘除飭所屬警團並咨請駐軍一体協緝務獲送究及指令外理合檢齊清單
一併具文呈請鑒核通緝施行等情據此除指令仍督屬上緊嚴緝務將該叛官
兵等悉數獲究具報等因印發並分行外合亟令仰該縣長即便飭屬一體協

緝務獲究報此令

大滿洲國大同元年十一月二十日

省長熙洽

校對楊滋春
總校對趙舒
監印[illegible]桂馨

伪吉林省公署为游击第三支队呈报更换队号事给伪虎林县县长的训令（一九三二年十一月二十九日）

58 虎林縣縣長 吉林省公署訓令

事由	擬辦	決定辦法	備考
為據游擊第三支隊支隊長呈報遵令更換隊號請通令知照由			
附件			

令 字第 號 年 月 日 時到

收文 字第 號

吉林省公署訓令

警字第468號

令虎林縣縣長

為通令事案據吉林游擊第三支隊支隊長王樹棠呈稱

案奉

吉林省警備司令部恭字第九五號訓令內開為令遵事茲將郭寶山所部改為吉林游擊第一支隊席武雄所部為吉林游擊第二支隊王樹棠所部為吉林游擊第三支隊着將舊有隊號取消仰即遵照此令等因奉此支隊長遵於十月二十三日奉文之日起飭屬一律改換同時將舊有隊號即日取消

除職之隊成立日期業經前在省城呈報在案並迭報暨分行
外所有遵令改換隊號日期理合具文呈報伏乞鑒核備案並
懇通令施行等情據此除指令並分別通令外合亟令仰該
縣長即便飭屬一体知照此令

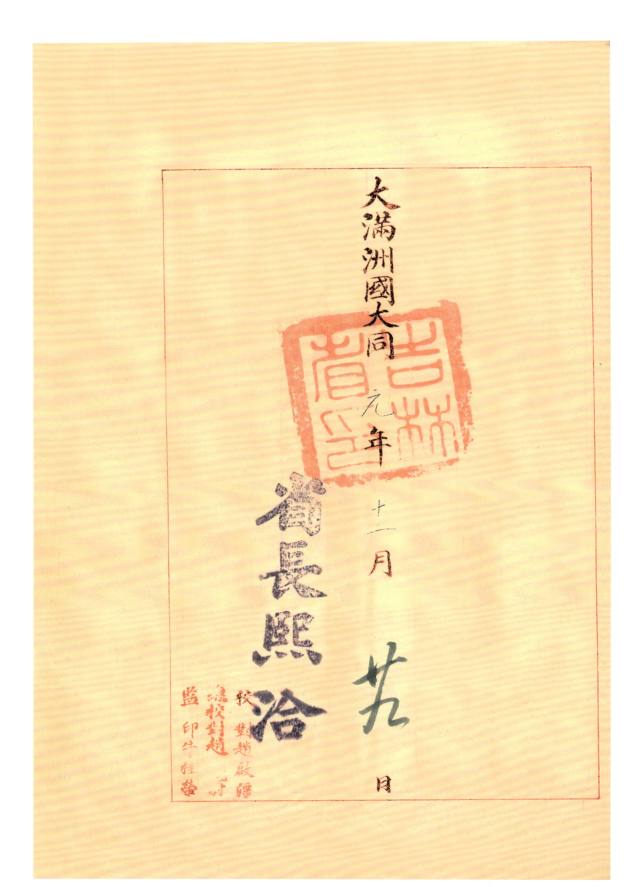

大滿洲國大同元年十一月廿九日

吉林省長之印

省長熙洽

校對趙啟疆

總校對趙 時

監印牛桂發

伪吉林省公署为注销消防警张衡瑞遗失臂章事给伪虎林县公署的训令（一九三二年十一月三十日）

虎林

縣公署

吉林省公署訓令

事由	擬辦	決定辦法	備考
為據延吉公安局具報消防警張衡瑞遺失臂章請通令註銷由			
附件			

令 字第 號

年 月 日 時到

收文 字第 號

吉林省公署訓令

警字第469號

令虎林縣公署

為通令事案據延吉公安局呈稱竊據消防署署長邱立合呈據四等警長張衛瑞聲稱本月二十一日晚十二鐘時往延經路救火因一時忙亂致將所佩第三十八號臂章遺失等情轉報前來查臂章遺失所關甚鉅誠恐流落匪人之手滋生事端擬請准予通令註銷以資慎重除指令及分報外理合備文呈請鑒核施行等情到署除指令呈悉准予通令註銷並分行外合亟令仰該縣即便轉飭所屬一體知照此令

大滿洲國大同元年十一月卅日

省長熙洽

校對趙啟疆

繕校對趙[illegible]

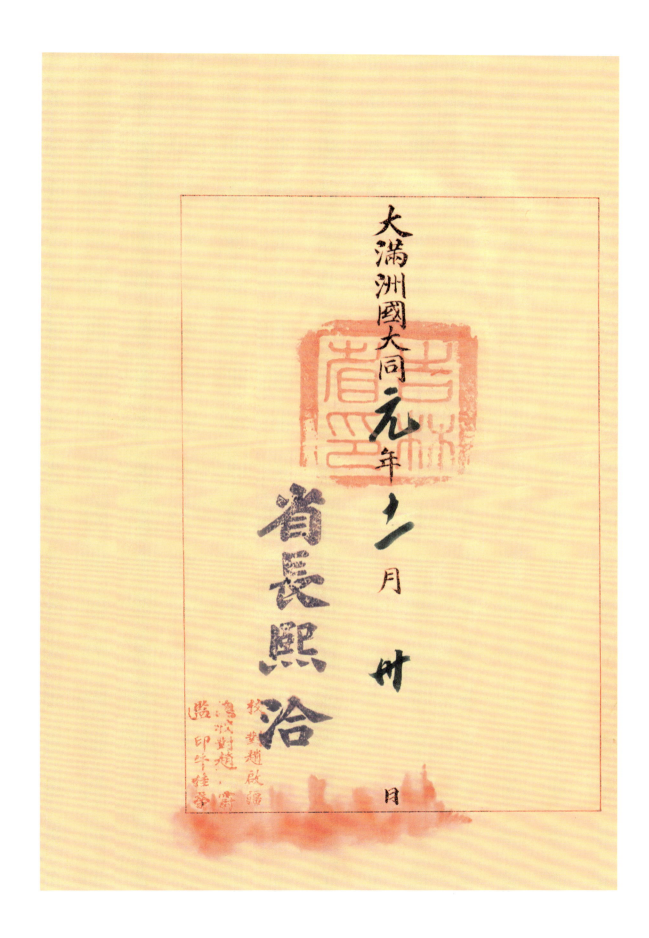

監印[illegible]桂馨

伪吉林省公署为通令协缉王辅忱等人事给伪虎林县公署的训令（一九三二年十二月八日）

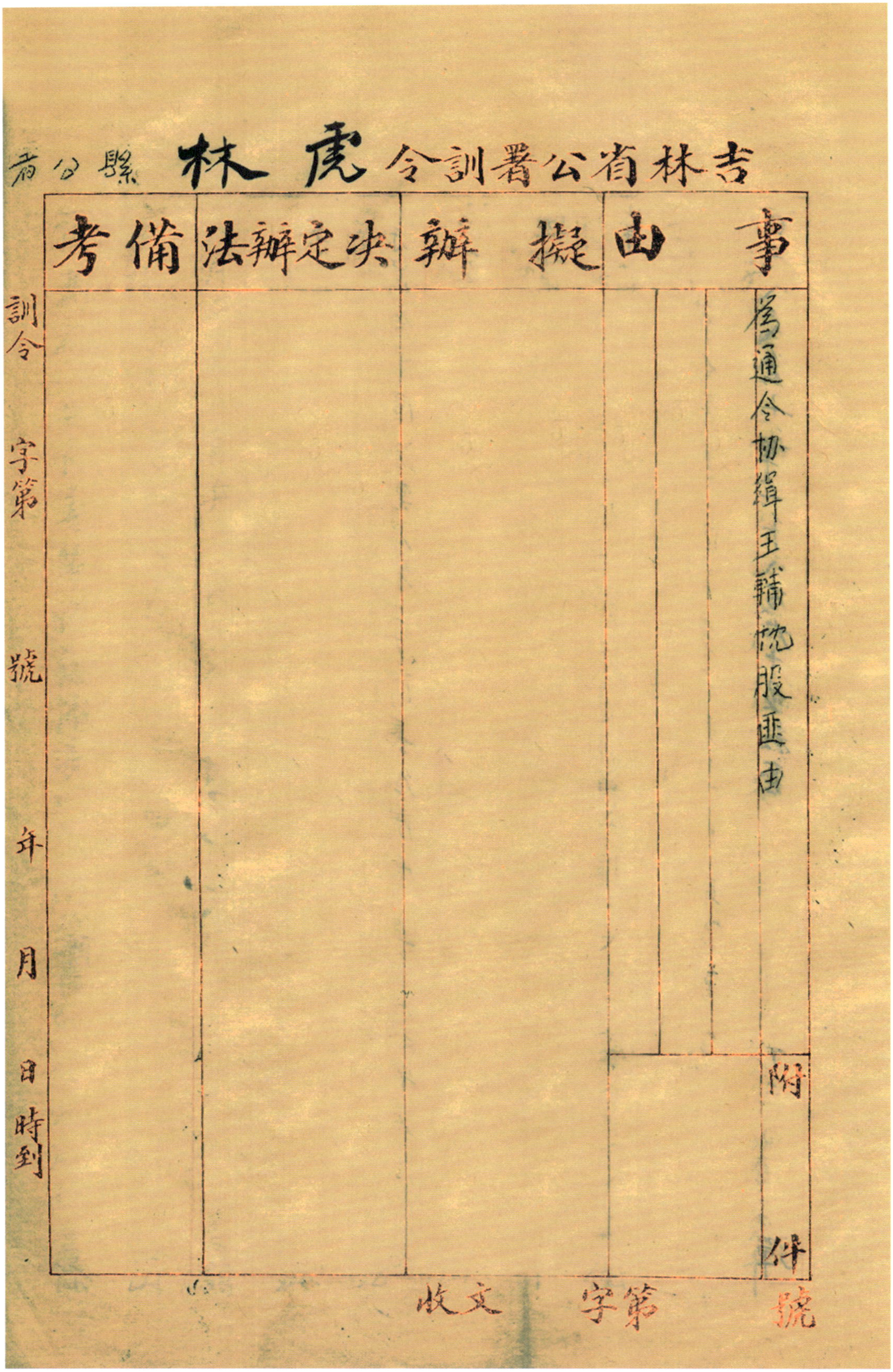
吉林省公署訓令 虎林縣公署

事由	擬辦	決定辦法	備考
爲通令協緝王輔忱股匪由			
附件			

訓令 字第 號 年 月 日時到

收文 字第 號

吉林省公署訓令

保字第318號

令虎林縣縣長

案據德惠縣長鷹維城呈稱案據保衛總隊長榮廷呈稱案據自衛團游擊第三大隊長劉成章呈稱竊職奉令帶各隊官兵在三家屯堵擊匪首王輔忱由侯家崗屯帶隊向西南方逃竄經職率第十一中隊開槍射擊將匪擊退迴侯家崗當即擊獲胡匪五名內有許洋林孟憲貴二人使槍餘三人徒手並得獲白騍馬一匹黑栗色騍騾一頭職隊陣費連珠子彈五百三八式槍子彈一千八百九十五粒套筒槍子彈二千三百粒鉛彈

槍子弹一百七十三粒匣槍子弹二百六十四粒共陣費各色子弹五千
二百三十二粒理合檢同槍弹馬匹暨匪犯一併備文呈送等情
據此總隊長提訊匪犯許洋林孟憲貴二名供稱係一匾卡路道往
民因家貧如洗衣食艱窘故铤而走險於本年舊歷九月初一日
投入王辅忱幫為匪分使套筒毛斯槍枝等情提訊孫萬福范宝山
謝青山三名均供稱確係安善良民向以務农為業毫無不法
行為因被匪裹去牽馬趕車不肯放回故在匪夥中十餘日於
九月二十五日官兵與匪接仗乘隙生險被官兵拿獲解案等語
正核办間復據民人董连升蔡玉田等具呈懇請保释范宝山
孫萬福以安良善等情總隊長以案關盜匪嫌疑未敢擅專除

指令外理合將該犯等連同槍彈騾馬備呈一併具文呈送
鑒核收訊等情據此查該隊此役堵擊白匪擒仗獲匪得槍
洵屬異常出力殊堪嘉尚當由承長賞洋五十元用資鼓勵
除將獲匪交司法科訊辦陣獲槍彈存庫騾馬准該隊領回變
價購彈並通令協緝外所有游擊第三大隊白匪擒仗陣獲
胡匪槍彈騾馬各緣由理合具文呈請鑒核飭緝施行等
情據此除指令仍飭屬上緊搜勦逸匪務悉撲滅以靖地方等
因印發並分行外合亟令仰該縣長即便飭屬一體協緝務
獲究辦此令

大滿洲國大同元年十二月八日

省長熙洽

校對 楊滋森

總校對 趙 爵

監 印 于桂馨

伪吉林省公署为查缉张学良派遣密探入境策动事给伪虎林县公署的训令（一九三二年十二月十一日）

吉林省公署訓令　虎林縣公署

事由	擬辦	決定辦法	備考
為張學良派遣密探入境策動令查緝由			
附件			

收文　字第　號

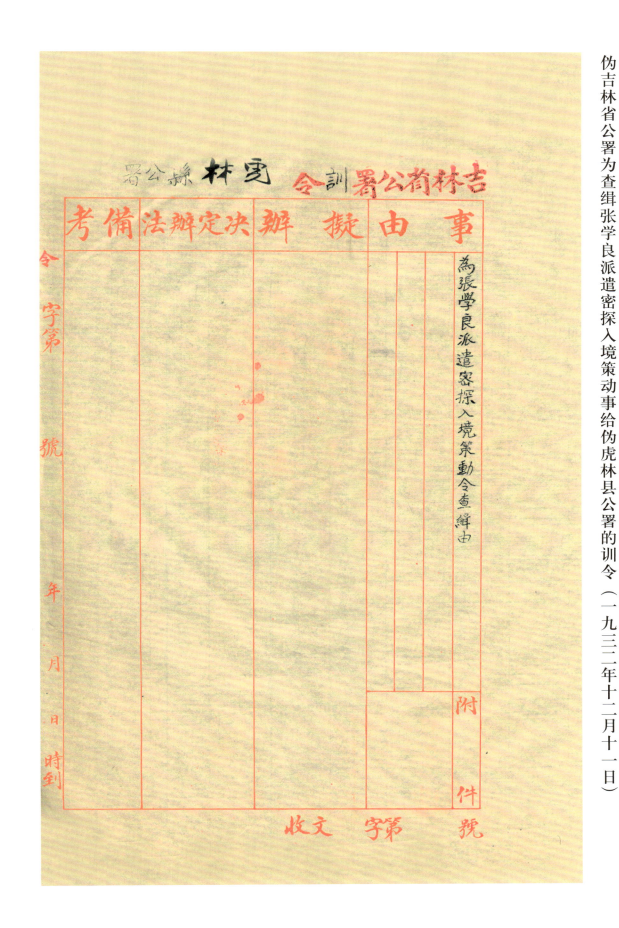

令　字第　號　年　月　日　時到

吉林省公署訓令

警字第514號

令虎林縣公署

警務廳案呈准

民政部警務司長通報張學良派遣密探入滿策動茲將其詳情録報如下一、密探之行動並任務(1)張学良之密探隊本年八月在北平編成後派至哈埠二百餘名、哈埠事変後自本年三月至四月中旬曽派七十餘名共計二百七十餘名最近又決定派遣女隊員二百五十名該隊全係在北平招集編成之美人隊員此等入滿後與前派之男隊員共同工作(2)任務、該密探隊男隊員之重要任務調查新國家各机関之設施情況、暗殺日滿要人連絡義勇軍等女隊員之重要任務籠絡日滿要人蒐集秘密事項对於滿洲國軍警之種々

宣傳煽動工作等　二、密探隊首領之行動、密探隊之首領—係天津人趙伯允（張学良系統）—係
南京遣派来之上海抗日會員王均該首領之住所無有一定其根據地極密幹部以外隊員完
全不知也三、密探隊使用之暗語、該隊員間之通信其他日用之語使用左列暗語通信時完全用暗
語係商用文如下列、暗語譯文資本金（兵）開市（攻撃）司机人（槍械）紅粮（子彈）豆餅（手榴弾）補助金（義勇
軍）殘餘銀價（反軍滿洲軍）四、首領対於隊員之操縱方法首領趙王等顧慮隊員之不統制
現下委受某有力紳商将由某方面與該隊滙来中央銀行之二十五万元受領後發給隊員鎮撫之五
張学良組派青年鉄血团之説、張学良近来在北平招集各大學々生四百餘名組織青年鉄
血团派遣滿洲各地計畫專暗殺日滿各机関要人扰害治安該团員現已有種々變裝秘密裏
由北平出發等語等情到署查張學良暗遣多数探員入境策動亟應嚴防密緝以免滋扰
地方除分令外合行令仰該縣長轉飭所屬認真查防以杜乱源毋稍疏失切切此令

大滿洲國大同元年十二月　日

省長熙洽

校對趙啟疆
總校對趙爵
監印牛桂[illegible]

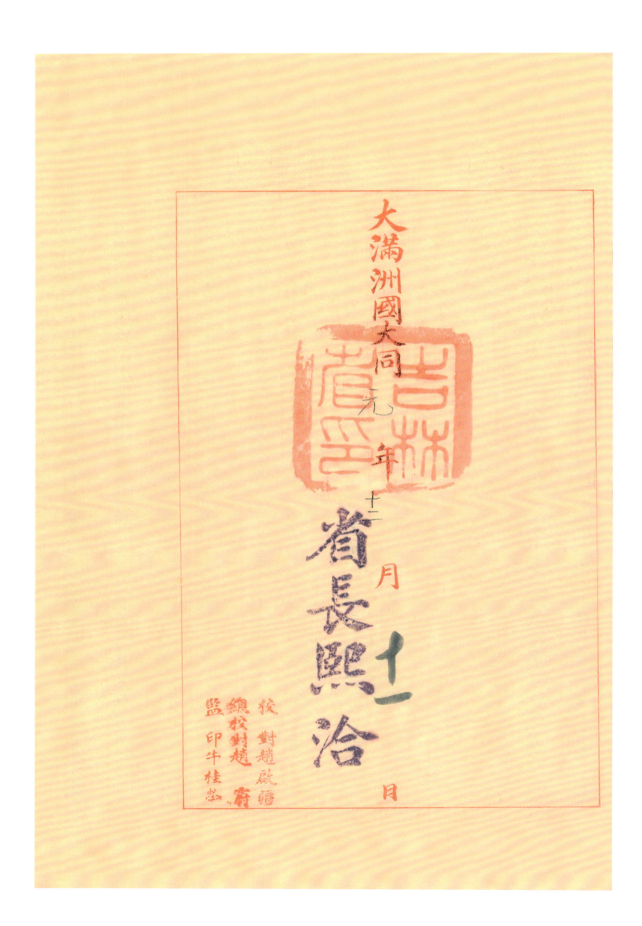

伪吉林省公署为严禁无伪满洲国官宪查证护照之外人出入「国境」给伪虎林县公署的训令（一九三二年十二月十一日）

85

吉林省公署訓令　虎林縣

事由	擬辦	決定辦法	備考
為准北滿特派員公署函送關於嚴禁無滿洲國官憲查證護照之外人出入國境一案令仰一體查禁由			

附件

訓令　字第　號

年　月　日　時到

收文　字第　號

吉林省公署训令

總字第560號

令虎林縣

為令遵事案准外交部北滿特派員公署函送依照檢查外國人出入境規則嚴禁無滿洲國官憲查証護照之外人出入國境一案致特警處函稿一件希即查照等因准此查禁止無照外人出入國境早經通行有案准函前因除函復並分行外合亟抄件令仰該縣即便飭屬一体嚴行查禁為要此令

附抄函一件

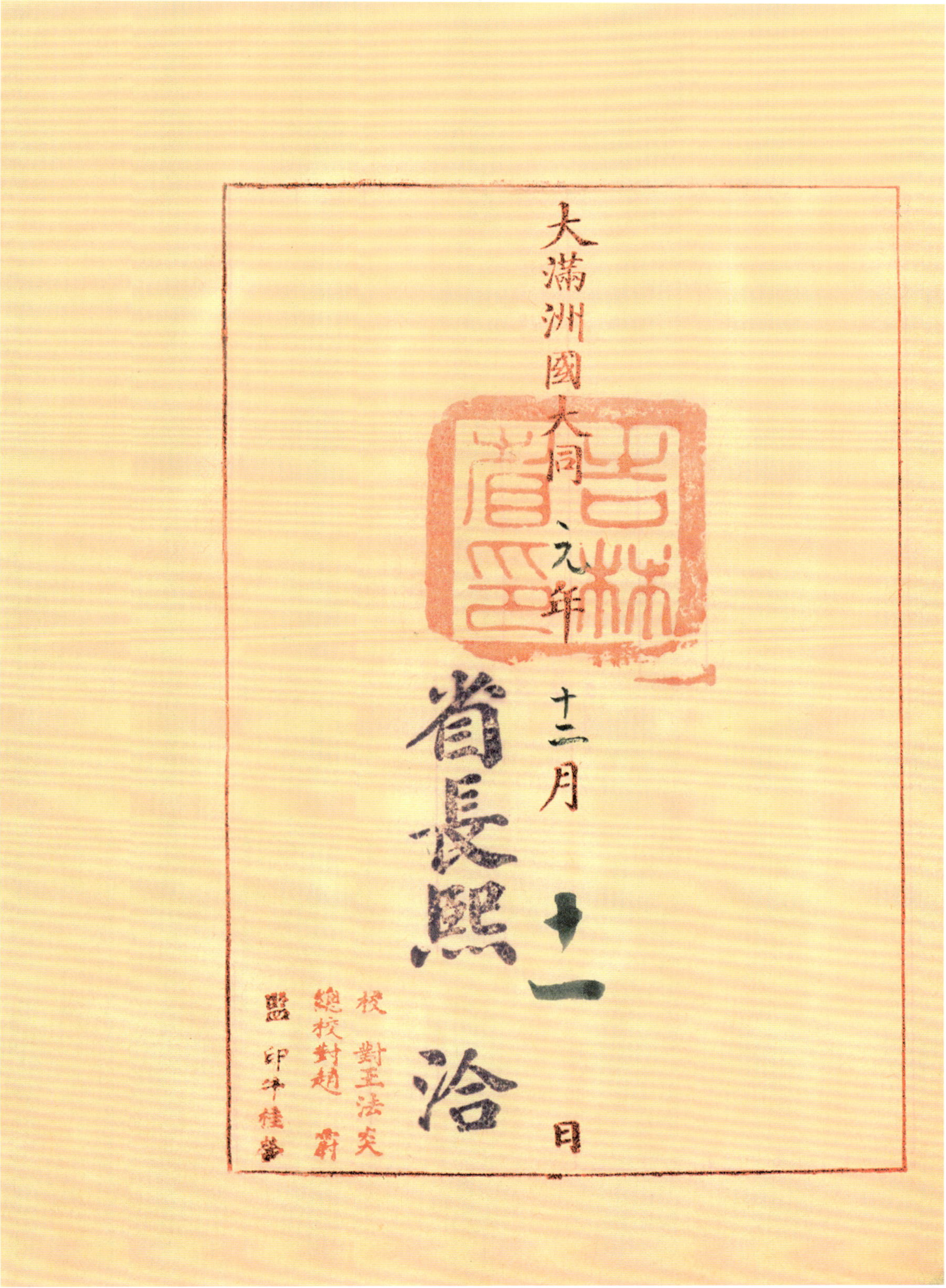
大滿洲國大同元年十二月十一日

省長熙洽

校對王法奐
總校對趙　蔚
監印尹桂馨

伪吉林省公署为制定交通警察臂章式样给伪虎林县县长的训令（一九三二年十二月十四日）

吉林省公署訓令 虎林縣縣長

事由	擬辦	決定辦法	備考
奉部令為制定交通警察臂章式樣令仰遵照由			
附件			

收文 字第 號

字第 號 年 月 日 時到

吉林省公署訓令

警字第530號

令虎林縣縣長

案奉

民政部訓令警字第一五一七號內開：為令遵事。查交通警察向未纏繫臂章，於交通勤務上諸多不便，茲經本部制定交通警察臂章式樣，以資識別而利勤務。除分行外，合亟隨令頒發，仰即遵照辦理。切切此令。附發臂章圖樣並說明一份等因。奉此，除分行外，合亟檢同臂章圖樣並說明一份，令仰該縣遵照辦理。此令。

附發臂章圖様並説明一份

大滿洲國大同元年十二月十の日

省長熙洽

校對[illegible]

[illegible]

監印佟桂[illegible]

伪吉林省公署为协缉伪阿城县八甲自卫团被掠枪支案给伪虎林县公署的训令（一九三二年十二月十五日）

吉林省公署訓令 虎林縣公署

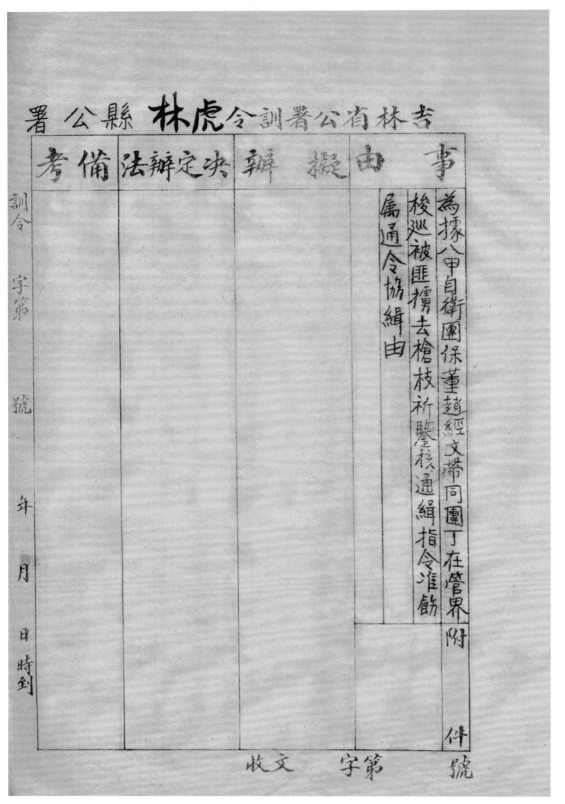

事由	擬辦	決定辦法	備考
為據八甲自衛團保董趙經文帶同團丁在管界梭巡被匪擄去槍枝祈鑒核通緝指令准飭屬通令協緝由			
附件			

訓令 字第 號 年 月 日 時到

收文 字第 號

吉林省公署訓令

保字第327號

令虎林縣公署

為通令協緝事案據阿城縣縣長呂佑周呈稱案據保衛團總隊長閻滿和呈報竊於本年十月二十一日據八甲自衛團保董趙經文報稱竊於本月二十日保董帶同團丁十二名在防界内梭巡至晚八句鐘時宿住海清河沿武斌家内保董知胡匪成夥出没無常未敢疏懈當派崗丁二名在外料哨保董與屋内團丁均衣未解帶端坐待明至晚十二時有匪首五霞東邊等馬匪三十餘名突如其來直逼屯内由崗丁報知保董

立即督同團丁開槍射擊，該匪等聲勢洶洶，胆敢還槍敵
抗。激戰二小時之久，我隊籽彈告匱，槍聲不繼，被四面包圍，蜂
擁直前，有槍無彈，難以抵敵，遂被匪等掠去三四槍一桿、別拉
旦槍二桿、七星手槍二枝、六開斯槍一桿、套筒槍一桿、毛瑟槍
一桿，共掠去大小槍捌桿，即行遠颺。理合報請鑒核轉
報施行等情。據此，查該保董指揮無方，以至敗衄，咎不容辭，
除責令該保董會同就近自衛團嚴痛追勦，務期捕滅此股
悍匪，奪回前項槍枝外，理合據情轉請鑒核，俯賜准予轉
請通緝，實為公便等情。據此，查該保董趙經文此次帶同團
丁在管界內梭巡，宜如何加意防範，俾免疏虞，乃竟慢不

經心倉猝遇匪致被掠去大小槍枝八桿殊屬不合擬請將
該保董先行記大過一次一面勒限嚴緝逸匪並責成保衛團
總隊長閻滿和督同自衛團上隊跟踪追剿並將失去槍枝
悉數奪回以杜竄擾而重軍實除指令外理合具文呈請鑒
核俯賜准予飭屬通緝施行等情據此除分行外合亟令
仰該縣長即便轉飭所屬一體協緝此令

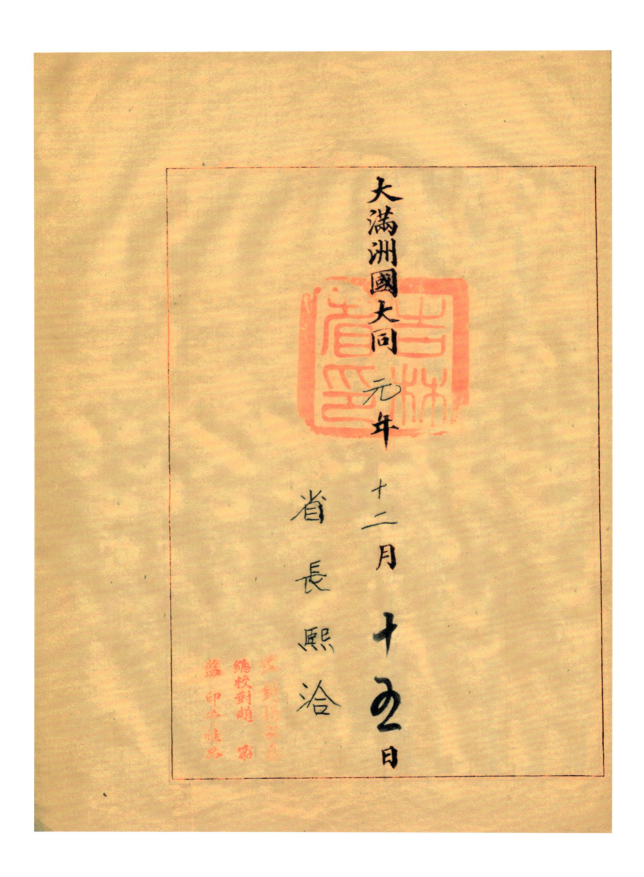

大滿洲國大同元年十二月十五日

省長熙洽

校對楊[illegible]
總校對趙[illegible]
監印[illegible]桂[illegible]

伪吉林省公署为国民政府拟派密探饬属严密查缉事给伪虎林县公署的训令（一九三二年十二月十八日）

吉林省公署訓令 虎林縣公署

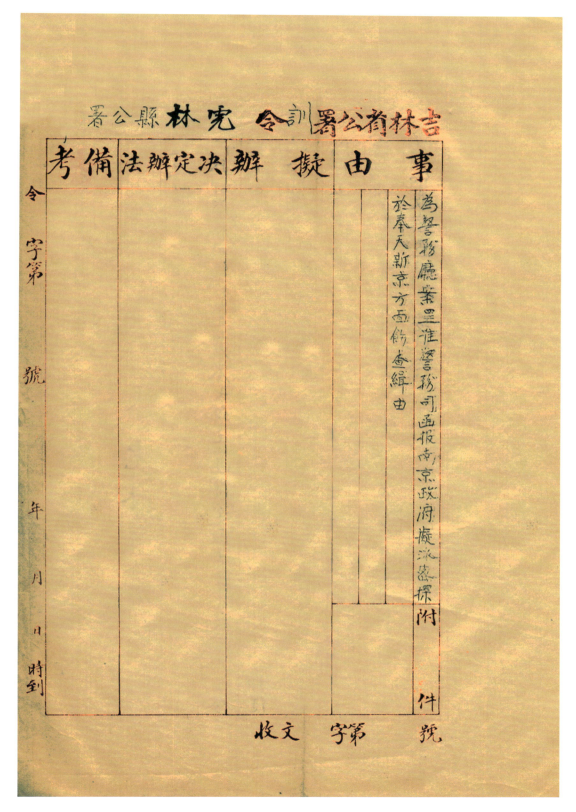

事由	擬辦	決定辦法	備考
為警務廳案呈准警務司函報南京政府擬派密探於奉天新京方面飭查緝由 附　件			

令　字第　號　年　月　日　時到

收文　字第　號

吉林省公署訓令

警字第557號

令虎林縣公署

警務廳案呈准

民政部警務司特秘第二九零七號之二函開逕啟者案查據關東軍參謀長由漢口駐在武官接受之電開曾充綏靖公署鄭州署長之柳佐此人係漢口紅幫之頭目此次奉命於一星期以前由黃浦及南京軍官學校出身者中選出為密探者三十名擬將密派奉天及新京方面等情據此請貴廳長嚴密注意為盼等因到署除分令外合亟令仰該縣長即便遵照飭属嚴密查緝為要此令

大滿洲國大同元年十二月十八日

省長熙洽

校對趙啟曾

總校對趙霖

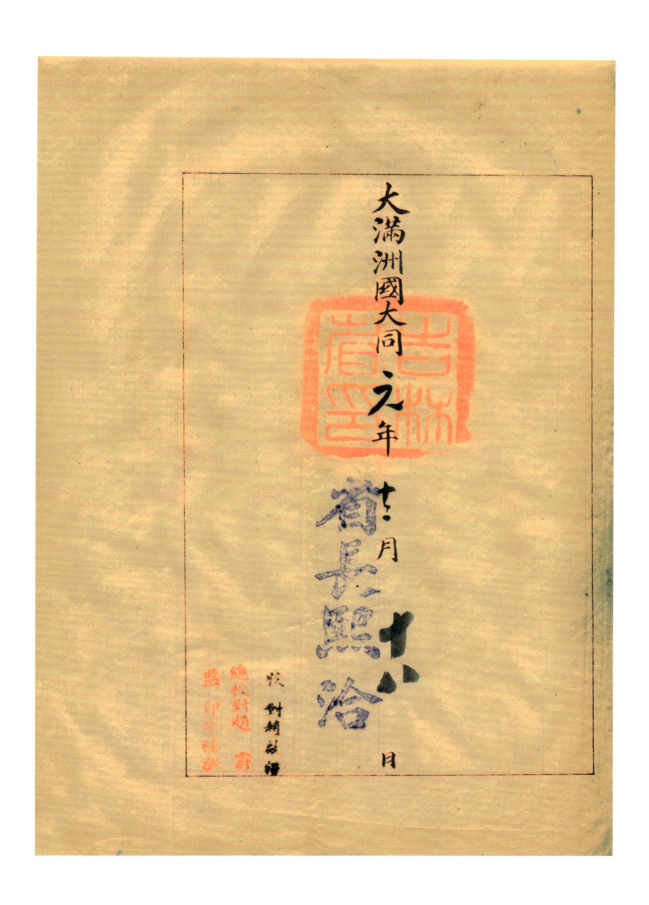

監印华桂學

伪吉林省公署为富锦县民户姜喜洲家被抢绑饬属一体查缉事给伪虎林县公署的训令（一九三二年十二月二十三日）

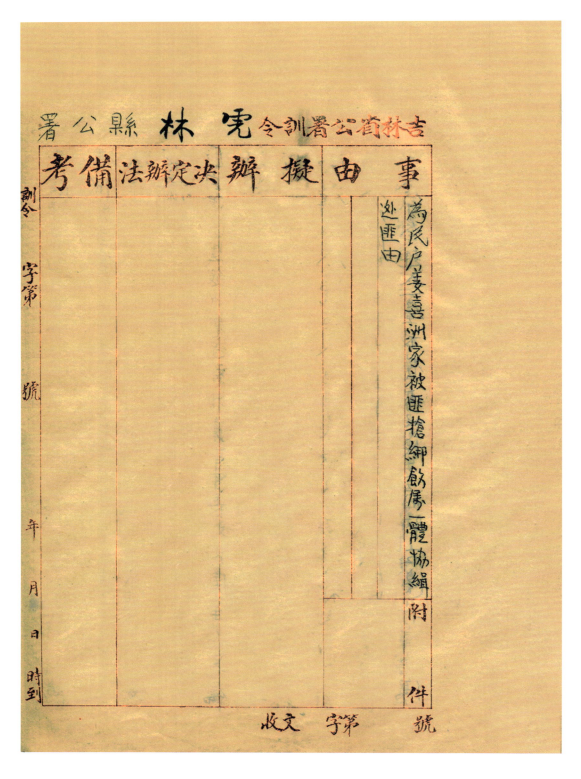

吉林省公署訓令 虎林縣公署

事由	擬辦	決定辦法	備考
為民户姜喜洲家被匪搶綁飭屬一體協緝逃匪由 附件			

訓令 字第 號 年 月 日 時到

收文第 字 號

吉林省公署訓令

保字第338號

令宪林縣公署

案據富錦縣長白復呈稱據保衛團總隊部呈稱案據第一區自衛團團總刘魁呈稱據第一甲甲長刘長庚呈稟據界屬海濱西南屯住戶姜喜洲報稱民家於本月十九日早六句鐘時西來有軍人十二名各身着軍服分持槍械進院聲稱奉令號草入屋叫民做飯吃完亦未登程过午又令做飯至晚九鐘時該匪等以槍威嚇將民家中人等全赶入一屋放槍兩响民之前胸左邊打有槍傷

一處又將民之二弟姜喜賓左胳膊上邊打受傷一處鄉去
民弟姜喜儒人票一名當槍去套筒槍一桿籽彈五十粒德國
連珠槍一桿籽彈七十粒大蓋槍二桿籽彈一百二十粒連同槍
票一張来福槍一桿葯兜一個並槍去大洋四十元皮袄毛衣被
褥翁得等項衣服計卅七件臨走又騎去雜色馬十二匹報請
查緝等語甲長據報當即前往查驗屬實除帶隊查緝
外合先報奪等情前來據此除指令上緊查緝務將人票安
全救回贓匪俱獲送懲並督屬一体協緝外理合將界民姜
喜洲被匪搶綁人票槍馬財物各情形檢同槍票三張備文
呈請轉報通緝等情前來除指令並分行各團隊一體嚴緝

外理合檢同槍票三張備文呈請鑒核通緝施行等情據
此除督飭所屬警團尋踪追擊務將該匪盡獲人票安全
救回外理合備文呈請鈞署者鑒核俯賜通緝施行等情據
此除指令仍督屬上緊踹緝務將案内該匪人票分别救獲
具報等因印發並分行外合亟令仰該縣長即便遵照飭
屬一體協緝務獲究報此令

大滿洲國大同元年十二月廿三日

省長熙洽

校對楊海壽
總校對趙蔚
監印佟桂馨

伪吉林省公署为来省定制制服应先呈准给伪虎林县公署的训令（一九三二年十二月二十五日）

吉林省公署訓令

縣縣長 林寰

103

事由	擬辦	決定辦法	備考
為據省公安局呈請通令各縣局來省訂做制服應先呈准由			
附件			

令 第 字 號

年 月 日 時到

收文 第 字 號

吉林省公署訓令

警字第586號

令虎林縣長

為令遵事案據省会公安局長魏昌呈稱案據職屬第二分局局長金蘭華呈稱竊查近數月來各縣警團時有來省在分局管界軍衣莊或洋服店等訂做制服均經訂做機關出具證明由該管承做商號之警察分所查核相符呈由分局轉請鈞局鑒核給照准予製做在案如此辦法既有承做机関出具證明似無不妥切之可言但當茲時局不靖匪類頻仍对於軍需用品宜異常審慎庶免魚目混珠發生意外分局長為慎重起見擬請轉請通通令各縣嗣後凡屬各縣警團需做制服無論多寡均應由各縣公署或設治局先期呈請省長公署核准令由鈞局轉行

所在承做服裝各商號管轄之分局後再行轉諭准其承做較為妥善所擬是
否有當理合具文呈請鑒核施行等情據此查該分局長所陳各節係為慎重
軍需用品藉免魚目混珠發生意外起見尚屬可行除指令候轉請示遵外理合
具文呈請鑒核示遵等情到署覆核所請通飭各縣局凡在省訂做制服並
先呈准令知有案再行飭商承作等情係屬防微杜漸免滋弊竇起見事尚
可行除通令一体遵辦毋違并指令外合行令仰該縣長即便遵照此令

大滿洲國大同元年十二月廿五日

省長熙洽

校對趙啟綸

總校對趙爵

監印牛桂榮

伪吉林省公署为节省剿匪用弹核定报销以重军火事给伪虎林县县长的训令（一九三二年十二月二十五日）

吉林省公署訓令　虎林縣縣長

事由	擬辦	決定辦法	備考
為各縣警隊對於剿匪用彈務宜格外節省核定報銷以重軍火通令一体遵照由 附件			

令　字第　號　年　月　日　時到

收文　字第　號

吉林省公署訓令

警字第577號

令虎林縣縣長

案查各縣警隊對於勦匪耗彈恒有出入其核實請銷者固居多數而含混冒報冒領者亦屬不尠且因冒領之餘輾轉流入匪手者尤恐難免似此積習亟應剔除況子彈一項關係軍火至為重要購來既屬不易領發尤感困難若不嚴飭節用殊非慎重軍實之道為此通令各縣嗣後對於警隊勦匪用彈務飭格外節省不得任意浪擲而請銷尤應核實毋得再任浮冒各該縣長負有監核責任宜即特別注意認真考查倘各警隊對於耗彈如有

冒報轉售以及流入匪手情弊一經查出或别經發覺定將各該負
責官長以濟匪論決不稍寬除分行外合行令仰該縣長即便轉
飭所屬警隊一体遵照勿違切切此令

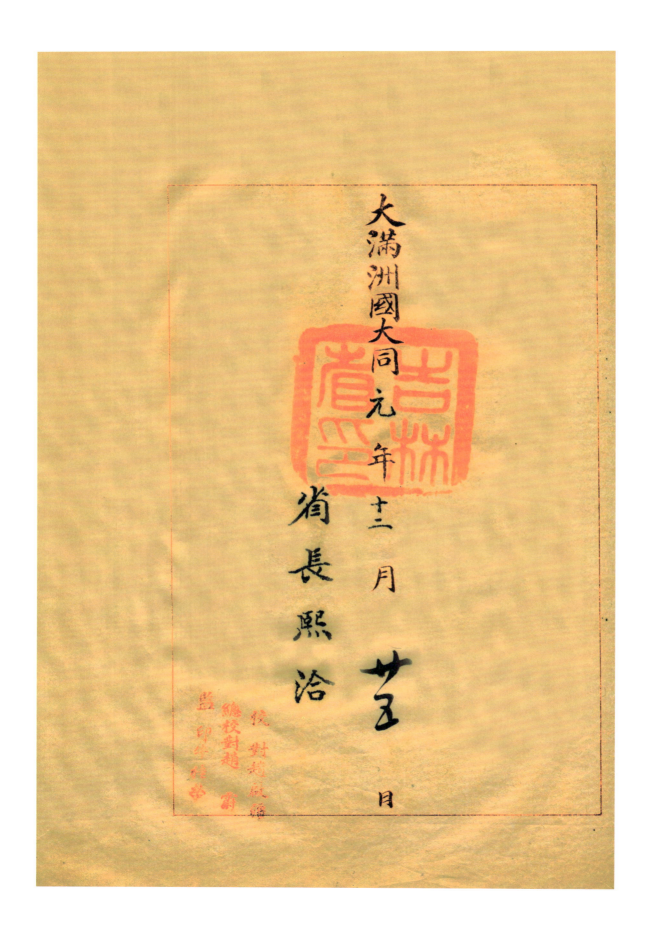

大滿洲國大同元年十二月　日

省長熙洽

校對趙啟鐸

總校對趙霨

監印牛桂恭

伪吉林省公署为取缔赛犬给伪虎林县县长的训令（一九三二年十二月二十五日）

吉林省公署訓令　虎林縣縣長

事由	擬辦	決定辦法	備考
爲取締賽犬通令遵照由			
附件			

令　字第　號　年　月　日　時到

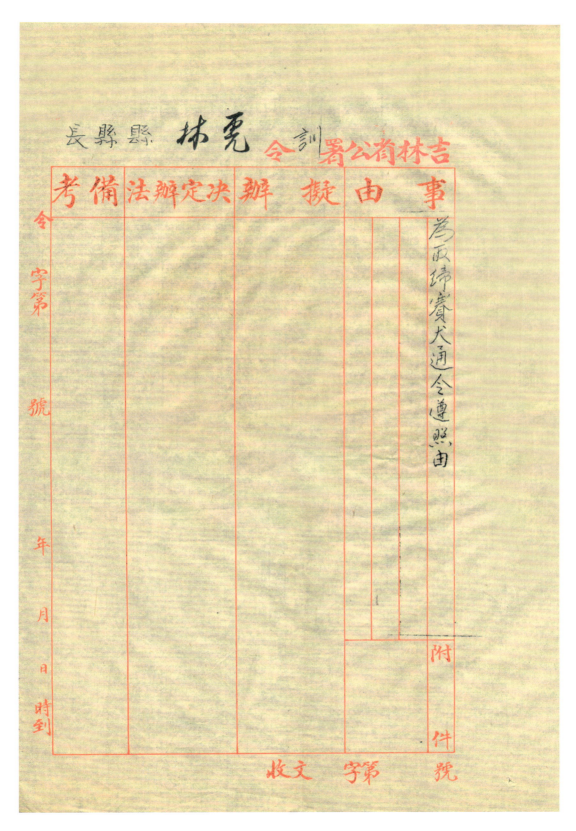

收文　字第　號

吉林省公署訓令

警字第591號

令虎林縣縣長

警務廳案呈准警務司保發第一九三號函開逕啓者查最近國內各地間有藉奬勵軍用犬警察犬爲名計劃開賽犬會者此項非地方所能解决應勿許可希即转令所屬各機關嚴加取締除分報外相應函請查照等因一案除分行外合亟令仰該縣長即便遵照通飭所屬嚴加取締此令

大滿洲國大同元年十二月廿日

省長熙洽

校對趙啟疆

總校對趙霽

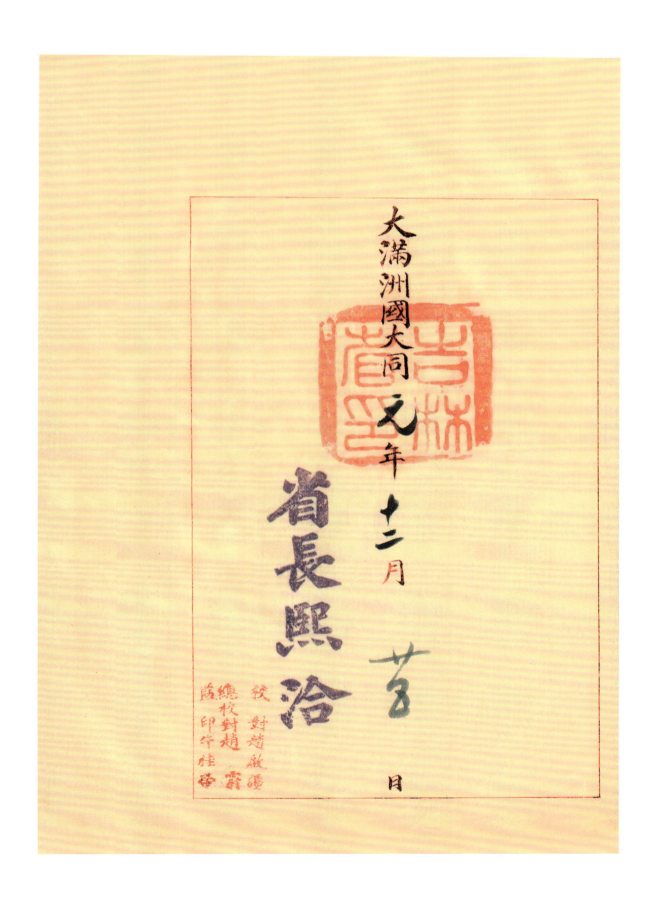

監印符桂馨

伪吉林省公署为日军「剿匪」时警团各队应与联络以期万全事给伪虎林县县长的训令（一九三二年十二月二十五日）

吉林省公署訓令 虎林縣縣長

事由	擬辦	決定辦法	備考
警務廳案呈准民政部警務司函為日軍剿匪時飭警團各隊應與聯絡以期萬全由			
附件			

令　字第　號　年　月　日　時到

收文　字第　號

吉林省公署訓令

警字第 581 號

令虎林縣縣長

為令遵事據警務廳案呈准民政部警務司總字第三八二號函開查從來各地警團各隊與日本軍警無相當聯絡以致日本軍警往往誤認警隊為匪而發生不祥事項頃准關東軍司令部之要求此後日本軍隊在各地勦匪時當地警團務與日本軍警互相聯絡以期萬全而免誤會將此函達查照即希轉飭所屬一体遵辦等因轉呈到署除分令外合亟令仰該縣長即便轉飭所屬一体遵照此令

大滿洲國大同元年十二月廿日

省長熙洽

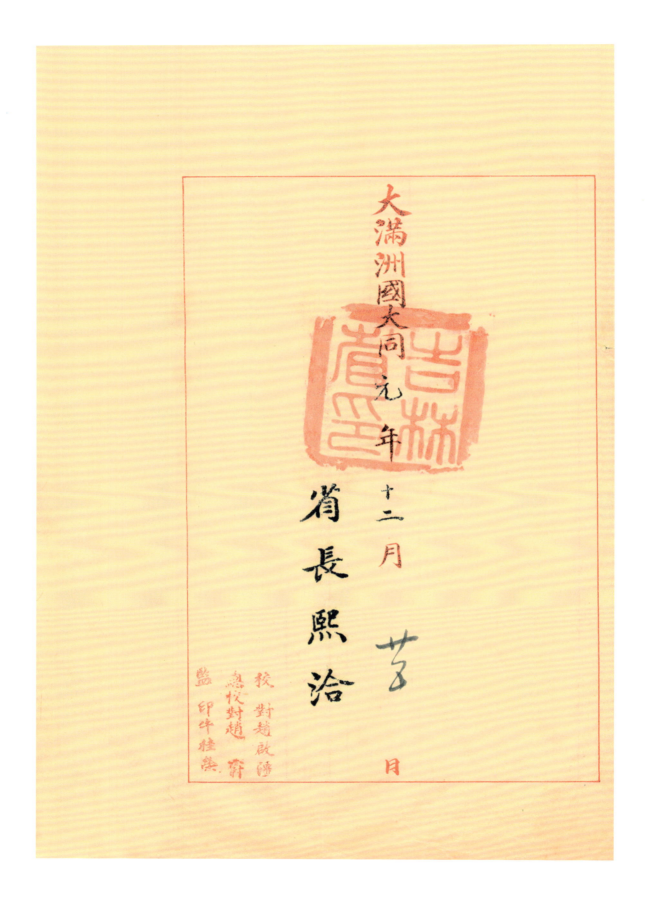

校對魏啟譜
總校對趙蔚
監印牟桂榮

伪吉林省公署为协缉永吉县三江好等人防获究报事给伪虎林县公署的训令（一九三二年十二月二十九日）

附：损失清单

吉林省公署訓令　虎林　縣公署

事由	擬辦	決定辦法	備考
爲通令飭屬一律認真協緝在逃匪徒防獲究報由			
附件			

訓令　字第　號　年　月　日　時到

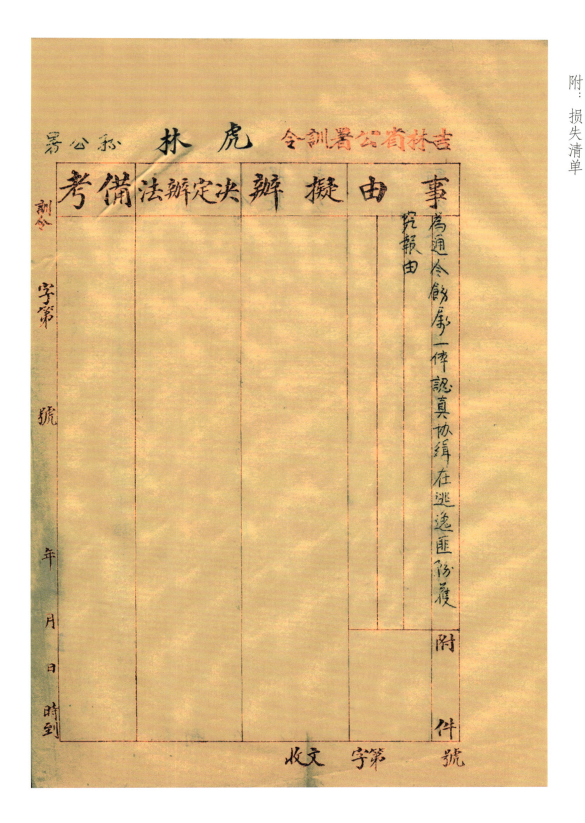

收文　字第　號

吉林省公署訓令

保字第351號

令虎林縣縣長

為通令事案據永吉縣縣長臧爾壽呈稱據二區四甲六台屯自衛團保董張雙恩呈稱竊於十一月十七日職團為購買給養軍衣服裝等項兼保護地方糧車由保董張雙恩帶領團丁二十名赴九台車站先至該公安局掛號當將團丁十八名之槍械暫存公安局內個人僅自攜子彈以免錯誤保董張雙恩帶匣槍一顆隨從兵二名一持一五三六一零三號三八式步槍一顆一持二零九九號步套筒槍一顆未交公安局與團兵正在道南源茂棧晚飯即聞槍聲乃悍

匪三江好大股蜂擁進街爾時該棧住有公安局新編騎兵一隊
計三十餘名先被繳械隨將團丁身帶各人子彈二千餘粒及保
董匣槍隨從兵所携三八式套筒兩步槍騎馬三匹搶打搜去臨行又
赶走本屯賣粮全套大車三十八輛並將第四甲編練員兼保董張
雙恩綁去團丁軍衣剝盡臂章掠去九個其餘衣履等項全數抵
換查該匪窮兇悪極胆敢攻站破縣職團除屬馬集衆相機兜
勦職團復讐除害保民外理合報請鑒核轉請一律嚴緝所陳損
失槍彈車馬服裝數目於後又據該團保董張雙恩呈稱查保董
於月之十七日帶領團丁二十名赴九台車站被股匪三江好搶去匣槍
一支步三八式槍一支步套筒槍一支各色子彈共二千餘粒騎馬三

匹並將保董兼編練員張俊恩綁去曾經呈報在案保董於十七日晚被三江好綁去二十日晚行至永吉縣二區前央屯聲言畢兜擊一時人嘶馬炸保董遂乘此脫逃安抵團所查職未發圖記是以將委任携帶以便遇軍警隊時有所信守以致將保董及編練員委任令二件一併被匪撕扯拋棄再查此次被匪掠去之一五三六一零二號步三八式槍一支係賊同在六台東溝剿匪所得曾請呈明縣署准予留用備具借領各在案現在被匪掠去應請准予註銷並請補發二區第四甲編練員二區第四甲六台屯自衛團保董委任令二件以昭信守各等情據此查該保董被匪綁去現已逃回所有損失公有槍彈臂章等項自應准予註銷毀失委任令二

件亦准分别補發除飭搜勦此股逸匪悉滅具報並分報外理
合抄單具文呈請鑒核通緝等情據此除指令嚴飭所屬堵緝
外合行令仰該縣長即便轉飭所屬一律協緝此令

附抄損失清單一紙

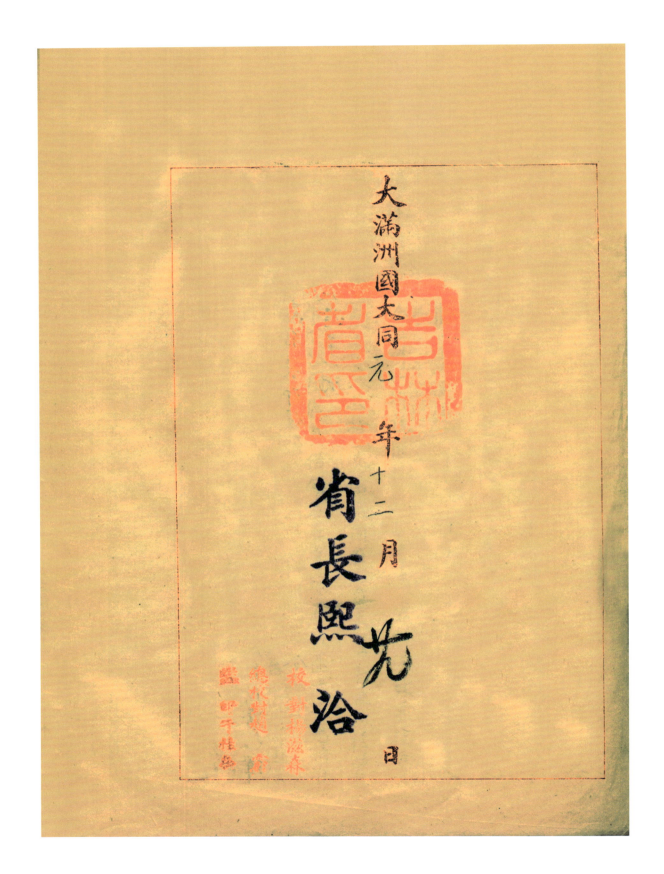

大滿洲國大同元年十二月　日

吉林省署

省長熙洽

校對楊滋森

總校對趙[illegible]

監印于桂[illegible]

清單

謹將在下九台街遇匪被搶槍彈車馬服裝數目開單恭呈

鑒核

計開

匣槍一顆　子彈一百十八粒

三八式步槍一顆　子彈八百七十六粒

步套筒一顆　子彈一千零五十七粒

連珠槍子彈一百二十粒　全鞍馬三匹

臂章九個　外有粮車二十八輛

馬騾百餘匹

伪吉林省公署为通缉叛逃商团队长车仲三等给伪虎林县公署的训令（一九三二年十二月）

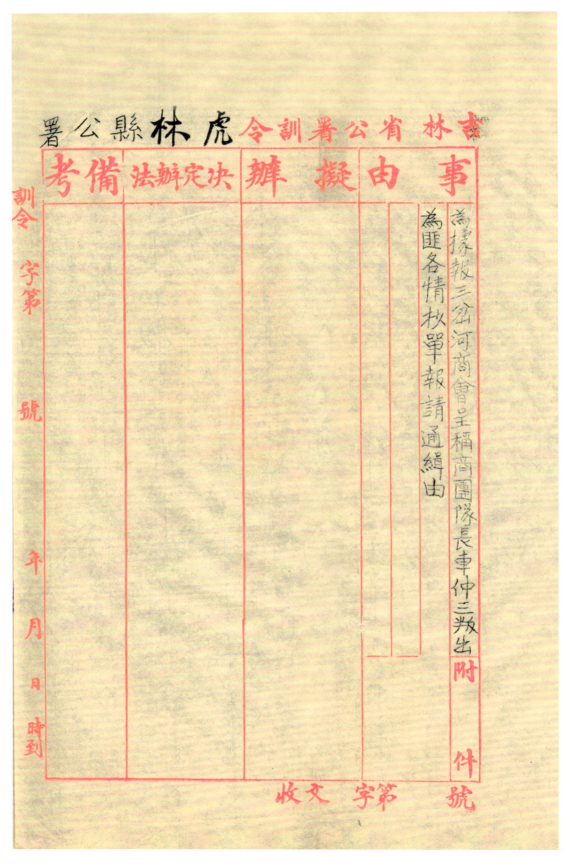

吉林省公署訓令 虎林縣公署

事由	擬辦	決定辦法	備考
為據報三岔河商會呈稱商團隊長車仲三叛出為匪各情抄單報請通緝由 附 件			

收文第 字 號

訓令 字第 號

年 月 日 時到

吉林省公署訓令

保字第 307 號

令虎林縣公署

為通令事案據扶餘縣縣長丁光普呈稱職縣三岔河商會會長郭文儀呈稱竊查職会於去歲叠奉鈞署訓令編練商團當舉張瑞廷充當隊長車仲三充當副隊長本年春李匪海青匪幫攻岔該隊長副隨從吉林陸軍一旅一團尹團長擊退李匪是役異常出力適張隊長陣亡遺缺以該副隊長升充即其平時對於職責亦頗勤慎詎意近日誤聽奸險小人造謠岔站已請重兵鎮攝不日即要解散商團該叛逆事件三等信以為真心存叵測突於本月十六日黃夜之間叛出為

匪當冬令吃緊之際韋殿遂等十八人胆敢携出軍械十八及軍服十八套大蓋等槍共二十五枝大蓋子彈及自來得等子彈共八百一十粒致使本會受莫大損失似此怠不畏法罪悪已極若不赶緊痛剿迅速捕滅設或日久延蔓為害地方何堪設想除報六區自衛團尹團總尾追嚴緝等並分函外理合繕具報告書具文呈請鑒核通緝施行等情據此除指令及由縣分別咨行一体通緝外理合照抄清單具文呈請鈞署鑒核通緝等情據此除指令嚴行通緝外合行令仰該縣長即便查照一体協緝此令

附抄原呈說書一分

大滿洲國大同元年十二月

吉林省印

省長熙洽

校對錫麟

總校對趙霄

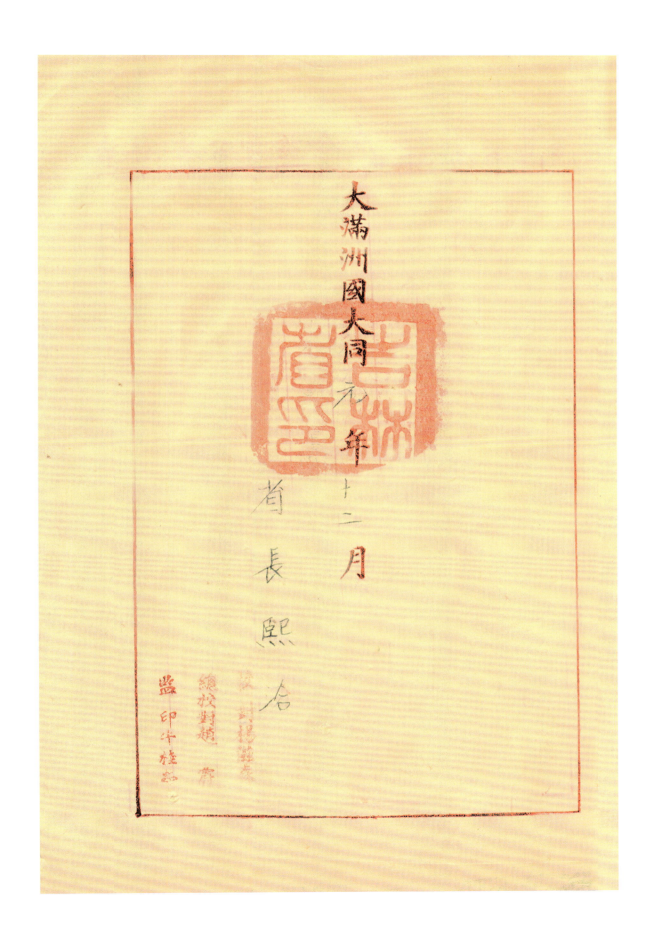

監印汴桂森

伪吉林省公署为伪珠河县二区长仁乡自卫团被劫饬属协缉事给伪虎林县公署的训令（一九三三年一月二十五日）

24

140

吉林省公署訓令 虎林縣公署

事由	擬辦	決定辦法	備考
為據珠河縣呈報該屬二區長仁鄉自衛團第一分所被匪搶掠情形通令飭屬一體協緝由 附件			

訓令 字第 號

到時

收文 字第 號

吉林省公署訓令

保字第33號

令虎林縣公署

案據珠河縣長趙宗清呈據第二區農會長陳繼唐呈稱竊據本區長仁鄉
自衛團隊長龐錫孟報稱大同元年十二月十七日晚十点半鐘時突來胡匪
六十餘名搶械齊整到職隊第二分所猛攻因寡衆不敵該所團丁撤退致將該
分所攻破搶去杆子槍十桿所有衣服等物亦被搶掠一空及至職隊聞知調集
團丁前往追擊匪已遠颺無踪除嚴加戒備外報由該會轉報到縣查該匪等
竟敢結夥搶劫自衛團防所實屬藐法已極若不嚴行痛勦悉數殲滅將何以
靖閭閻而保治安除令飭警團督屬嚴勦務將該股賊匪盡數捕滅以絕根株

又分呈外理合備文呈請鑒核通緝等情據此查該股匪胆敢劫掠自衛團防所實屬兇悍已極除指令督屬進剿外合行令仰該縣即便遵照飭屬一体協緝務獲解究此令

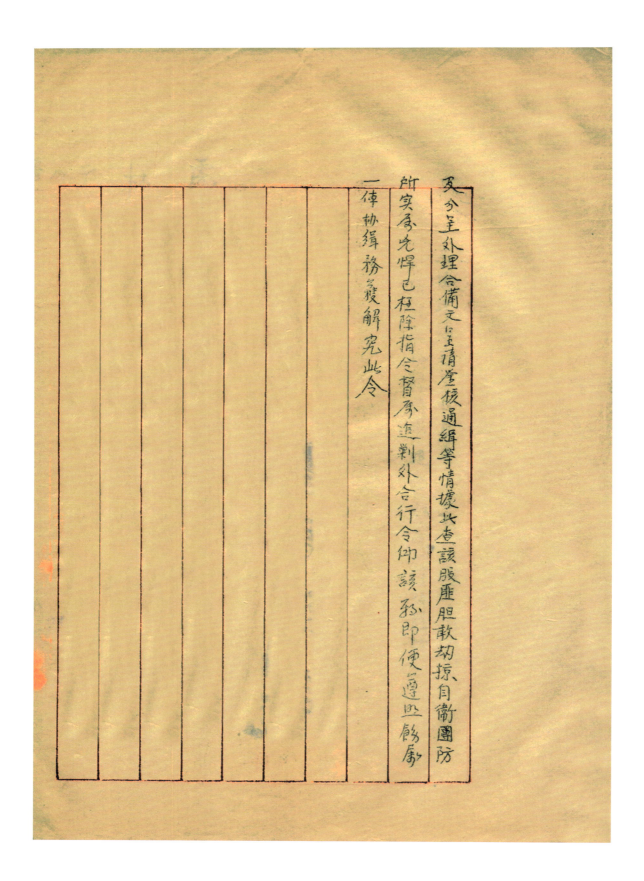

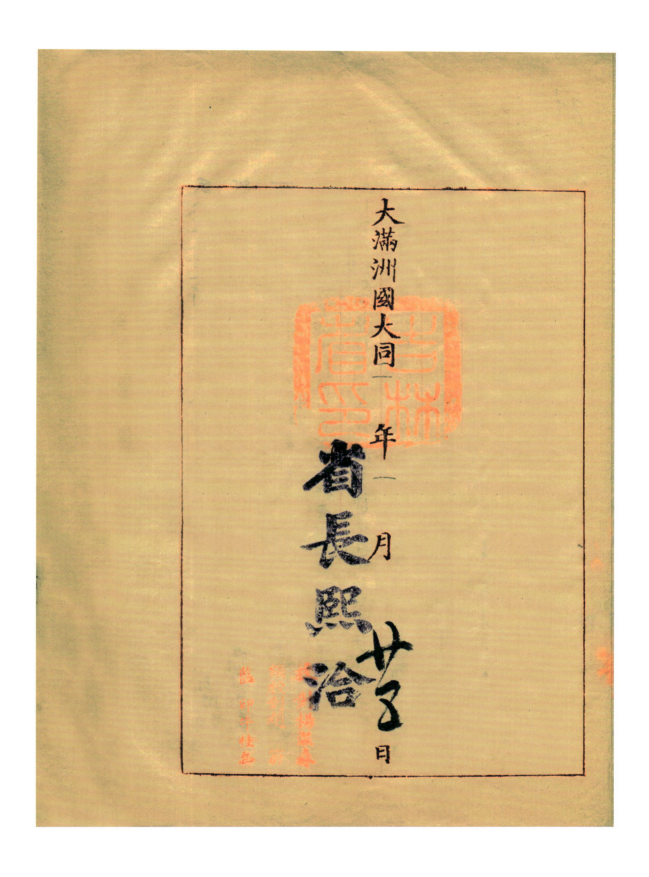

大滿洲國大同一年一月廿二日

省長熙洽

校對楊滋森

繕校劉[illegible]

監印李桂森

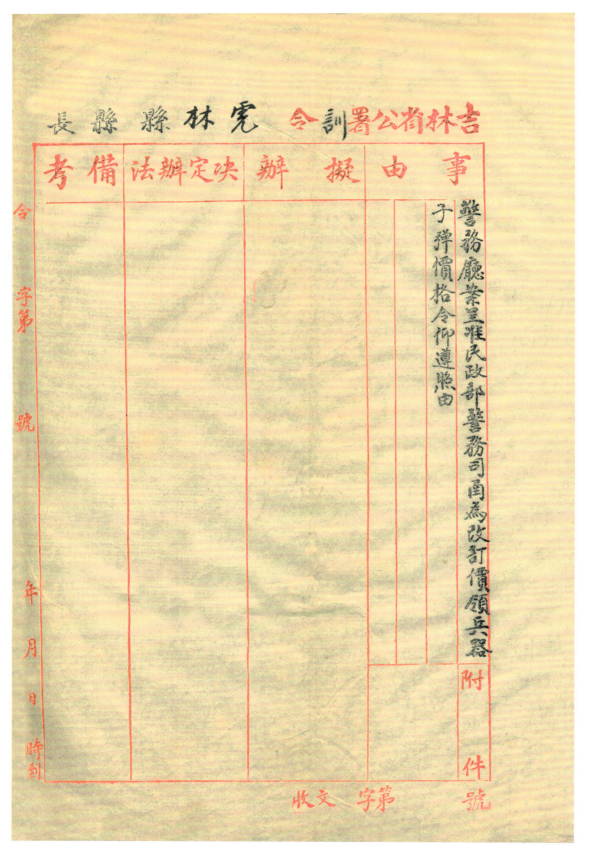

伪吉林省公署为改订价领兵器子弹价格给伪虎林县县长的训令（一九三三年二月十四日）

吉林省公署訓令　虎林縣縣長

事由	擬辦	決定辦法	備考
警務廳案呈准民政部警務司函為改訂價領兵器子彈價格令仰遵照由			
附件			

令　字第　號　年　月　日　時到

收文　第　字　號

吉林省公署訓令

警字第111號

令虎林縣縣長

為令遵事警務廳案呈准民政部警務司總字第六零一號函開
案查管内價領兵器子彈之價格業已函知在案惟其價格現經
改訂（如另表）至購領手續與前無異須經由當地警備司令部顧
問部向本司提出正副公文二件以便接洽購領所有價款交由軍
政部最高顧問部多田駿受領再交發兵器子彈時同時必告
其價格從速照付以昭信用價款繳清後即請函知本司相應檢
同價領兵器子彈改訂價格表一份函請貴廳查照為荷附送價

領兵器子弾改訂價格表一份等因轉呈到署除各屬請領兵器子弾仍應呈由本署核洽辦理並分别洛令外合亟抄同價領兵器子弾改訂價格表令仰該縣長即便遵照此令

附抄發價領兵器子弾改訂價格表一份

大滿洲國大同二年 二 月 十四 日

省長熙洽

校對趙啟驤

覆對趙霽

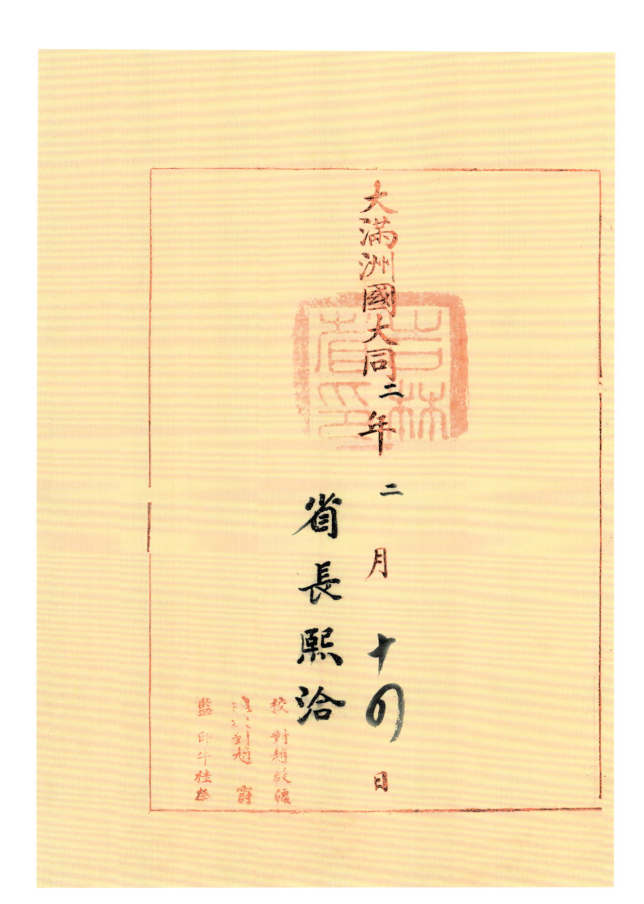

監印牛桂森

伪吉林省公署为招募兵士须经核准，如有擅自招兵地方官长得严加取缔事给伪虎林县县长的训令

（一九三三年四月三十日）

吉林省公署 訓令 虎林縣縣長

事由	擬辦	決定辦法	備考
為奉軍政部通電招募兵士須經核准如有擅自招兵地方官長得嚴加取締仰即遵照由			
附件			

收文 字第 號

令 字第 號

年 月 日 時到

吉林省公署訓令

警字第　號

令[illegible]林縣縣長

246

為通令事案奉
軍政部篠電内開臧省長于警備司令官熙省長吉警備司令
官韓省長張警備司令官興安省總長轉各警備司令東鐵護
路軍于總司令劉旅長均鑒溯自事變後各部隊不奉明令任
意募兵以致軍隊雜亂系統毫無兹本部為整頓軍紀起見今後
關於我滿洲國軍招募新兵須經本部明令許可方為有效倘再
有擅自招募即認為違犯部令各該管及地方官長得隨時取

締嚴加處置為要等因奉此除分別通令外合亟令仰該縣長即
便遵照辦理為要此令

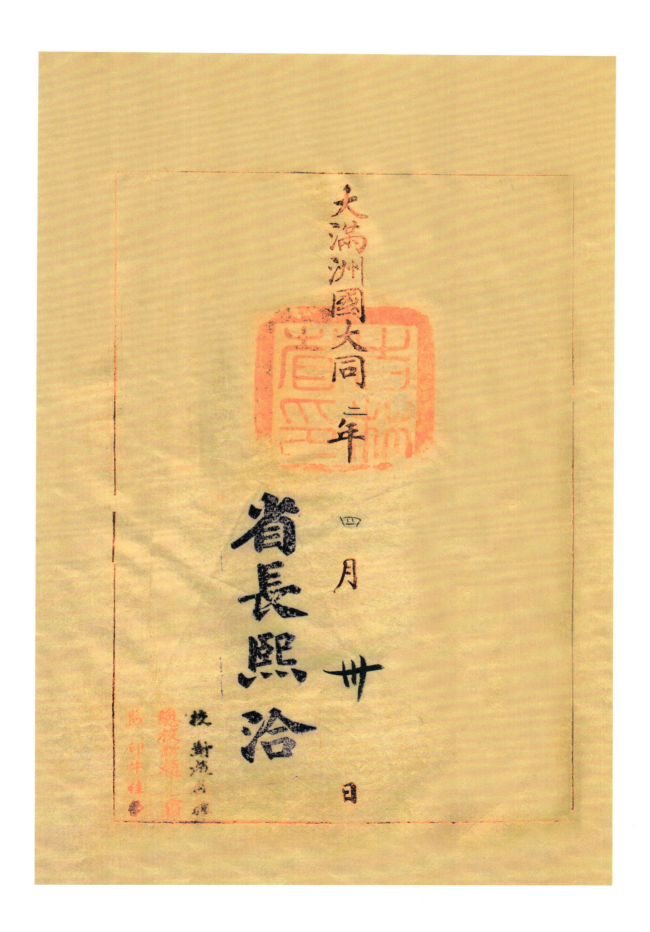

大滿洲國大同二年四月卅日

省長熙洽

校對[illegible]

總校對趙

監印牛桂

伪吉林省公署为注销伪磐石县队兵赵海山臂章事给伪虎林县公署的训令（一九三三年五月十四日）

21

04040

吉林省公署訓令 虎林縣公署

事由	擬辦	決定辦法	備考
為據磐石縣報隊兵趙海山軍衣臂章被匪掠去等情應准註銷除指令外仰即通令所屬知照由			
附件			

訓令 字第 號 年 月 二 日時到

收文 字第 號

吉林省公署訓令

保字第209號

令虎林縣公署

案據磐石縣縣長趙兆蕃呈稱案據保衛總隊長遲偉庭呈稱案據省警察騎兵十分隊隊長孫德英呈稱竊於本年三月十九日派隊兵趙海山赴鄉採買木料去訖於本月二十三日據該兵回隊報稱於月之二十一日行至玻璃河套地方突遇胡匪十餘人綽號未詳將我身上棉軍衣黃臂章一併掠去等情據此理合具文報請鑒核通緝並註銷軍衣施行等情據此除指令設法偵緝逸匪外理合具文呈請鑒核通緝註銷等情據此除分行並指令外理合備文呈請鑒核通令註銷等情據此查軍服臂章既被掠去自應註銷以

防流弊除指令並分行外合令該縣轉飭所屬一體知照此令

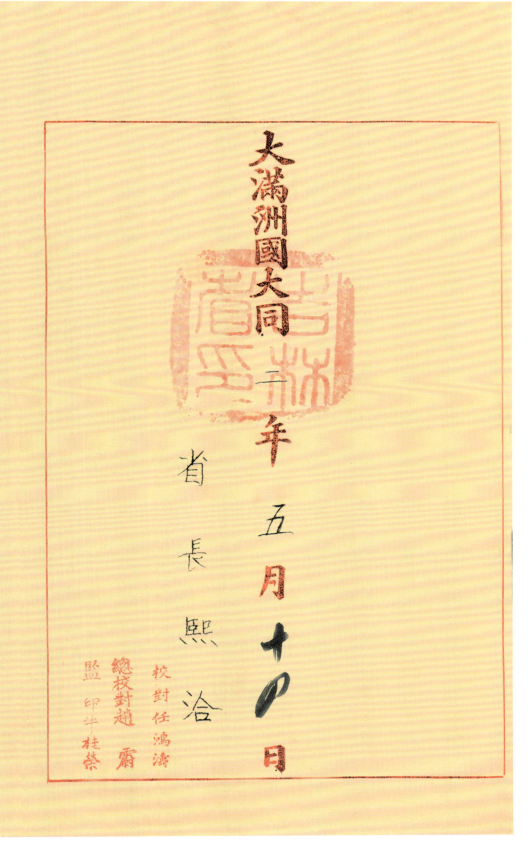

大滿洲國大同二年五月十四日

省長熙洽

校對任鴻濤

總校對趙爾

監印生桂榮

伪吉林省公署为颁发枪械火药类取缔标准事给伪虎林县县长的训令（一九三三年六月八日）

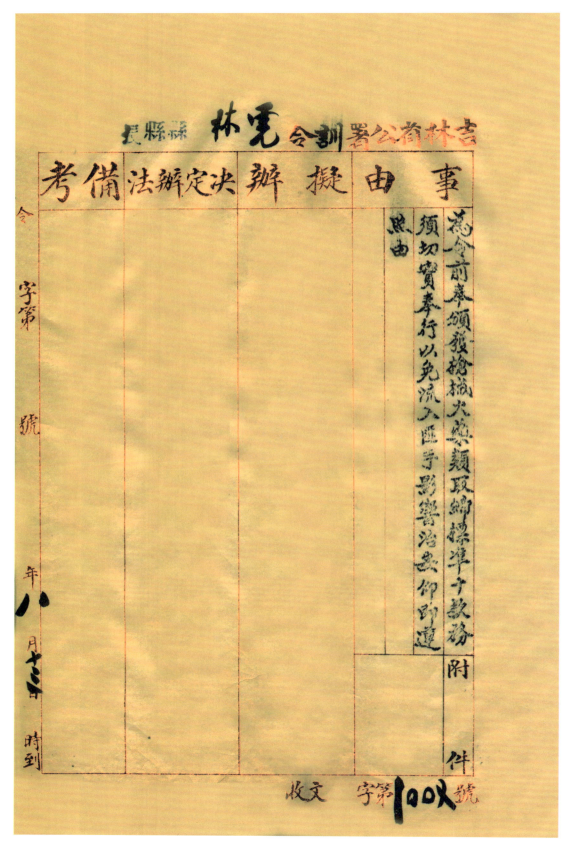

吉林省公署训令 虎林县县长

事由	拟办	决定办法	备考
为令前奉颁发枪械火药类取缔标准十款务须切实奉行以免流入匪手影响治安仰即遵照由 附件			

令 字第 号 年八月十三日时到

收文 字第100八号

吉林省公署訓令

警字第455號

令虎林縣縣長

爲令遵事案查槍械火藥等類危險物品關係地方治安至重且鉅前於元年九月間曾奉

民政部警字第八一八號訓令以在此種取締法規未經公布以前暫時仍應按照治安警察法違警罰法及各省區從前制定之單行章程辦理并由部先行擬訂槍械火藥類取締標準十款飭屬嚴行取締等因當經本署照録原件以警字第三一五號訓令通飭一體遵照取締在案自通行之後

其能認真辦理者固屬不乏而敷衍誤事者亦所難免經查近來
各縣城鄉商民仍有假藉自衛或以販賣名義擅自製販槍
械火藥等類危險物品謀圖牟利罔顧公安者即如省城永衛
和店竟以製造爆竹名義販賣多量火藥原料有干禁令
殊屬非是足徵該管警察機關取締未盡周至際茲樹木
繁茂宵小思逞之時若非預杜根本上嚴予取締任其輾轉
售賣勢必流入兵匪之手助長亂源查防奸宄益感困難影
響所及寧堪設想各該地方官長職責所在對於取締槍械火
藥等類危險物品自應實力奉行以期防患未然特再重申
前令嗣後凡未奉准許可者無論其有如何名義用途務均

遵照前頒標準辦法嚴重取締以遏亂萌而安地面如於維持安寧秩序認為必要時雖受許可亦應臨機處置加以限制倘再發見前項偷漏情事參據查覺報告者定將該管官長嚴重議處決不姑寬勿謂言之不預也切切此令

大滿洲國大同二年六月八日

省長熙洽

校 封寫俊雅

總校對趙 爵

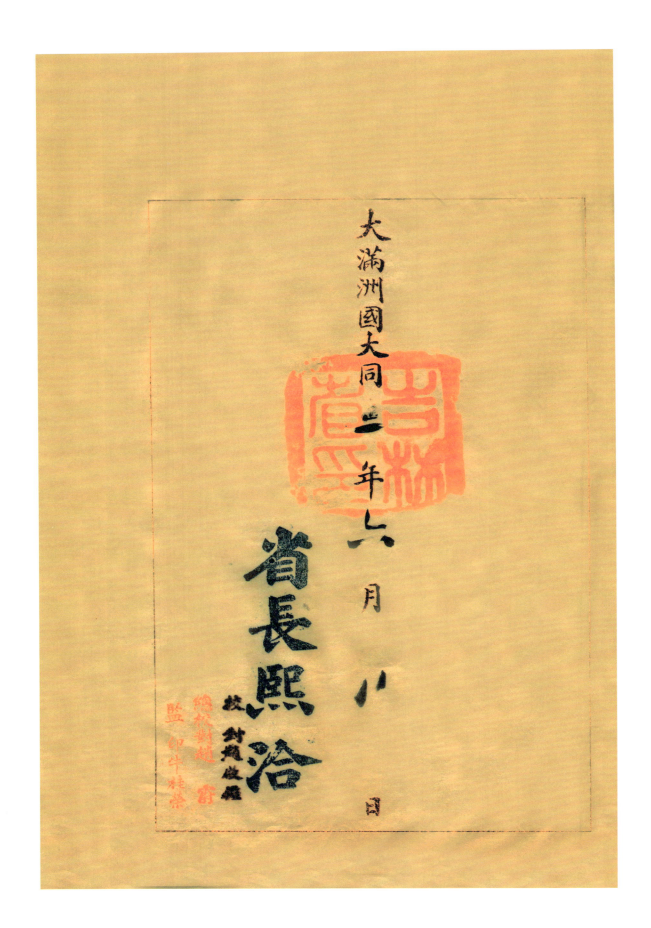

監 印牛桂榮

伪吉林省公署为拟定暂行枪炮取缔规则施行方策事给伪虎林县县长的训令（一九三三年六月十七日）

吉林省公署訓令

令虎林縣縣長

事由	擬辦	決定辦法	備考
為奉 部令擬定暫行槍炮取締規則施行方策仰 飭遵照辦理等因令仰遵照由			
附件：抄件一份			

令 字第 號

年九月六日 時到

收文 字第[illegible]號

吉林省公署訓令 警字第476號

令虎林縣縣長

為令遵事案奉

民政部訓令警字第一二五零號內開為令遵事查取締民間鎗炮關係維持國內治安至為重大亟應迅速辦理本部鑑及於此業經制定暫行槍礮取締規則暨施行細則公布在案惟當取締之時承辦官吏應了解此項規定意旨之所在方免遺憾茲為期取締周密起見特由本部擬定施行方策合行隨文檢發即仰該省轉飭所屬遵照辦理切切此令附發暫行鎗

炮取締規則施行方策一份等因奉此查暫行鎗炮取締規則暨施行細則業經奉令轉行在案茲奉令前因仰見中央對於取締民間鎗炮審慎周詳之至意合行令該縣長設治員廳長局長等職司地方責無旁貸務宜仰體斯意妥慎辦理期收實效是為至要除分令外合亟抄同原件令仰該縣即便遵照辦理切切此令

附發暫行鎗炮取締規則施行方策一份

大滿洲國大同二年六月十七日

省長熙洽

校　對趙啟綱

總校對趙　霈

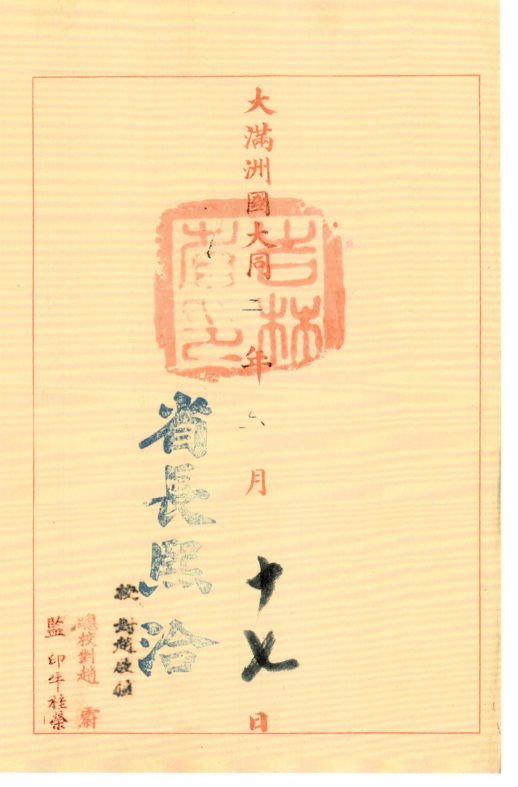

監　印牛桂榮

伪吉林省公署为抄发「外国人」输出输入枪炮火药护照办法给伪虎林县县长的训令（一九三三年六月二十五日）

吉林省公署訓令

38 虎林縣縣長

事由	擬辦	決定辦法	備考
為奉民政部規定外國人輸出入槍炮火藥護照辦法令仰遵照由			
附件：抄辦法一份			

訓令 字第 號

年八月十三日時到

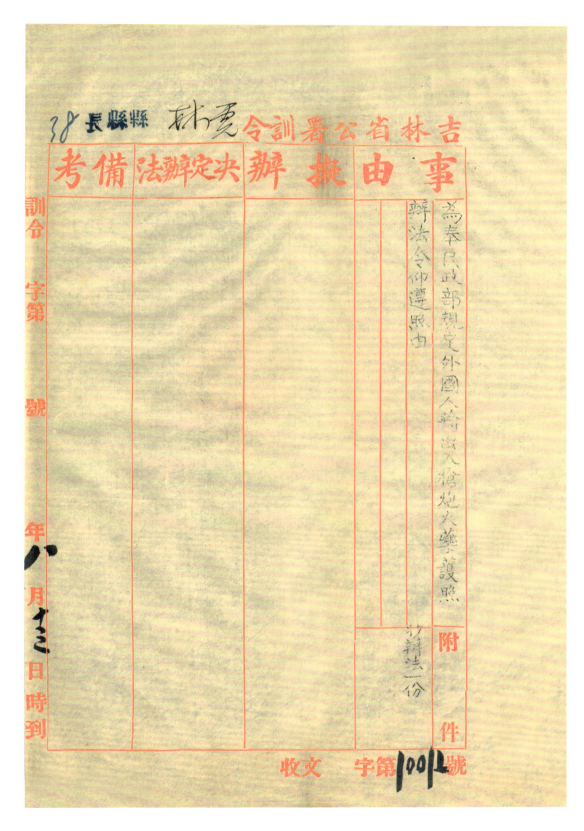

收文 字第1001號

吉林省公署訓令

警字第502號

令虎林縣縣長

為令行事案奉

民政部訓令警字第一二六六號內開為令行事案查外國人輸出輸入槍炮火藥類除按照民國五年三月三十一日施行槍彈進口新章規定外如以售賣槍砲子彈礦工業用火藥類為目的請給輸出輸入護照者因向無規定應由何官署發給上年為辦理便利起見暫由各省區長官自行發給茲經決定改由本部發給以資統一并規定外國人輸出輸入槍砲火藥護照辦法一份俾利進行惟上列槍砲進口

新章及上年八月二十九日本部訓令第二一九號所載槍砲火藥類
取締標準並上年十月二十七日民警保發第二一零號所載取締
外國人携帶槍砲入國各項仍應照舊援用除分行外合行抄發
外國人輸出輸入槍砲火藥護照辦法一份仰該廳即便遵照并
轉飭所屬一體遵照辦理切切此令附發外國人輸出輸入槍砲火
藥類護照辦法一份等因奉此除分行外合行抄件令仰該縣長
即便遵照并飭所屬一體遵照此令
附發外國人輸出入槍炮火藥護照辦法一份

大滿洲國大同二年六月　日

省長熙洽

校對趙啟疆

總校對趙霈

監印[illegible]桂[illegible]

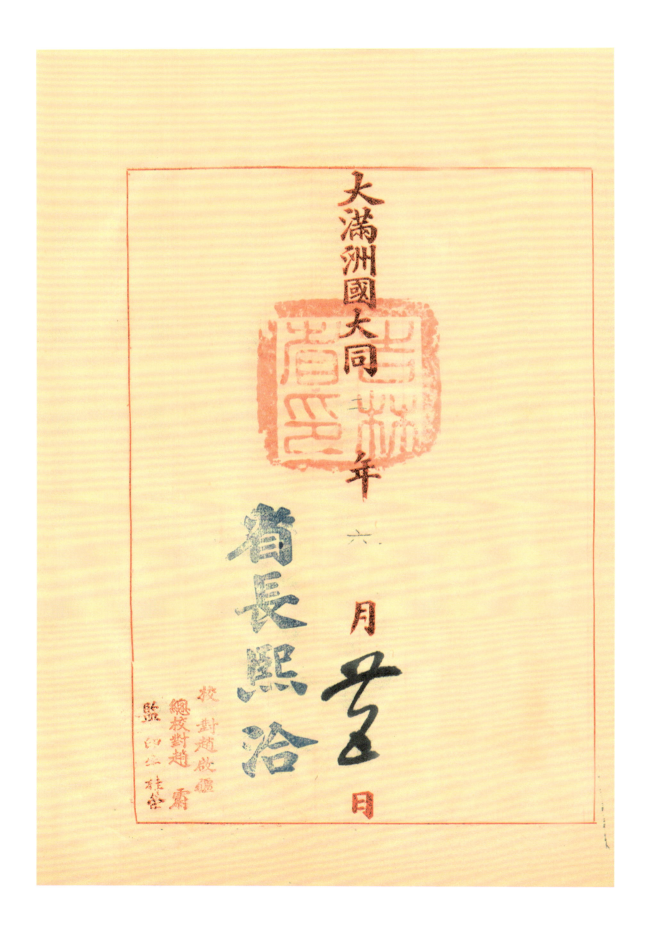

伪吉林省公署为「外国人」输入枪炮火药类许可事项追加之点通饬遵办给伪虎林县公署的训令
（一九三三年七月二十日）

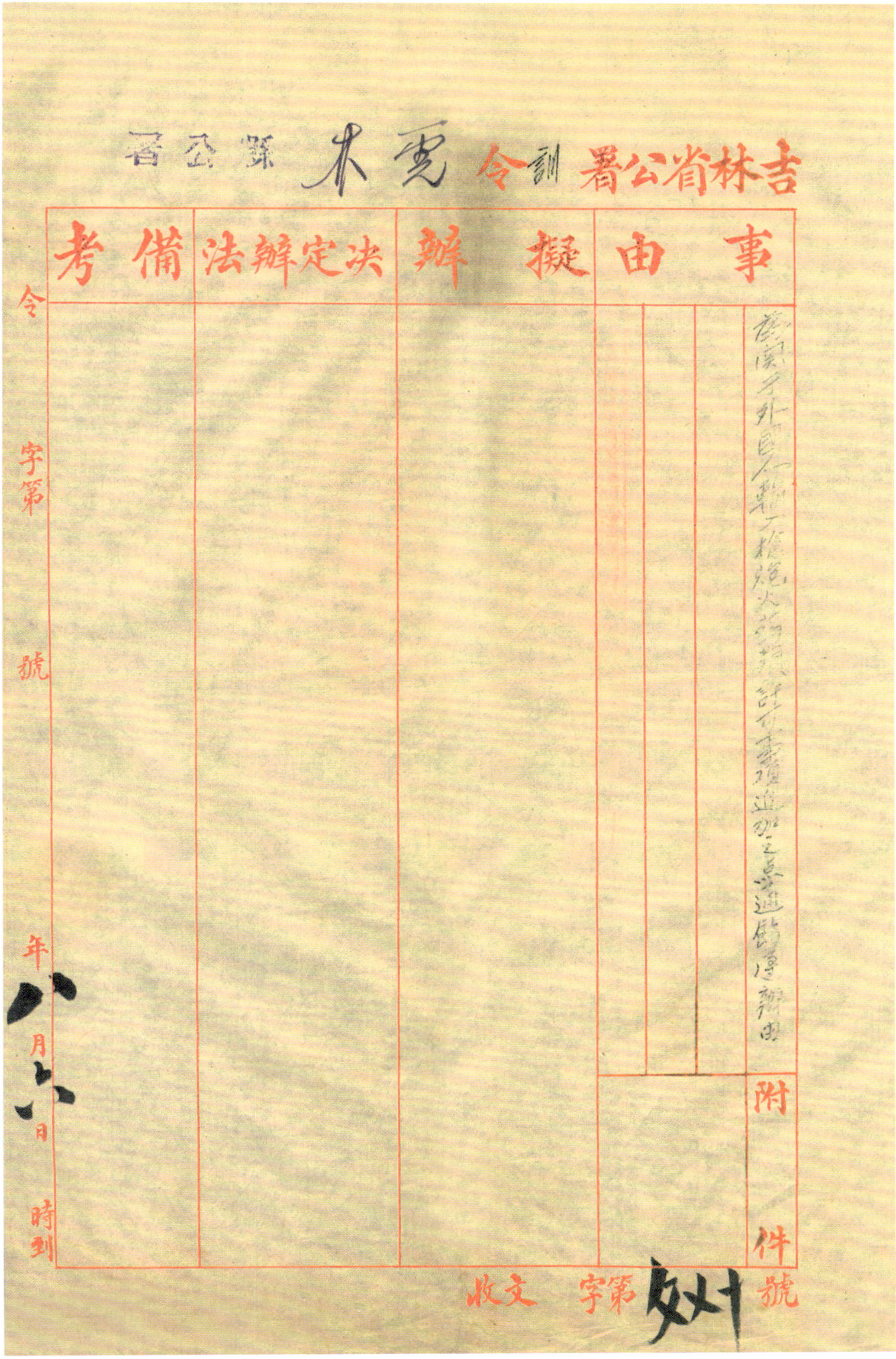

吉林省公署訓令 虎林縣公署

事由	擬辦	決定辦法	備考
為關于外國人輸入槍炮火藥類許可事項追加之點通飭遵辦由			

附件

令 字第 號

年 八月 六日 時到

收文 字第 號

吉林省公署訓令

警字第560號

令虎林縣公署

為令行事，據警務廳案呈，本年五月廿九日警務司召開警務會議案内，関于外國人以槍砲火藥類作為商品輸入者，其所需許可執照業奉民政部警字第一二六六號訓令規定由部頒發一案，前已通令遵照辦理。茲復提出詳加審核，以近查外人無多，不拘有無買賣預約及與章是否相符，而竟購入多數槍械彈藥者，且其販賣之目的地及購戶亦多不甚明確，似此漫無限制，易滋流弊，實與取締械彈類之主旨大相逕庭。議決嗣後除有確實身分並曾訂有預約者外，其餘一概不予許可，用昭鄭重等因，紀録在案。請即通飭一体遵照辦理等情到署。除分行外，合亟令仰該縣即便遵照。切切此令。

大滿洲國大同二年七月廿 日

省長熙洽

監印 [illegible]

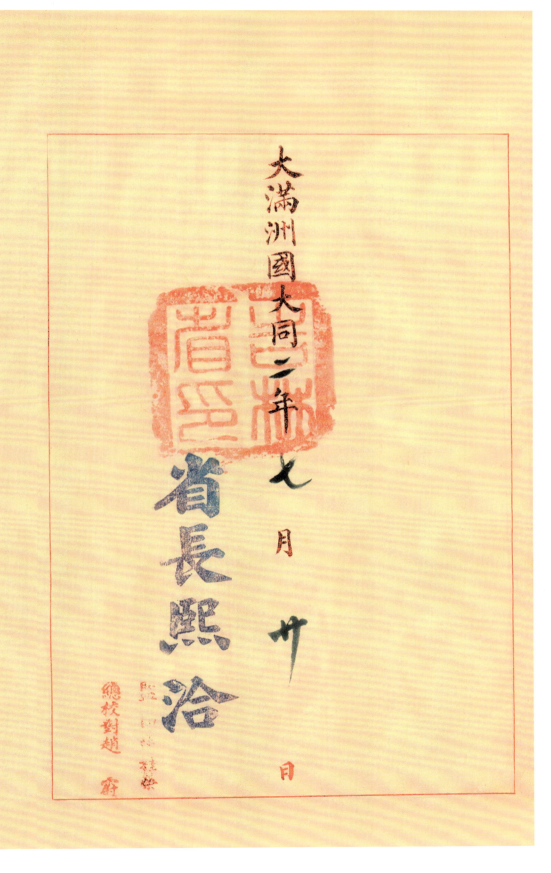

總校對趙 霨

伪吉林省公署为取缔和调查密造使用爆炸火药等类危险品事给伪虎林县公署的训令（一九三三年八月五日）

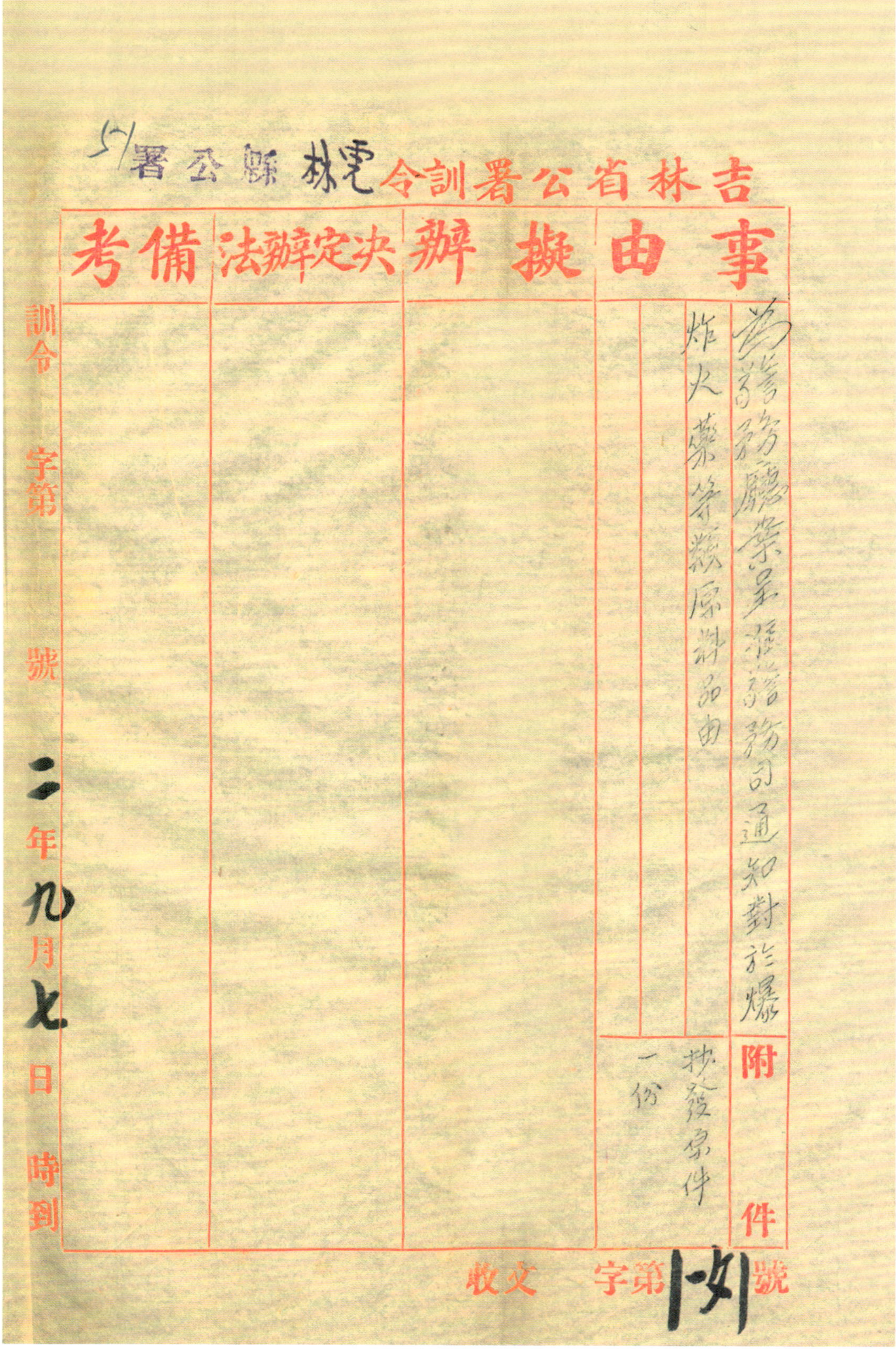
吉林省公署訓令

51 虎林縣公署

事由	擬辦	決定辦法	備考
為警務廳案呈據警務司通知對於爆炸火藥等類原料品由			
附件：抄發原件一份			

訓令 字第 號

二年九月七日 時到

收文 字第 141 號

吉林省公署訓令

警字第621號

令虎林縣公署

為令遵事警務廳案呈准
民政部警務司保咲第二六三號之二關於使用密造爆
藥事件通知內開逕啓者關於本題之事首都警察
總監另以別文報告對於密造并使用此種爆藥等
之火藥類及運搬鹽酸加里等之火藥類原料品當
嚴重取締并調查使密造使用此種火藥類之事得
以斷根相應函達希請查照等因轉呈到署查爆炸

火藥等類危險物品關係地方治安至為重要迭經通
飭認真取締在案茲准前因除分令外合行抄件令
仰該縣即便遵照前令各令督飭所屬一體嚴行檢查
切實取締萬毋稍涉敷衍致干咎戾切切此令
附抄發　原件一份

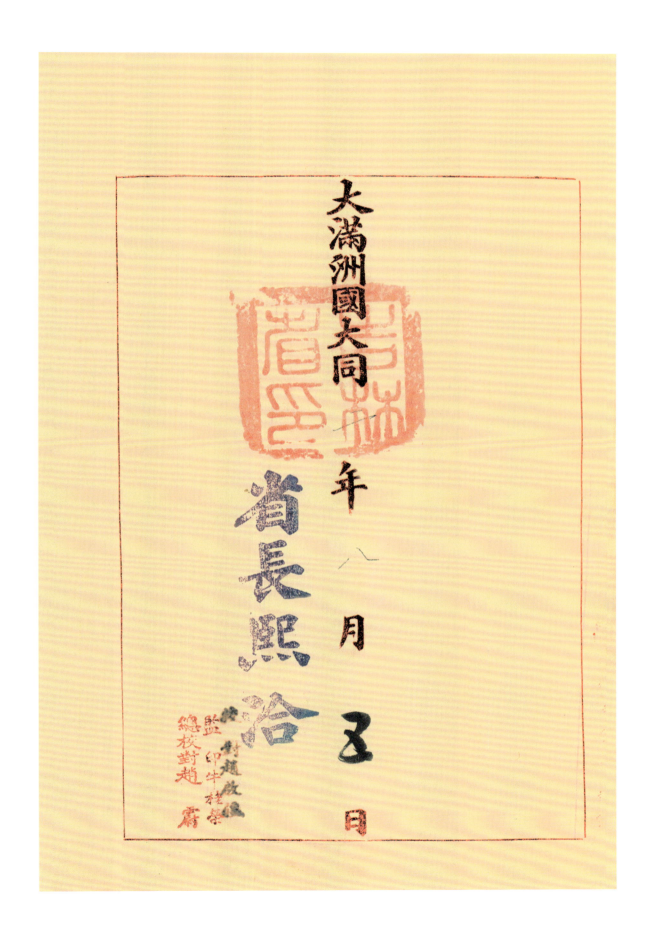

大滿洲國大同　年　八　月　五　日

省長熙洽

校對趙啟[illegible]

監印牛桂馨

總校對趙霈

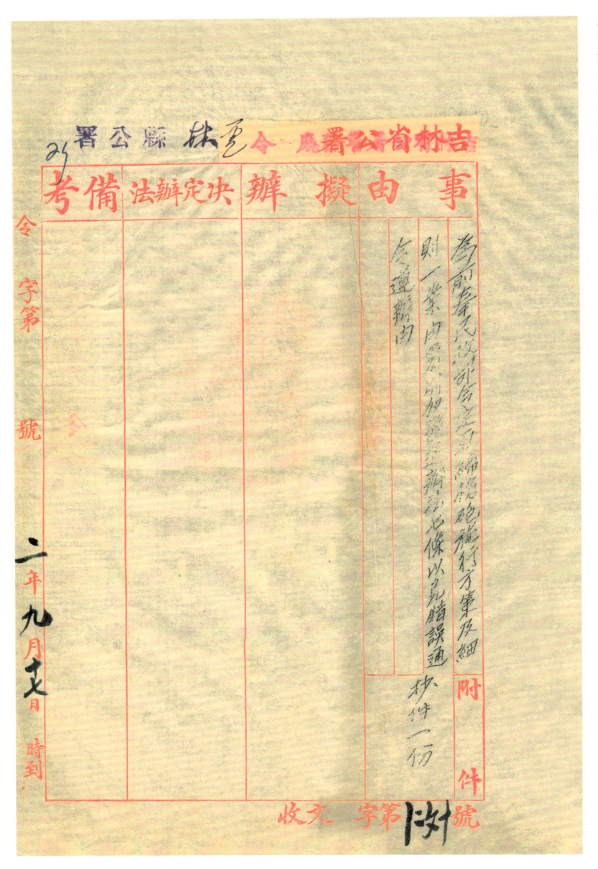

伪吉林省公署为抄发取缔枪炮施行方策及细则事给伪虎林县公署的训令（一九三三年八月三十日）

吉林省公署令

虎林縣公署

21

事由	擬辦	決定辦法	備考
為前奉民政部令定取締槍砲施行方策及細則一案內容更有加以修正辦法七條以免錯誤通令遵辦由			
附件：抄件一份			

令　字第　號

二年九月十七日到

收文　字第1481號

吉林省公署訓令

警字第704號

令冕蘇縣公署

為令行事案查前奉
民政部第六號訓令公佈暫行槍砲取締規則並續奉第一三五
零及一三五一兩號訓令頒定暫行槍砲取締規則之施行細則暨
施行方案等因業經抄發全案章程先後令行遵辦在案茲經
審查前項章程中對於施行查驗槍砲或檢查行旅附帶之槍
彈武器以及給予許可證明等職務其權限係由各該地方警察
官署之直接官長（即警察署長類）逕行辦理等因但查本省

28

向例此類事件許可與否率由原辦機關呈轉縣局再行遵令辦理，分局署所負職責較輕，此次遽行改遣分局署直接處理，誠恐智慮稍欠周詳，必致發生錯誤，貽誤事機，而匯錢鮮本署為慎重功令，嚴取締稽核，預防舛錯計，茲訂變通辦法七條分行照辦，以免疏虞，除呈部暨分行外，合行抄發變通辦法清單，令仰該署即便轉飭所屬一體遵照，毋稍忽懈，切切此令。

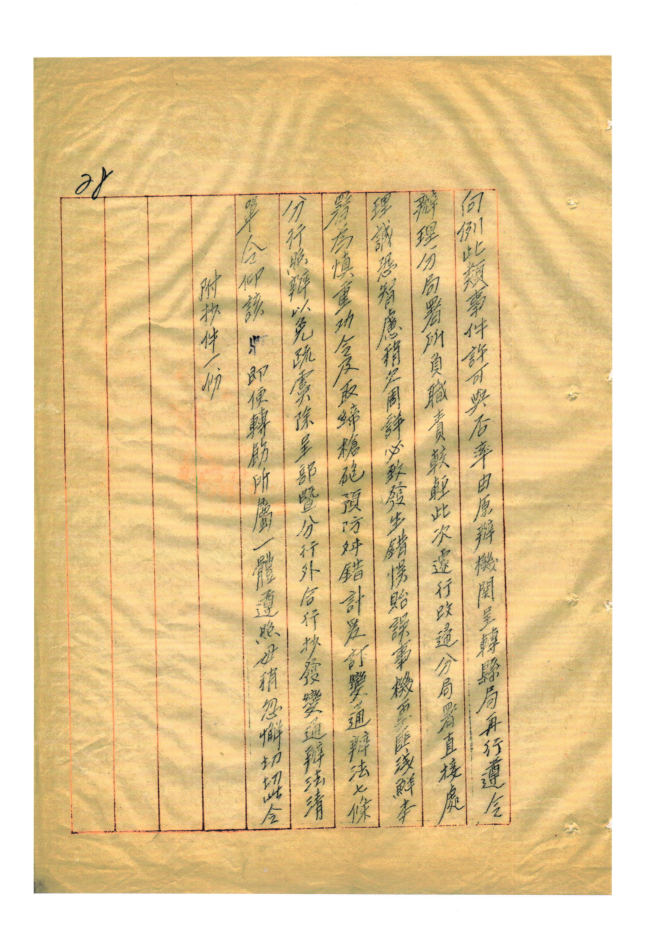

附抄件一份

大滿洲國大同二年八月廿日

省長熙洽

校對謝啟昌

總校對趙霈

監印牛芸[illegible]

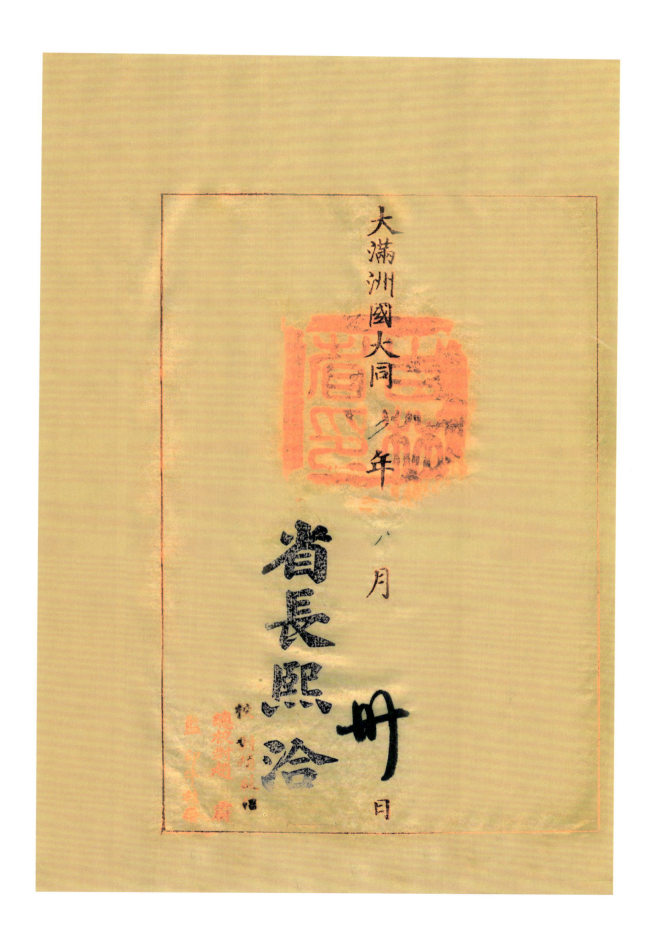

伪吉林省公署为期限查报取缔民枪章则情形事给伪虎林县公署的训令（一九三三年八月三十一日）

附：兵器子弹价格表

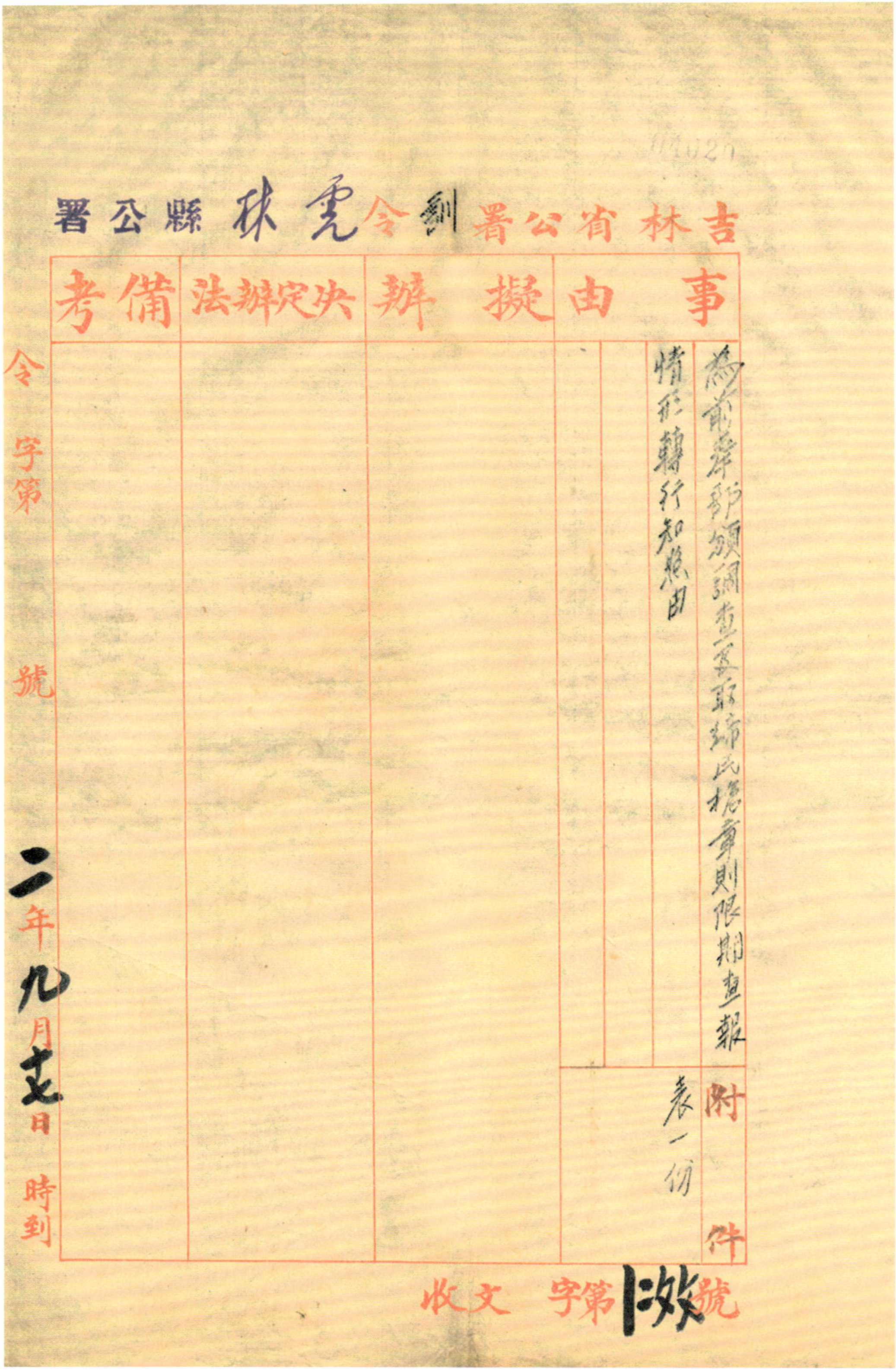

吉林省公署令 劄 虎林縣公署

事由：為前奉部頒調查取締民槍章則限期查報情形轉行知照由

附件：表一份

擬辦

決定辦法

備考

令 字第 號

二年九月廿日 時到

收文 字第[illegible]號

吉林省公署訓令

警字第7311號

令寬城縣公署

為令行事。案查前奉

民政部令發頒行槍砲取締規則暨施行方策、施行細則，業

經轉行飭縣遵辦在案。茲據警務廳案呈准警務司第三

零八號通知開：關於調查取締民槍一案，函開逕啟者：關於取締

民間所存之槍砲，日前已頒佈暫行槍砲取締規則並施行細

則，為期取締之完善，兼籌將來取締[illegible]對策之必要。凡依

新規則持有許可之槍砲，依照左表調查，望於每月末日具報為要。

又依施行細則第十九条所扣留之指紋等據應表於八月末至九月十日具報而後以一個月整理其事於翌十月十日即希具報令發等因到署府除分行外合亟抄表令仰該縣即便遵照依限查報以憑核轉萬毋延誤是爲切要此令

附表一份

大滿洲國大同二年八月　日

吉林省長

省長熙洽

世

校對趙啟纓

總校對趙霨

監印牛桂[illegible]

價領兵器子彈改訂價格表（金票）

民政部警務司
大同元年十二月十五日以降

品目		員數	價格	摘要
步槍（騎槍）附刺刀		一組	三五〇〇	此乃公安隊警察等賠用之價格其外會社農園賠用時較此約增十元
步騎槍	步槍	一支	二五〇〇	槍之附屬品及刺刀不在此內
附屬品	槍口帽轉螺發洗管	各一個	五〇〇	
	槍背帶	一條	一〇〇〇	
	子彈盒	一個	二〇〇〇	各槍之子彈盒
三十年式刺刀	刺刀	一把	四〇〇〇	
	皮帶	一條	一五〇〇	
	刺刀插	一個	一〇〇〇	
步騎槍子彈		一粒	〇六〇	
手槍子彈		一粒	〇六〇	附子彈連
步槍練習彈子彈連在內		一組	二五〇	一組五個練習子彈一個子彈連
小方鍬		一把	五〇〇	
小方鍬袋		一個	〇五〇	
圓匙		一把	五〇〇	
携帶圓匙		一把	五〇〇	
圓匙袋		一個	〇五〇	
短柄圓匙		一把	四〇〇	
小十字鎬		一把	三五〇	
小十字鎬袋		一個	〇五〇	
十字鎬		一把	五〇〇	
十字鎬袋		一個	〇五〇	
短柄十字鎬		一把	五〇〇	

備考

一 步槍（騎槍）一組附帶槍口帽槍背帶轉螺器洗管子彈盒刺刀皮帶刺刀插一個

二 表內價格隨時變更

三 本表以外各軍械隨時決定之

伪吉林省公署为拟定取缔火药要领通令遵照办理事给伪虎林县公署的训令（一九三三年九月十七日）

44

吉林省公署訓令虎林縣公署

事由	擬辦	決定辦法	備考
為擬定取締火藥要領通令一體遵照辦理由			
附件：火藥類取締要領一份			

令　字第　號

二年十月六日到時

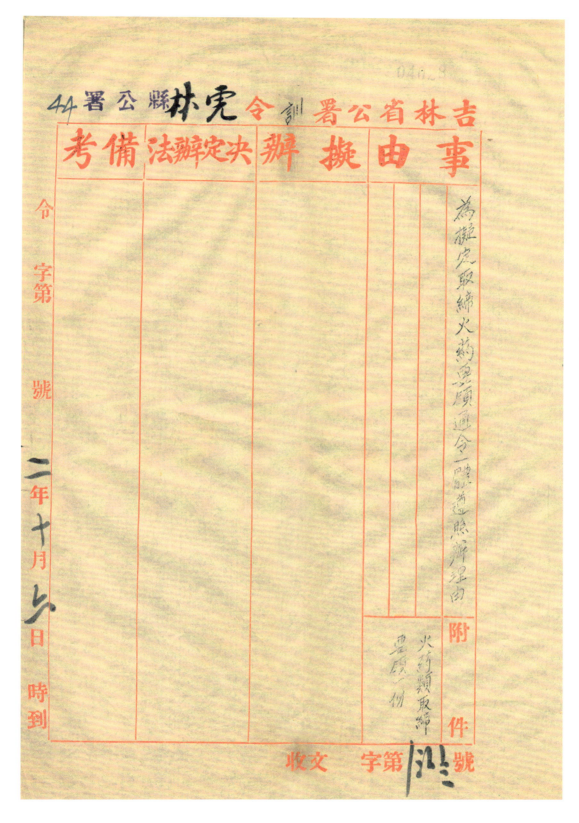

收文　字第[illegible]號

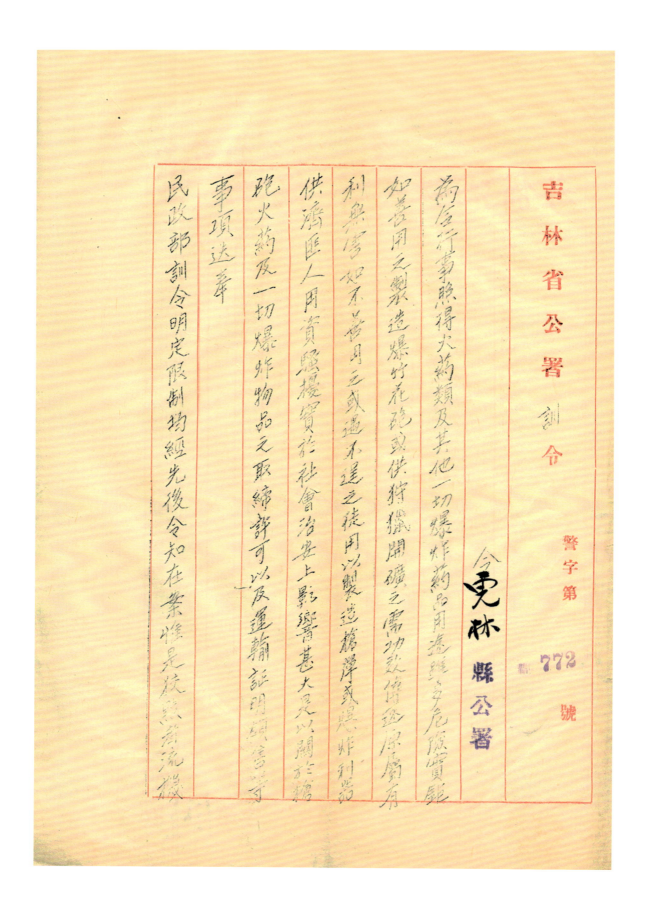

吉林省公署訓令　警字第772號

令虎林縣公署

為令行事照得火藥類及其他一切爆炸藥品用途雖多危險實鉅如普通用之製造爆竹花砲或供狩獵開礦之需功效僅屬有利無害如不善用之或遇不逞之徒用以製造槍彈或爆炸利器供濟匪人用資騷擾實於社會治安上影響甚大是以關於槍砲火藥及一切爆炸物品之取締許可以及運輸證明領營等事項迭奉

民政部訓令明定限制均經先後令知在案惟是狡黠者流機

詐百出稽查稍欠周詳或即寖秘擾戾並擾由署擬定取締火藥類要領一份令發該縣長等即便督飭所屬嚴加取締以防不正當之擾受而杜非法之使用各該縣長等對於地方治安責無旁貸其各慎重將事萬毋疏縱是爲切要此令

計發取締火藥要領一份

大滿洲國大同二年九月十〤日

省長熙洽

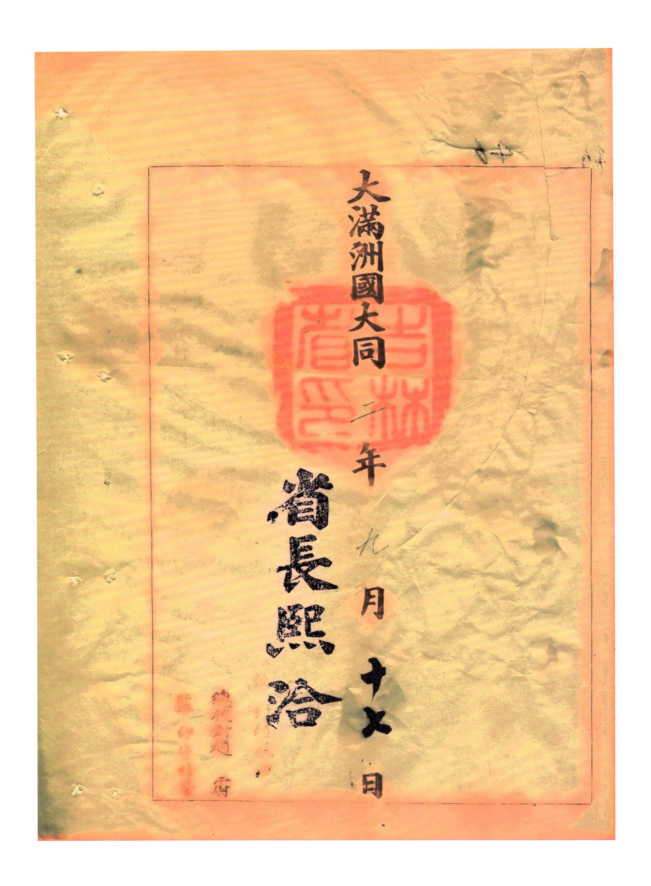

總秘書趙　蔚

六、伪满洲国的社会管理

伪吉林省公署为调查社会施设机关、事业团体及难民情形事给伪虎林县公署的训令（一九三二年六月三日）

附：调查报告表式

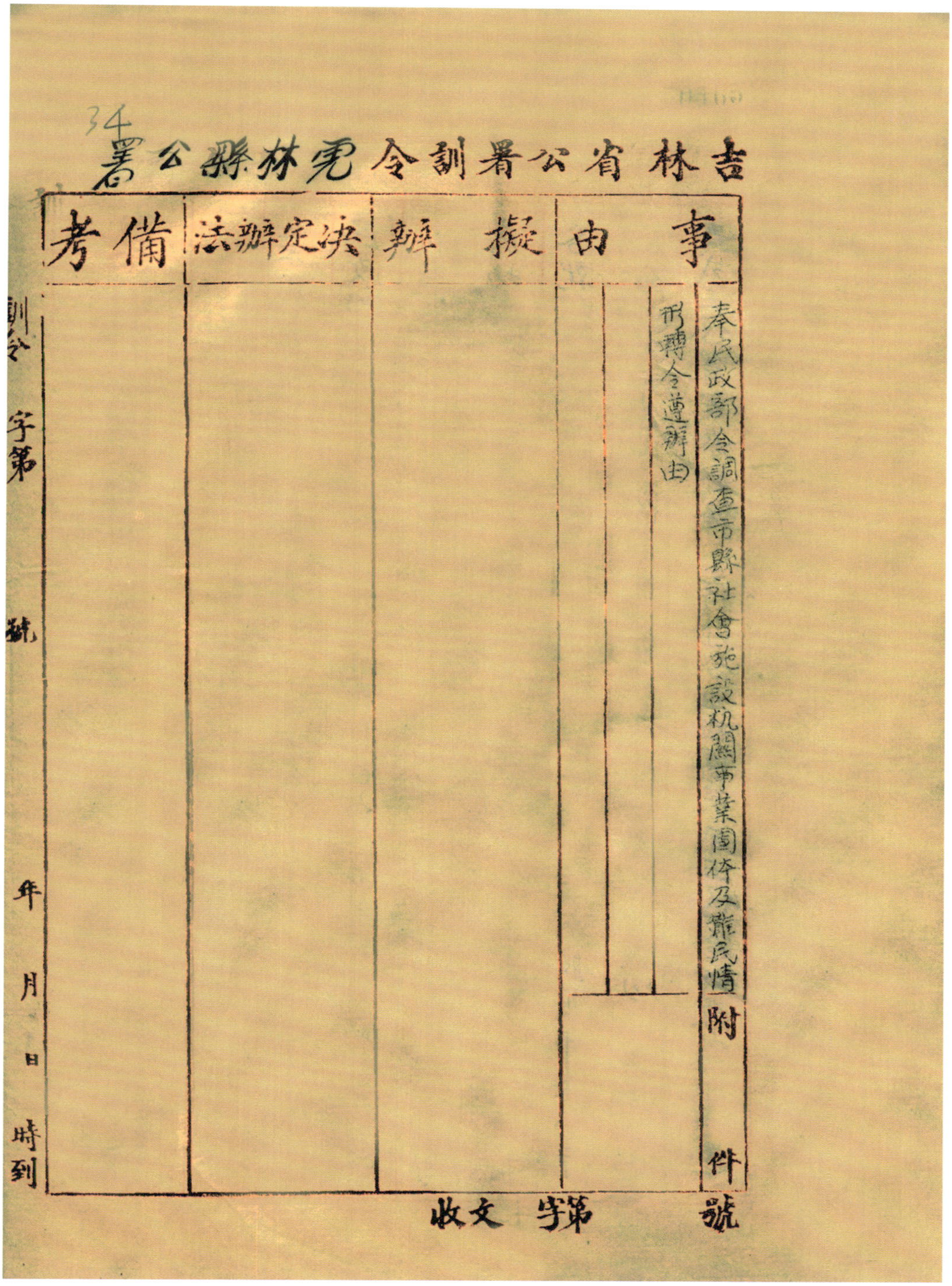
34

吉林省公署訓令虎林縣公署

事由	擬辦	決定辦法	備考
奉民政部令調查市縣社會施設機關事業團體及難民情形轉令遵辦由			

附件

號

收文第　字

訓令　字第　號

年　月　日　時到

吉林省公署訓令

民 字第 698 號

令虎林縣公署

案照大同元年五月二十六日奉
民政部第二八九號訓令內開本部對於各省區市縣所有社會施設
機關並社會事業團体及事變後人民被兵匪擾乱避難救濟情形均
應切實調查以憑攷核茲規定調查表式三份隨令發由該省轉令所屬
各就轄境切寔分別調查限於六月三十日以前列報到部除分行
外合行檢同表式三份令仰該省即便遵照辦理具报切切此令計發
表式三份等因奉此除分行外合亟檢同表式三份令仰該縣即便遵

35

照認真調查一每表填報二份並限於六月二十五日以前呈送到署以憑

彙轉切切此令

計抄發表式三份

大滿洲國大同元年六月三日

吉林省長

省長熙洽

監印牛桂榮

校對王法炎

36

縣社會事業團体調查報告書

名稱								
所在地及代表者								
組織								
創立年月								
事業現況								
維持方法並狀態								

37

因受兵匪之难民状况报告表

避难地点	人数	救護状况	經費及開消方法	嗣後之方針

備攷

一、所謂社会施設者如左列各種具体的施設（不问官立私立公立）举数例之为遊民教養工廠 養老所 孤兒所 残廢所 救済所 施賑所 職業介紹所 庶民金融机関（乏貸款之民） 授産所等

二、社会事業團体者以上列記諸種事業為目的以成立之各種团体或一般慈善团体以為準

38

聯社會施設調查報告書

名稱	所在地及經營者	組織	創立年月	事業現況	維持方法及狀態

伪吉林省公署为填报街市污物处理调查表事给伪虎林县公署的训令（一九三二年六月五日）

附：表式

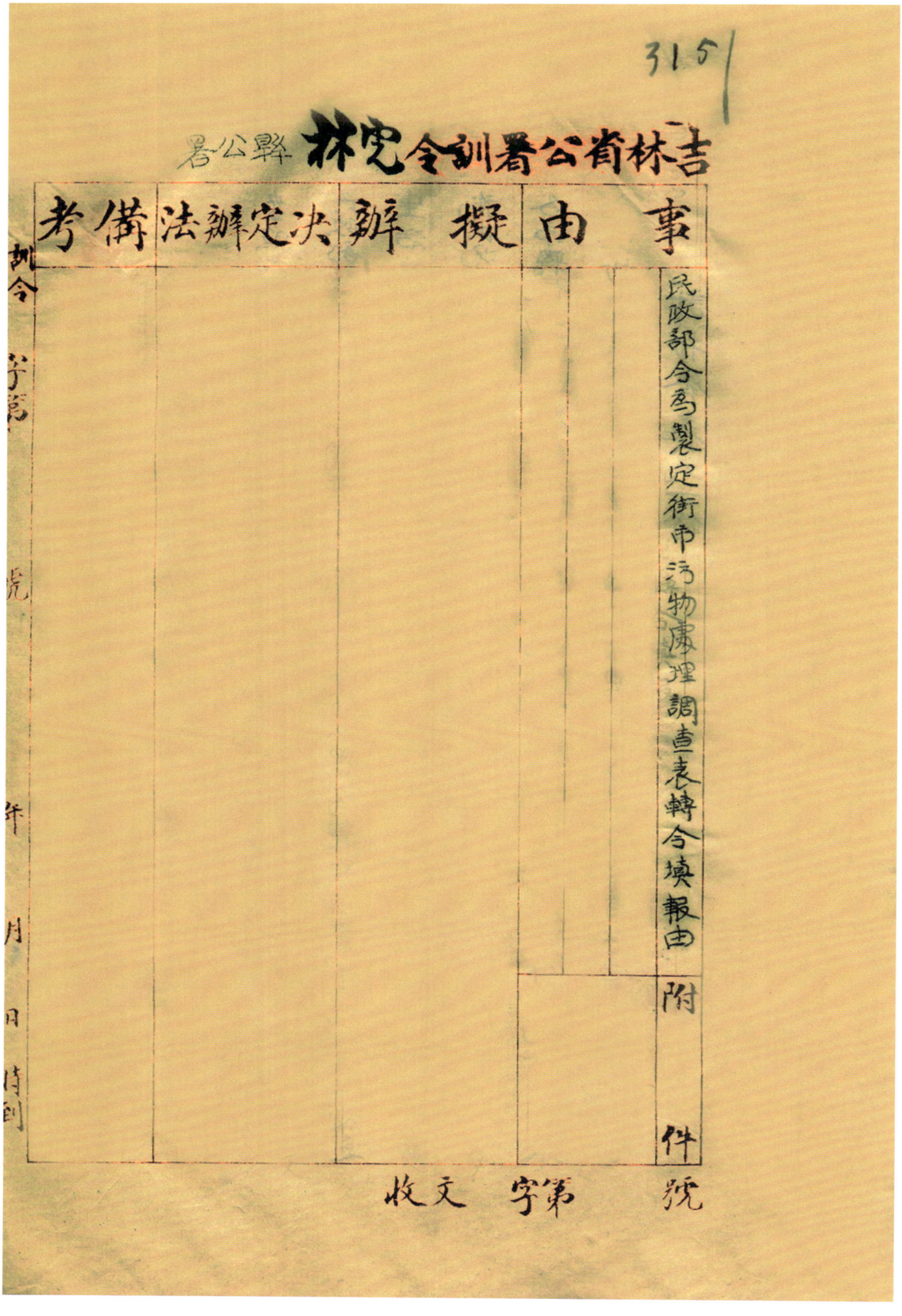
3151

吉林省公署訓令 虎林縣公署

事由	擬辦	決定辦法	備考
民政部令爲製定街市污物處理調查表轉令填報由			
附件			

訓令 字第 號 件 月 日 時到

收文第 字 號

吉林省公署訓令

民字第709號

令虎林縣公署

案照大同元年五月二十八日奉

民政部第二九二號訓令開查街市衛生之良否不獨為觀瞻所繫實於人民公衆之生活健康尤關切要值此建設伊始自應努力改進該署所屬各街市衛生實施狀況如何本部亟待攷核茲製定調查表式隨文附發仰該省即便遵照轉飭所屬各市縣依式迅速填報來部為要此令附調查表式一紙等因奉此除分行外合亟抄同表式令仰該 縣 即便遵照填報二份迅速送署以憑彙轉勿延此令

計抄發表式一份

大滿洲國大同元年六月五日

省長熙洽

監印牟桂榮

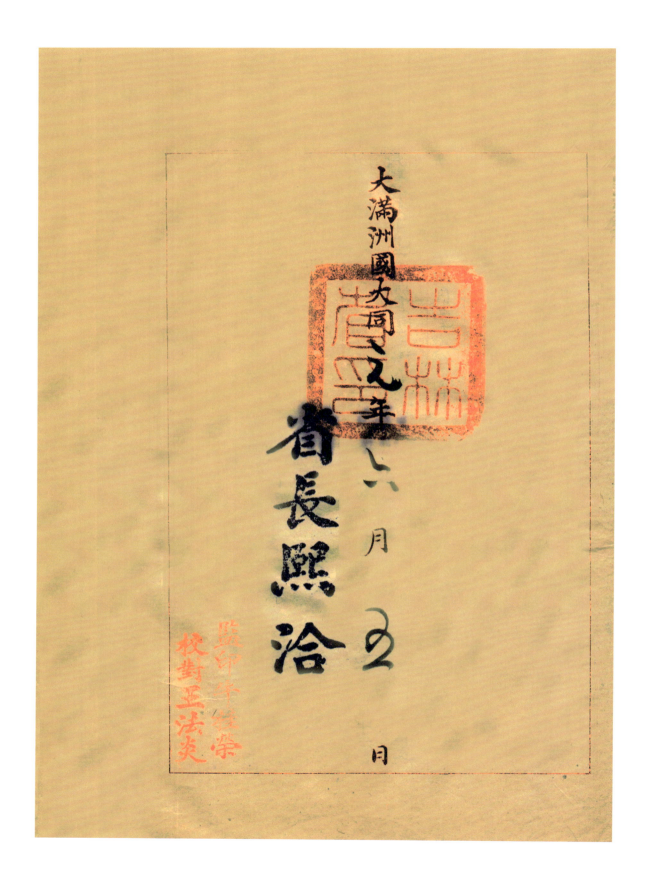

校對巫法炎

清潔大掃除時期

關於污物處理習慣使用消毒藥劑

關於污物處理將來之計劃

說明

（附註）一、全市掃除區域之劃宜按警察區域為標準並記明每區商
華工華住戶各佔幾分之幾（附市街區域詳圖）
二、清潔隊組織欄宜另附組織表
三、清潔費未標欄記明全部由商號住戶征收或一部由官府
補助
四、公廁所在地宜附街市簡註明
五、以上各類所在地及與城市之距離欄須以簡標明但於
可能範圍內數項在一圖內標明亦可
六、此表橫幅按各類事項之繁簡填註時可任意伸縮
七、表列各項填註時宜按現在各地實地情形為標準
八、關於污物處理將來之計劃可用別紙詳細陳明

59

項		汚泥汚水處理之項			洒水之項			糞便處理之項								
塵芥運出後之處置		汚泥汚水排除建設狀況			洒水設備			私廁		公廁				糞便運出後情形		
堆積場所數所在地及與城市之距離	燒却場所數所在地及與城市之距離燒却爐之有無	溝渠	汚水井	下水道	洒水汽車數	洒水馬車數	每區所有洒水桶數	式樣有無規定	每月運出次數	數目	所在地	式樣	每月運出次數	糞便堆積場所數所在地與城市之距離	運出後之處置	搬運方法

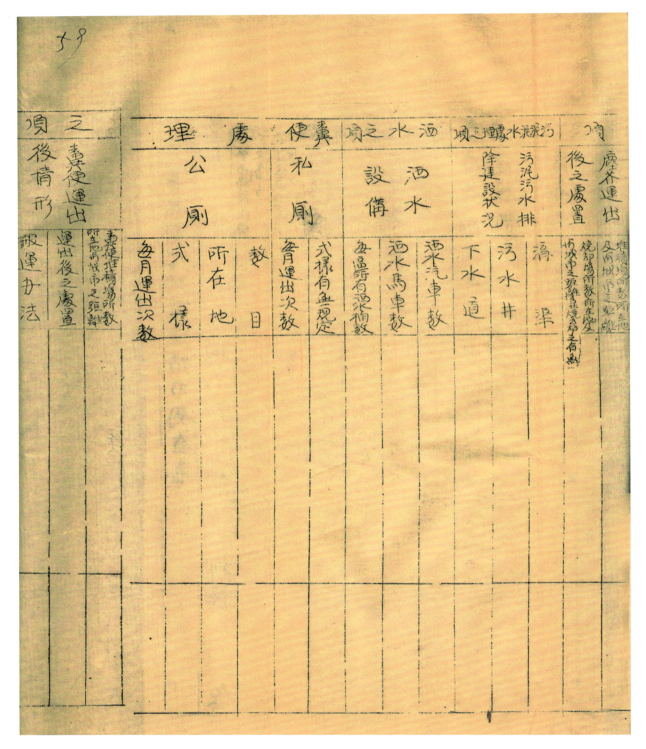

清潔大掃除時期	關於污物處理曾否使用消毒藥劑	關於污物處理將來之計劃

說明

（附註）一、全市掃除區域之劃宜按警察區域爲標準並記明每區之商華工華住戶各佔幾分之幾（附市街區域詳圖）

二、清潔隊組織欄宜另附組織表

三、清潔費來源欄記明全部由商號住戶征收或一部由官府補助

四、公廁所在地宜附街市簡註明

五、以上各類所在地及兩城市之距離欄須以簡標明但於可能範圍內數項在一圖內標明亦可

六、此表橫幅按各類事項之繁簡填註時可任意伸縮

七、表列各項填註時宜按現在各地實地情形爲標準

八、關於污物處理將來之計劃可用別紙詳細陳明

伪吉林实业厅为农业团体或组织设立前须呈伪农业部审核给伪虎林县公署的训令（一九三二年六月三十日）

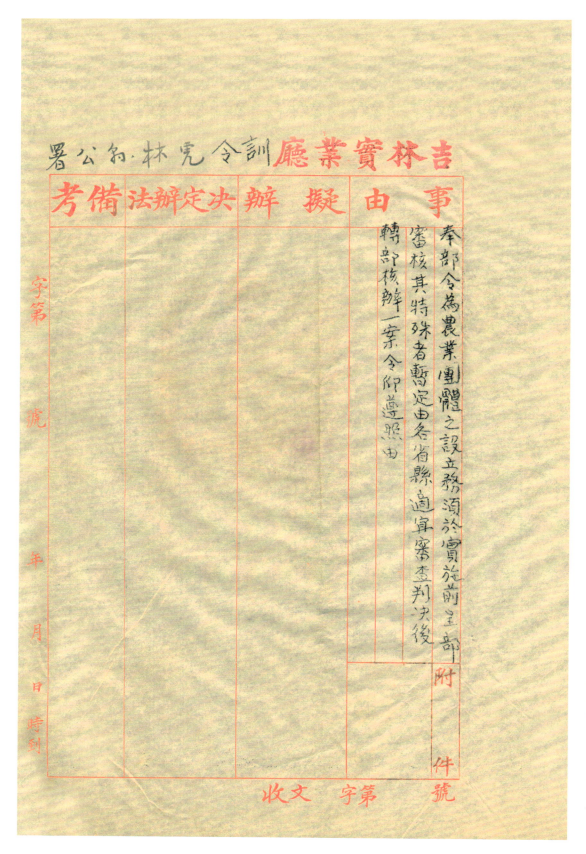

吉林實業廳

訓令虎林縣公署

事由	擬辦	決定辦法	備考
奉部令為農業團體之設立務須於實施前呈部審核其特殊者暫定由各省縣適宜審查判決後轉部核辦一案令仰遵照由			字第 號 年 月 日 時到
附件			

收文 字第 號

吉林實業廳訓令

字第114號

令虎林縣縣長

為令遵事案奉

實業部第七十二號訓令內開為訓令事照得欲捨去從來之產業放任主義以期獎勵農業增進農民之福祉則必須有各種農業協同組織之整備設立固不待言者也但若任使無計劃無統制之各種團體紛亂設立是不特使一般農民無所取捨即行政官廳監督亦不免有所難周徵諸近來各國之先例即可明矣茲本部有鑑於前車之轍為有統制之組織刻正在計劃中凡各省縣或一般農業團

體例如農會或產業組合等之設立或整備關於計劃中之各項務須於實施前呈部審核至各地之特殊事情如特殊同業組合或特殊施設組合之統制法俟將來再爲規定施行外茲先預定由各省縣適宜審查決定其可以設立者准予呈報本部核辦除令行外合行令仰該廳即便遵照并轉令所屬一體遵照辦理此令等因奉此除令行外合亟令仰該 縣 即便遵照辦理此令

大滿洲國大同元年六月廿日

總長[illegible]輔忱

監印葉尚典
校對劉廷章

伪吉林省公署为妥善救济避难灾民事给伪虎林县公署的训令（一九三二年八月十一日）

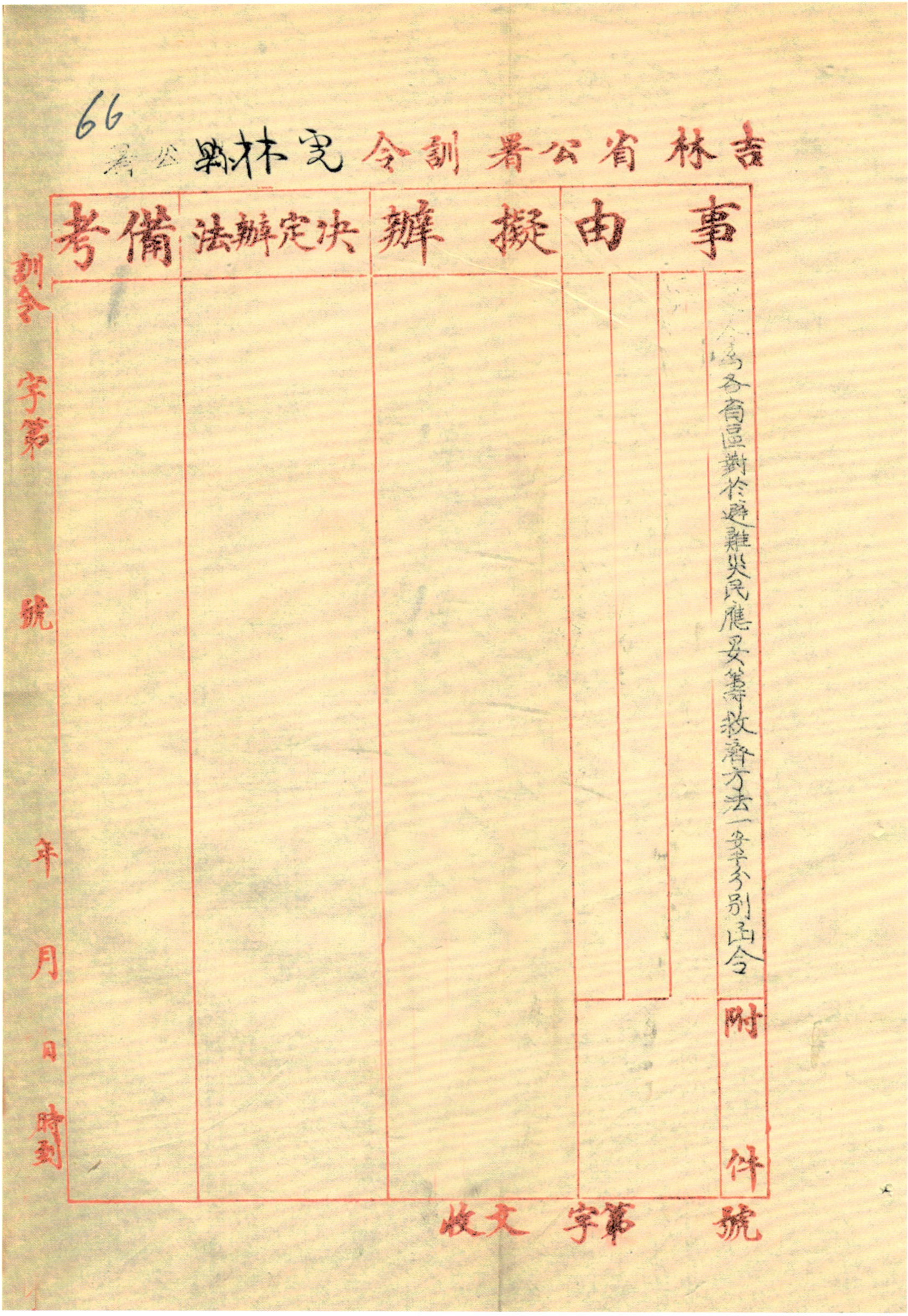
66

吉林省公署訓令 虎林縣公署

事由	擬辦	決定辦法	備考
為各省區對於避難災民應妥籌救濟方法一案分別函令			
附件			

訓令 字第 號 年 月 日 時到

收文 字第 號

吉林省公署訓令

民字第155號

令虎林縣公署

案奉

民政部訓令地字第六三二號內開查近來各地方匪賊四起各處被害災民多半避難於各省縣城市當茲暑天酷熱時疫流行之際對於保護救濟稍一不慎因飢而病因病而亡事所難免本部体念災民之困苦深恐保護之不周合亟令仰該省轉飭所屬對於被難災民務須妥籌保護及救助方法以免流離失所致招慘斃並將辦理現況隨時具報以備考核切切此令等因奉此除分行外合亟令仰該縣即便遵照辦理並將辦理情形隨時具報以憑核轉此令

大滿洲國大同元年八月十日

吉林省長熙洽

（印：吉林省長）

校對德積

總校對趙霈

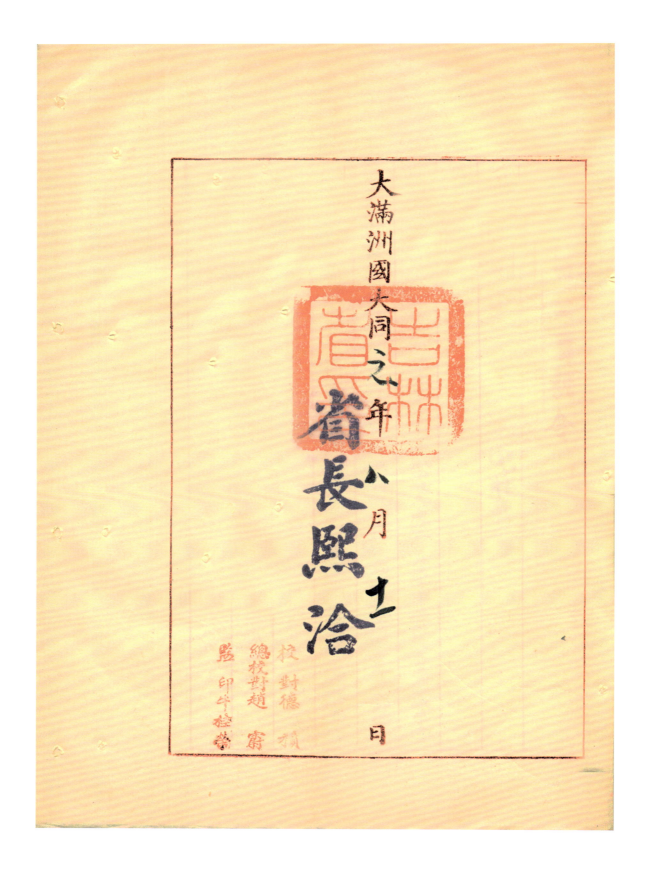

監印牛桂榮

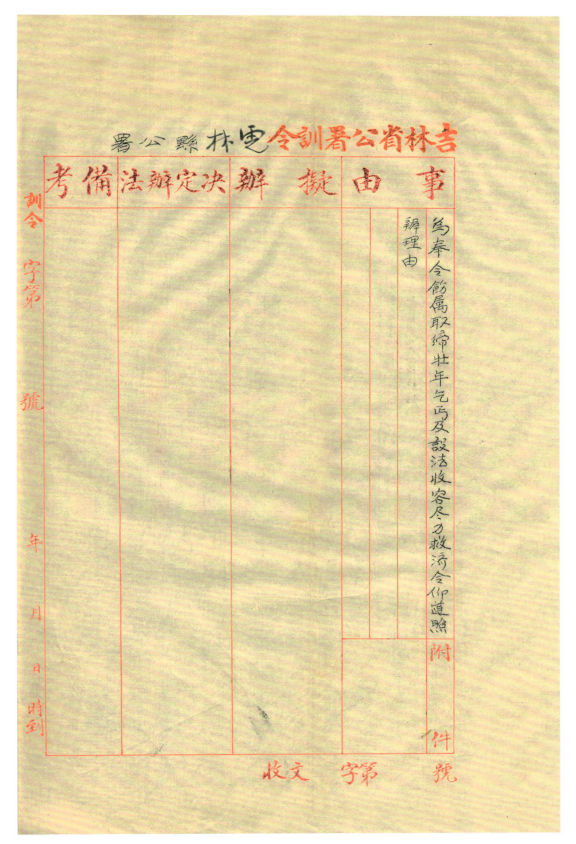

伪吉林省公署为取缔壮年乞丐及设法收容救济事给伪虎林县公署的训令（一九三二年八月二十七日）

吉林省公署訓令 虎林縣公署

事由	擬辦	決定辦法	備考
為奉令飭屬取締壯年乞丐及設法收容盡力救濟令仰遵照 辦理由			
附件			

收文 字第 號

訓令 字第 號 年 月 日 時到

吉林省公署訓令

民字第217號

令虎林縣公署

案奉

民政部地字第七零四號訓令內開查近來壯年乞丐日見增多不分城鄉無處無之若任其流落不加救濟非特於社會觀瞻有碍且易挺而走險貽患將來應由各該管機關從嚴取締並謀救濟方法以杜亂源除分行外令亟令仰該署轉飭所屬遵辦具報切切此令等因奉此除分行外合亟令仰該縣即便轉飭所屬一体遵照從嚴取締妥籌救濟取締情形與救濟方法並速報候核轉此令

大滿洲國大同元年八月　日

吉林省署

省長熙洽　花

校對德積

總校對趙霨

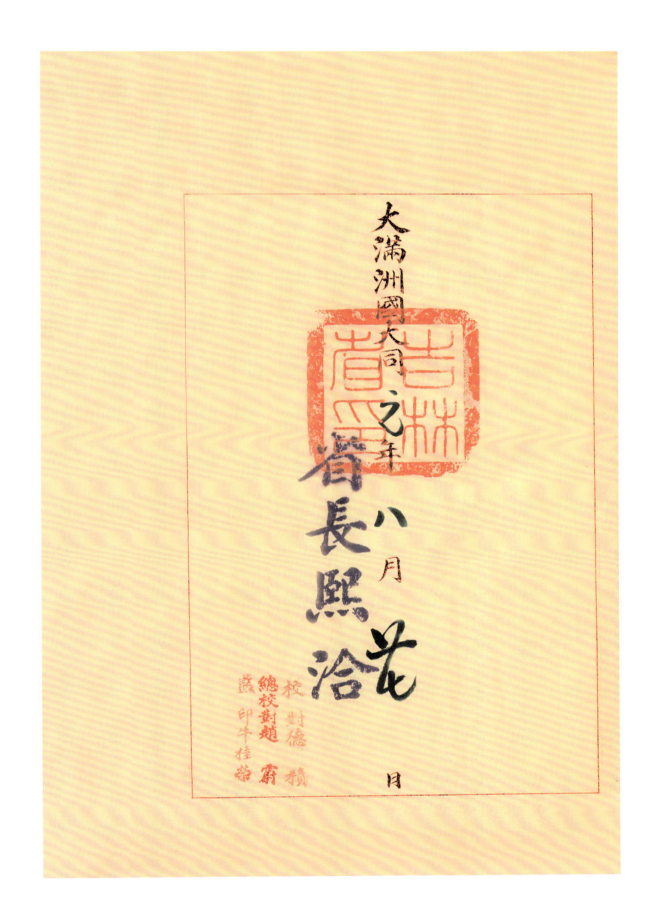

監印牛桂榮

伪吉林省公署为检送救济水灾办理彩票代卖人应注意事项给伪虎林县公署的训令（一九三二年十月八日）

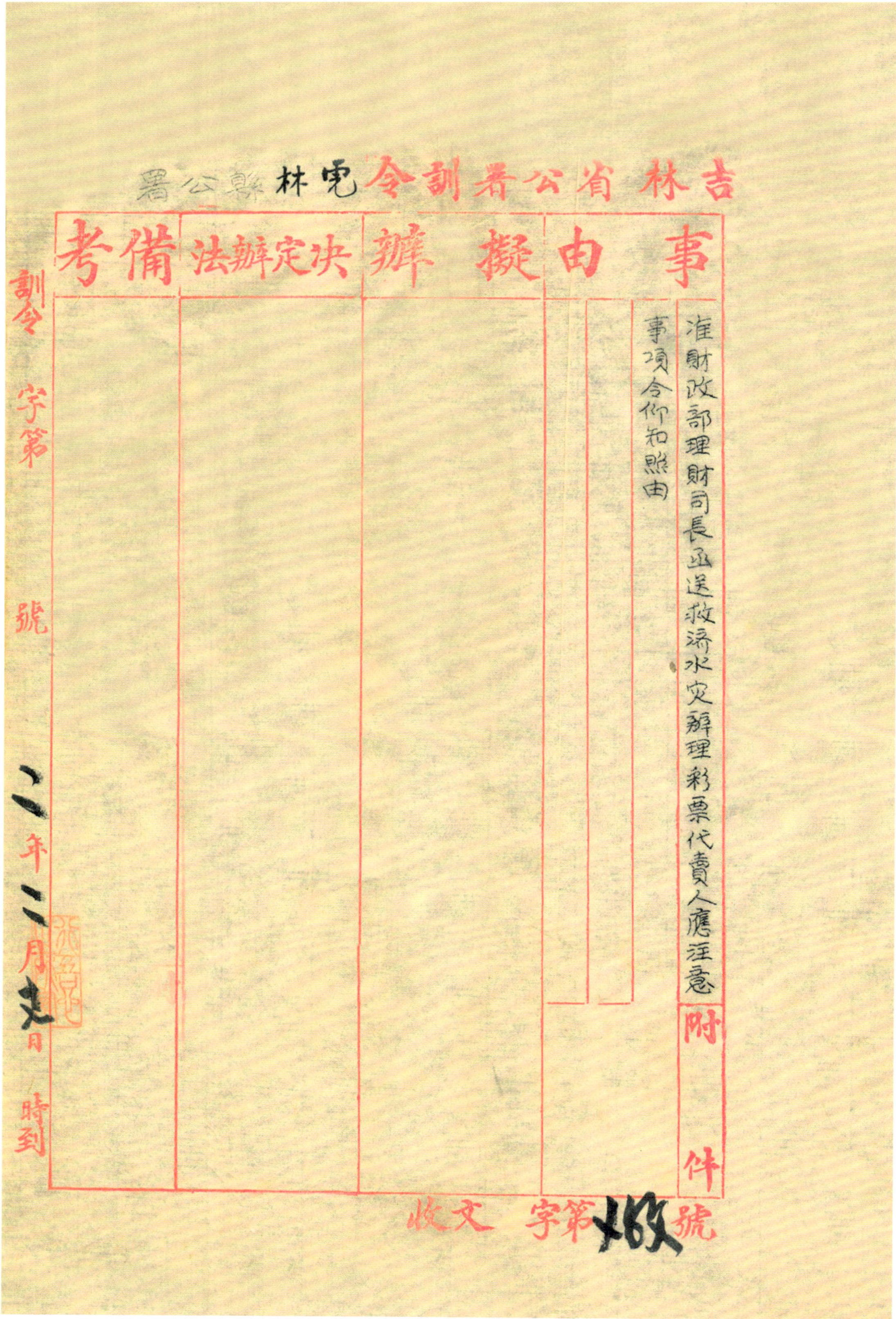

吉林省公署訓令 虎林縣公署

事由	擬辦	決定辦法	備考
准財政部理財司長函送救濟水災辦理彩票代賣人應注意事項令仰知照由			
附件			

收文 字第[illegible]號

訓令 字第 號

二年二月七日 時到

吉林省公署訓令

民字第 320 號

令吉林縣公署

案准

財政部理財司司長函開本部依據九月二十二日公布之彩票條例為救濟北滿水災起見發行水災賑濟彩票准對於該彩票代賣人應有注意選定之必要茲奉

諭通知所定地點之各商會依照另紙開列各條推薦候補者相應函達即希查照辦理為荷等因准此查彩票條例業經報紙公布茲准前因除令吉林市商會查照辦理並分行外合亟抄粘附件令仰該縣知照此令

計抄粘附件

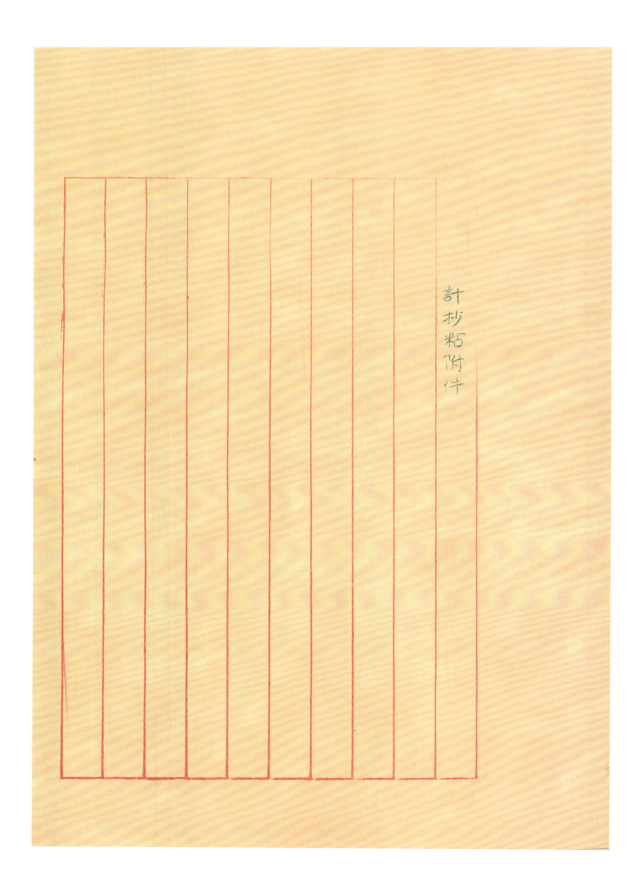

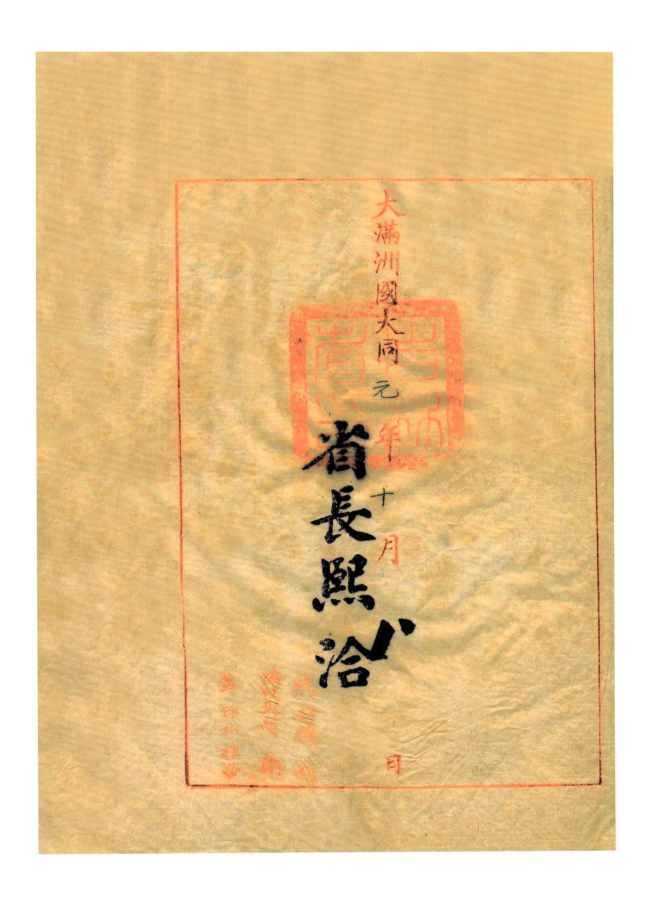

大滿洲國大同元年十月　日

省長熙洽

校　董德材

總校對員　俞

監　印外桂榮

后记

一、本书编纂工作在抗日战争档案汇编编纂出版工作领导小组和编纂委员会的具体领导下进行。

二、本书编者主要来自虎林市档案馆，虎林市档案局魏传良等同志审阅了书稿，提出了重要修改意见。

三、在编纂、修改过程中，诚邀戴丽艳、徐静、王芳等一批专家学者，负责书稿编纂的咨询审议工作。张玉河、李新、王月珍、纪红艳、乔君华、徐明艳、姜一丹、刘玉玺等同志参与了编纂服务工作。虎林市委、市政府领导，中华书局对本书的编纂出版工作给予了鼎力支持，谨向上述单位和同志致以诚挚的感谢！

四、本书凝聚了虎林市档案工作者的辛勤汗水，是一部极具存史、资政、育人价值的档案资料；有教育青少年一代，牢记我们被侵略和奴役的历史，避免历史悲剧重演的重要作用；能激励虎林人民发愤图强、艰苦创业、建设更加美好幸福新虎林。

编　者

二〇一八年七月十日